社会救助政策
与再就业激活体系
——基于中国15省份38县市的抽样数据

Social Assistance Policy and Reemployment
Activation System
——Based on Sampling Data of 38 Counties and
Cities in 15 Provinces of China

王增文 著

社会科学文献出版社
SOCIAL SCIENCES ACADEMIC PRESS (CHINA)

国家社科基金后期资助项目
出版说明

　　后期资助项目是国家社科基金设立的一类重要项目，旨在鼓励广大社科研究者潜心治学，支持基础研究多出优秀成果。它是经过严格评审，从接近完成的科研成果中遴选立项的。为扩大后期资助项目的影响，更好地推动学术发展，促进成果转化，全国哲学社会科学工作办公室按照"统一设计、统一标识、统一版式、形成系列"的总体要求，组织出版国家社科基金后期资助项目成果。

全国哲学社会科学工作办公室

前　言

政治经济学认为，制度变迁的内在动力是社会生产力的性质、水平、发展要求与社会生产关系或经济制度所产生的矛盾运动。中国农村社会救助制度亦是如此，其绩效主要体现在是否能够促进中国生产力发展。由于人是社会救助制度的制定者，那么制度收益便局限于人的有限理性视野之内，所以，农村社会救助制度无论从目前还是发展的角度来看，均存在改进和完善的空间，其绩效既是相对的也是动态的。社会救助制度是一种"公共产品"，它由政府制定、由广大农村贫困群体免费享受，由此必然会导致制度的外部性，当这种外部性超过一定的限度时，制度的绩效随之递减。社会救助制度的受益对象，其消费过程也存在一个边际效用递减的规律，如果随着中国经济的发展，无限度地提供这种公共产品，则制度的适应性就会递减。

社会救助制度的意义在于其救助的无偿性和社会收益的显著性。因为一个制度的建立，制定者必定期望其具备可持续性，农村社会救助制度亦是如此。不然，就失去制度应有的意义与作用。衡量制度存在的价值尺度就是其存在的效率。然而，一个固定制度的生命力将随着时间流逝而出现边际收益递减问题，我们不得不讨论社会救助制度对受助群体再就业的影响，我们需要构建社会救助政策与再就业激活体系联动机制，从而改进影响制度发挥的技术水平，使得社会救助制度随技术效率的提高得到改善，实现可持续发展。

目前，在经济新常态大背景下，中国的经济遇到了下行压力，需要进一步强化社会救助的积极效应，通过构建社会救助政策与再就业激活体系联动机制，提高社会救助的制度绩效，为社会发展构筑基层稳定基础，从根本上保证中国经济能够持续、平稳、快速地增长。这也是中国社会和谐治理和社会救助发展理念的需要。因此，本研究具有较强的理论与实践意义。从理论上来看，本研究为完善和落实再就业扶持政策，扩大促进就业政策的覆盖面提供理论依据，也为实现社会救助可持续发展提供理论依据。从实证上来看，本研究能够补充和完善政府社会救助特别是最低生活保障机制的再就业功能。拓展社会救助与促进就业的研究领域，使得社会保障的"最后一道安全网"能够具有可持续性。从注重宏观层次向微观层次延伸，从注重纯理论研究向有实证研究支撑的理论研究延伸。另外，本研究为社会救助制度有效运行提供决策原理和路径。本课题研究成果将为政府的社会救助决策提供理论依据，也为机制的构建提供路径选择。

本研究在把握中国经济社会特征的基础上，揭示社会救助制度和就业体系中——特别是在积极就业理念的社会救助制度下——政府责任、社会责任和受助者之间的博弈关系及影响机理，以此为基础探讨社会救助政策与再就业激活体系联动机制与路径。因此，本书的主要内容如下。

1. 社会救助与就业的良性互动机制构建的必要条件研究。首先建立社会救助制度效率的 DEA 模型来识别目前社会救助制度实施的效率问题。主要包括退出机制、救助人数、救助标准等方面。然后，以社会救助和就业促进机制的相关理论为基础，研究社会救助群体就业促进机制构建和运行的条件。

2. 界定构建社会救助群体就业促进机制的政府（社会）责任。以政府和社会责任相关理论为基础，通过对社会救助的公共物品性质进行分析，界定政府和社会对社会救助群体就业所承担的责任。

3. 分析社会救助退出机制，界定社会救助机制中的个人责任边界。以个体主观能动性为视角，通过对受助群体的问卷及访谈建立影响受助个体对社会救助退出机制意愿与行为的二元 Logistic 模型。从而确定影响退出机制意愿与行为的因素，这些因素中个人必须承担的责任便是社会救助个体责任边界。

4. 分城镇和农村研究社会救助退出机制与就业岗位关系。重点从以下两个方面展开。第一，政府与社会对就业的支持力度对社会救助受助个体退出意愿与行为的影响程度研究。分析访谈、调研数据，建立结构方程模型研究财政支持力度对社会救助个体退出意愿与行为影响的程度。运用 COX 生存模型来说明社会救助个体受助时间长短的影响因素。第二，政府与社会的支持力度对社会救助个体退出意愿与行为影响的机理研究。揭示并解析财政就业支持对社会救助个体就业意愿与行为产生影响的变量、因素、影响机理和传递机制。

5. 研究在政府和社会责任约束条件下社会救助个体的就业需求与供给之间的均衡策略。不同地区社会救助个体由于经济发展水平、价值取向和需求偏好各异，社会救助需求存在差异；受到地区间财政支持能力、制度可持续发展等多方面因素制约，政府和社会所能提供的就业岗位有限。本书将通过 Cobb – Douglas 生产函数建立一个财政对社会救助个体就业支出的内生增长模型来加以说明。由于制度需求和供给之间存在一个互动的过程，使两者之间达到均衡的策略选择是该部分研究的主要内容。（1）提出社会救助的"上游干预"理论，并界定"下游干预"理论的实施范围。结合国内外经验对有完全劳动能力或者部分劳动能力的受助群体实施"社会救助 + 就业培训"模式，对未达劳动力年龄的群体实施"上游干预"政策；对完全失去劳动能力的受助者实施"下游干预"政策。（2）提出加大政府对社会救助群体财政支持的机制。建立不同地区财政支持机制的模型，规范政府财政转移支付机制。（3）从经济学和社会学理论出发提出中央政府与地方政府之间的社会救助群体就业权责划分。

最后，本书提出了如下观点。（1）促进社会救助政策与再就业激活体系联动机制的构建是多维的，包括机制设计、立法、财政、服务、监管等。（2）政府对社会救助财政责任的无限性会导致"社会救助悲剧"的发生。政府应选择"社会救助 + 就业"模式来解决贫困群体的生存问题。（3）不同地区社会救助群体就业意愿及行为是有差异的，这种差异会对其就业率产生较大影响。应在就业岗位的提供与受助群体的就业需求间寻找一个动力均衡点。（4）各主体应在社会救助需求与供给，受助群体的就业需求与就业岗位之间选择平衡策略。

目 录

导　论 …………………………………………………………………… 1

第一章　中国社会救助及再就业激活体系发展脉络 ……………… 10
　　第一节　最低生活保障制度产生的背景 ……………………… 10
　　第二节　中国社会救助制度的变迁 …………………………… 14
　　第三节　社会救助与再就业激活理论体系及发展脉络 ……… 19

第二章　中国社会救助制度的评估 ………………………………… 24
　　第一节　最低生活保障制度运行效果 ………………………… 24
　　第二节　最低生活保障资源的利用效率及财政负担能力评估 … 56
　　第三节　中国最低生活保障制度的作用及客观局限性 ……… 86

第三章　中国反贫困政策与就业政策的联动性 …………………… 92
　　第一节　农村地区贫困：丰裕中贫困、选择性贫困抑或是
　　　　　　持久性贫困 …………………………………………… 92
　　第二节　正规就业与非正规就业对受助群体收入差距的影响效应 … 108
　　第三节　开发式扶贫基金流向与受助群体再就业的联动性 …… 123

第四章　社会救助制度与再就业激活体系的联动性 …………… 138
　　第一节　社会救助制度与受助群体再就业行为及收入的互动性 … 138
　　第二节　社会救助群体的再就业决策行为发生机制 ………… 155
　　第三节　再就业收入：冲破贫困"路径依赖"的现实选择 …… 163

第五章 社会救助配套政策与再就业激活体系的联动性 …………… 176
第一节 就业合同对受助群体再就业行为及收入的影响效应 …… 176
第二节 社会网络对受助群体再就业收入的影响效应 …………… 187
第三节 就业培训策略对受助家庭成员再就业行为影响效应 …… 207
第四节 再就业供给率、最低工资制度效率及互动效应 ………… 218

第六章 经验分析与比较反思：社会救助政策与就业激活体系互动机制 ………………………………………………………… 234
第一节 发达国家社会救助与再就业政策的改革趋势 …………… 234
第二节 积极的社会救助政策与再就业激活体系联动机制的构建 ……………………………………………………………… 238

参考文献 ……………………………………………………………… 253

导　论

一　研究背景

社会救助制度是社会保障制度的重要组成部分，它是为维持国民最低生活需求标准而设立的一道"安全线"，收入水平低于此标准的国民，应得到国家和社会提供的现金或实物救助。然而，其发挥的积极功能应该是提升有完全劳动能力或者部分劳动能力的受助群体的再就业能力，而非被动意义上的"救济"。因此，如何构建社会救助政策与再就业激活体系联动机制成为不同国家政府、社会和学界关注的焦点问题。

社会救助制度的意义在于其救助的无偿性和社会收益的显著性。一个制度的建立，制定者必定期望其具备可持续性，农村社会救助制度亦是如此。不然，制度就失去应有的意义与作用。衡量制度的价值尺度就是其存在的效率。然而，一个固定制度的生命力将随着时间流逝而出现绩效边际收益递减的问题。因此，我们不得不讨论社会救助制度对受助群体再就业的影响，探寻社会救助政策与再就业激活体系联动机制，从而不断改进影响制度发挥的技术水平，使得社会救助制度随技术效率的提高不断改善，实现可持续发展。

目前，在经济新常态大背景下，中国的经济遇到下行压力。进一步强化社会救助的积极效应，促进社会救助政策与再就业激活体系联动机制的构建，能够有效提高社会救助的制度绩效，推动经济发展，确保中国整体经济能够持续、平稳、快速增长，这也是中国社会和谐治理和社会救助发展理念的需要。因此，构建社会救助政策与再就业激活体系联动机制具有较强的理论和实证意义。

第一，为完善和落实再就业扶持政策，扩大促进就业政策的覆盖面提供理论依据，也为实现社会救助可持续发展提供理论依据。

第二，补充和完善政府社会救助机制特别是最低生活保障机制的再就业功能。拓展社会救助与促进就业的研究领域，使社会保障的"最后一道安全网"能够具有可持续性。从注重宏观层次向微观层次延伸，从注重纯理论研究向有实证研究支撑的理论研究延伸。

第三，为社会救助制度有效运行提供决策原理和路径。本研究成果将为政府的社会救助决策提供理论依据，也为机制的构建提供路径选择。本书在对社会救助政策与再就业激活体系联动机制的构建展开研究之后，得出了一些研究结论，这些结论对制度未来的发展和完善意义重大。因此，对制度保障效果进行衡量、评估，无论对于制度的理论研究者还是实际工作者都具有一定的指导和启示作用。

此外，对社会救助保障制度的研究多数集中在城市，而对农村社会救助制度的研究存在不足。在现有研究中，大多数停留在定性的层面上，缺乏定量的研究，本书试图打破目前对农村社会救助制度的研究形式，把研究的视野从城镇转向农村，在研究方法上从定性研究转到定性和定量研究相结合上来，从而使研究更具说服力和可操作性。

二 选题依据

1. 马斯洛的需要层次理论

马斯洛的需要层次理论可分为五个层次：第一层次为生存需要，即衣、食、住、行、性等维持生存的需要，也就是最低层次的基本生活需求；第二层次为安全需要，指人对在失业、医疗、养老、生产安全、社会治安、防治环境污染等方面的安全需要；第三层次为社交需要，即人与人交往和归属某个团体的需要，对爱和友谊的需要，建立良好人际关系的需要；第四层次为尊重的需要，指人们自尊以及受别人尊重的需要，包括来自上级的欣赏、赞扬、奖励，获得荣誉、地位晋升等；第五层次为自我实现的需要，又称为成就的需要，这是所有需要层次中最高的，指人们充分发挥个人的主观能动性和聪明才智，取得个人成就，实现个人价值的需要。

从五级需要层次来看，任何有生命的个体必须满足第一层次的生理需要或生存的需要，那么建立农村最低生活保障制度是满足马斯洛最低层次的需求。对于一个具有完全劳动能力或者部分劳动能力的人而言，满足第一层次的需要显然不够，就业的愿望是存在的。因为人在满足了最低层次的需要后，会追求更高层次的需要，就业成为通向更高层次需要的途径之一。

2. 公平和效率的平衡理念

从公平和效率的角度来看，农村社会救助制度如同经济制度一样，目标都是要实现效率和公平的均衡以及管理的可行性。农村社会救助制度的实施主要是同时顾及公平和效率问题。主要包括两个方面。一是宏观效率，财政的一部分专用于农村社会救助保障支出，同时应尽量避免该政策可能救助不足和费用无限扩大的问题。二是微观效率，最低生活保障及其配套政策应保证其在不同类型的农村社会救助资源之间做出合理分配，对于完全失去劳动能力的群体，社会救助正好可以发挥其本源的功能；而对于有完全劳动能力或者部分劳动能力的群体，政府、社会和学界应该积极探寻社会救助政策与再就业激活体系联动机制的构建问题，从而实现公平和效率的统一。

3. 积极福利理念

社会救助制度与"福利依赖"现象几乎是并行的。美国学者莫瑞（Murray，1984）认为，当福利制度不断扩张时，低收入群体倾向于从政府的福利补助上得到立即的利益，导致有完全劳动能力或者部分劳动能力的群体从劳动力市场退出，失业率因此增高，他强调福利制度"补助了一种生活方式"，他认为存在这样一种恶性循环"社会救助→福利依赖→工作动机下降→不工作（失业）"。传统的社会救助制度以实物救助和现金救助为核心，虽然能在短期保障贫困者和弱势群体的基本生活，但长期来看，会产生制度的福利依赖，传统的社会救助演变成为消极的福利制度。

当福利国家向福利社会转变时，福利价值取向由消极福利向积极福利转变。积极福利认为，福利社会的目的是提倡工作减少福利依赖，建立工作福利。从国际上看，目前已形成再就业培训促进失业者再就业的广泛共识。如美国政府拨款资助的再就业培训计划，每年可使100万左右的失业者得到培训，其中70%的失业者在接受再就业培训后找到了新工作。

三 国内外研究现状

20世纪90年代以来，社会救助特别是最低生活保障理论和实践得到快速发展，成为社会保障制度发展的重要推动力量之一。理论界对社会救助及促进就业的研究主要集中在以下几个方面。

1. 社会救助群体的就业率及意愿与社会不同阶层所受教育的相关性关系

美国学者 Murray（1984）认为，美国福利制度的不断扩张，使低收入群体倾向于从政府的福利补助上得到立即的利益。结果，一些受助者志愿性地从劳动力市场退出，失业率由此增高。Leana 和 Feldman（1992）有关压力—应变理论的研究表明，失业者越自认为是因缺少教育、缺乏专门技术等原因而失业，就越压抑，求职努力也就越少。丁煜（2005）对再就业培训的效用和局限性做出了客观评价。田奇恒、孟传慧（2008）认为社会结构不同层面在社会救助过程中的行为决定价值取向，并从社会政策层面提出相关建议。Blau 和 Duncan（1967）运用"路径分析"方法研究美国职业结构时，发现影响个人职业地位获得的主要是个人教育水平等后致性因素。

2. 社会救助机制本身对救助群体就业行为的影响

理论界普遍认为社会救助机制本身会对救助群体的就业行为产生最为深远的影响。肖云（2009）等认为建立分类救助模式与脱贫扶助体系、完善家庭收入核定手段、对最低生活保障对象实施动态管理及强化村级监督等是突破最低生活保障退出机制障碍的有效途径。黄晨熹等（2005）认为，现行的社会救助标准体系中可能存在一些不利于最低生活保障家庭退出救助的因素，他们参照国际经验，提出相应的对策建议。爱纳汉德等（1999）对欧洲七国的研究显示，当社会援助对低收入的替代率超过80%时，失业者重新就业的动力大大减弱。慈勤英（2003、2006）认为再就业福利的获取（再就业培训等）有助于失业者寻找工作实现再就业；个人失业责任认知对失业者再就业的影响更多地体现为正面激励。

3. 人力资本和社会资本对社会救助群体就业行为的激励作用

齐心（2007）认为贫穷文化、社会资本和家庭规模对求职行为的影响作用具有统计显著性，而工作与最低生活保障的比较效益以及就业援助则无显著影响。赵延东（2002）认为必须通过培训和其他教育方式，不断提高下岗职工的人力资本积累，这是为其提供进入正式劳动力市场的途径。Granovetter（1973）认为人们在求职过程中仍然更多地借助社会网络，使用社会资本来寻找新工作。

有关国外大多数发达国家的研究对象和载体是整个国家的社会救助制度，而中国由于二元化的经济和社会体制，社会救助制度呈现城乡"二元化"的范式,但国内外学者关于社会救助与就业互动理论的研究为我们提供了丰富的理论基础。

在社会救助与就业促进机制理论研究不断深入的同时,社会救助与促进就业机制的实践也在不断丰富。北京、上海、浙江、广东、江苏等地已经逐步尝试建立起社会救助与促进就业机制,并在实践中不断完善制度内容。其余省份也在不断地吸取经验来建立和完善社会救助制度促进就业机制。

根据上述理论和实践,可以进行几点简要评述。

(1)以往对社会救助与再就业的关系研究侧重于理论方面,主要是社会学层面,而缺乏理论体系研究以及支撑这些理论的具体数据和定量层面的分析。

(2)以往研究侧重于社会救助机制本身对就业促进或抑制的研究,缺乏有关受助群体的就业对社会救助制度影响的研究。

(3)对政府的社会救助如何发放才能激励社会救助群体去工作,以往研究还缺乏理论机制研究及支撑理论研究的实证分析,因此,社会救助政策与再就业激活体系联动机制的构建仍然没有实质性的进展。

四 研究方法

总的来说,研究方法主要包括三类:一是文献分析,二是多学科综合研究方法,三是实证研究。本书将采用文献法、实地访谈、调查问卷法、数据对比分析法以及多学科综合研究方法进行研究,通过定量和定性分析、规范和实证分析相结合来对社会救助政策与再就业激活体系联动机制的构建进行分析。

1. 文献分析

文献分析的目的是使相关研究建立在已有的研究成果之上。在对中国15省份38县市的农村住户调研之前,笔者查阅了国内外具有代表性的有关社会救助与再就业问题的文献,大量收集国内有关社会救助制度与再就业等方面的资料,包括了积极的社会救助理论和再就业等理论。并且通过分类整理,确立了本书的基本写作框架。通过文献分析,从理论层面上对社会救助政策与再就业激活体系联动机制的构建进行研究。

2. 多学科综合研究方法

本书在理论与实践研究中,借用了经济学、社会学、制度经济学、计量经济学等多学科的研究成果，进一步探讨积极的社会救助制度的制度特点及制度缺陷，从经济、社会、制度等方面提出构建社会救助政策与再就业激活体系联动机制的政策建议。

3. 对比分析

本书通过对东部省份江苏、浙江和山东，中部省份湖北、湖南、河南、四川，西部省份甘肃、四川等不同地区的农村最低生活保障制度进行横向和纵向的对比性分析，分层次探索了社会救助政策与再就业激活体系联动机制的构建问题。

4. 访谈

2007~2016年，笔者多次到湖北省财政厅、江苏省民政厅、临沂市民政局、武汉市财政局、襄阳市民政部门、宜都市民政局进行调研，到茨河镇的下磨石村、后庄，杨庄镇的富官庄村、抬头村、斗院村等村落分别进行实地访谈，并与市民政局、县民政办、镇上的民政部门、村庄负责人员和最低生活保障对象进行座谈，了解有关农村最低生活保障工作的基本状况，摸清农村最低生活保障工作中存在的问题，及具有完全劳动能力或者部分劳动能力的受助群体的社会救助问题。与农村最低生活保障对象的座谈，旨在更深层次地了解农村最低生活保障对象生活的基本状况以及再就业状况。

5. 问卷调查

本书采用分层抽样的方法选取最低生活保障对象，对农村最低生活保障对象个人和家庭的基本收入、消费支出、生活状况以及再就业意愿等方面进行了较为全面的调查。其中包括笔者对中国15省份38县市的农村住户进行的问卷调查，也包括委托江苏省民政厅、山东省沂水县基层民政工作部门展开的问卷调查。对于所取得的定类和定矩数据，用图表、计量模型方法进行量化分析，这为社会救助政策再就业激活体系联动机制的构建问题提供了数据依据。

五 研究主要内容、难点重点和框架

1. 研究的主要内容

（1）社会救助与就业的良性互动机制构建的必要条件研究。首先建立社会救助制度效率的DEA模型来识别目前社会救助制度实施的效率问题，主要包括退出机制、救助人数、救助标准等方面。然后，以社会救助和就业促进机制的相关理论为基础，研究社会救助群体就业促进机制构建和运行的条件。

（2）界定构建社会救助群体的就业促进机制的政府（社会）责任。以政府和社会责任相关理论为基础，通过对社会救助的纯公共物品性质分析，界定政府和社会对社会救助群体就业所承担的责任。

（3）社会救助者再就业机制的个人责任界定研究。以个体主观能动性为视角，通过对受助群体的问卷及访谈建立影响受助个体退出机制意愿与行为的二元 Logistic 模型，确定影响受助个体退出机制意愿与行为的因素，这些因素中个人必须承担的责任便是社会救助个体责任边界。

（4）分城镇和农村研究社会救助退出机制与就业岗位关系。重点从以下两个方面展开。第一，政府与社会的再就业支持力度对社会救助个体退出意愿与行为影响程度的研究。运用访谈、调研数据，建立结构方程模型研究财政支持力度对社会救助个体退出意愿与行为的影响程度。运用 COX 生存模型说明社会救助个体受助时间长短的影响因素。第二，政府与社会的就业支持力度对社会救助个体退出意愿与行为影响机理研究，揭示并解析财政就业支持对社会救助个体就业意愿与行为产生影响的变量、因素、影响机理和传递机制。

（5）研究政府和社会责任下社会救助个体的就业需求与供给之间的均衡策略。不同地区社会救助个体由于经济发展水平、价值取向和需求偏好各异，社会救助需求存在差异；而受到地区间财政支持能力、制度可持续发展等多方面因素制约，政府和社会所提供的就业岗位是有限的。本书通过 Cobb – Douglas 生产函数建立一个财政对社会救助个体就业支出的内生增长模型来加以说明。制度需求和制度供给之间存在一个互动的过程，使两者之间达到均衡的策略选择是该部分研究的主要内容。第一，提出社会救助的"上游干预"理论，并提出"下游干预"理论的实施范围。结合国内外经验，本书认为应对有完全劳动能力或者部分劳动能力的受助群体采用"社会救助 + 就业培训"模式，对未达劳动力年龄的群体采用"上游干预"政策；对完全失去劳动能力的受助者采用"下游干预"政策。第二，提出加大政府对社会救助群体财政就业支持的机制，建立不同地区财政支持机制的模型，规范政府财政转移支付机制。第三，从经济学和社会学理论出发提出有关中央政府与地方政府之间社会救助权责划分的建议。

2. 难点和重点

（1）现行社会救助制度与救助对象就业动机之间的关系研究是本课题研究的前提。如何平衡社会救助内容、标准和就业动机、选择之间的关系，防止社会救助导致福利依赖和社会排斥是各国实施社会救助政策需要解决的难题，该研究涉及社会学、经济学、管理学等多研究领域。

（2）揭示政府就业支持力度对救助对象退出意愿与行为的影响机理是关键。救助对象是否愿意退出最低生活保障制度选择就业，较大程度上取决于对最低生活保障和就业的损益对比分析。在讨论接受社会救助和参加就业的动机时，多使用家庭在领取最低生活保障时与参加就业时收入的比例，即替代率来预测救助对象的选择。但事实上，影响救助对象退出社会救助机制的因素并不只包括就业后的收入和最低生活保障金，一些其他复杂因素也会影响其退出意愿。本研究既需要建立数量模型进行定量研究，同时还需要对其影响机理进行定性研究。

（3）实施分类救助计划的价值取向是本研究的又一重点和难点。要从"失业陷阱"和"隐性就业"的角度来论述过高的救助标准对社会救助制度带来的"制度陷阱"（或称"社会救助悲剧"）。所以，实施分类救助计划的价值取向是阻止这些现象发生的关键，应合理安排福利制度，引导受助者自救。

3. 分析框架

（1）问题提出。通过深度访谈、现场调研、相关文献研读，找到中国社会救助与就业互动机制中有关政府责任的命题，确定本书研究的视角和基点。

（2）理论基础。运用社会救助基础理论分析中国社会救助制度与构建良性就业机制的条件。

（3）关系研究。通过数据收集→数据分析→假设检验→结果分析，建立结构方程模型，研究政府与社会的就业支持力度对受助个体退出意愿与行为的影响机理与影响程度。

（4）结论分析。对相关结论进行讨论，分析这些结论产生的原因。

（5）管理策略。研究社会救助群体就业岗位需求和社会所能提供的岗位之间的均衡策略与机理。

（6）案例分析。为了检验所提出的理论，笔者对政府所提供的就业岗位与社会救助群体工作意愿与行为关联性理论和策略进行案例分析,以此修正和完善有关各主体对受助者就业责任的理论。

本书基本研究框架见图1。

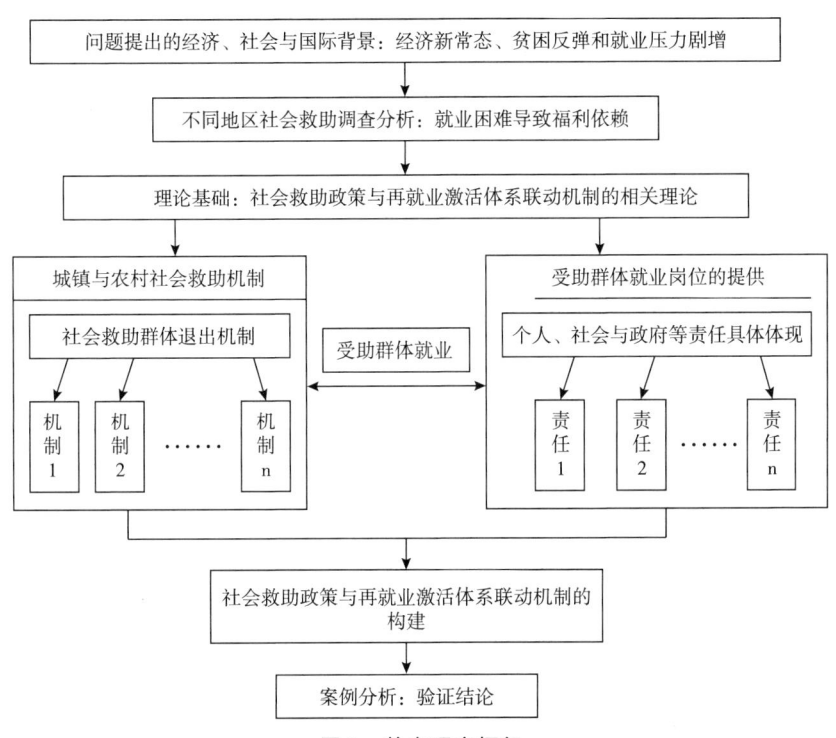

图1 基本研究框架

第一章　中国社会救助及再就业激活体系发展脉络

第一节　最低生活保障制度产生的背景

一　中国贫困群体的生计特点及贫困形式

（一）贫困群体的生计特点

根据英国国际发展部所制定的可持续性生计发展框架，中国的贫困群体具有如下特点。

（1）自然资本受风险因素影响较大。当风险发生时，由于其自身没有可利用的物质资本予以补救，他们大多束手无策，不能发挥主观能动性，从而体现出中国贫困户及城市贫困群体应对风险的脆弱性。

（2）由于贫困群体的物质资本勉强能够或完全不能维持自身生活和生产的需要，所以在风险来临时，不能及时地转换可交换的物质资本来降低其生存的脆弱性；他们对金融工具及服务的可得性也很低，由于其没有积累或者仅有积累甚微的可流动金融资本，在面对风险时，他们更倾向于使用非正规金融。

（3）人力资本质量不高。由于贫困群体缺乏财力来进行人力资本投资，而且人力资本投资回报具有滞后性的特点，所以绝大部分贫困群体对其子女的人力资本投资是极少的。[①]

（4）贫困户占有的政治资源以及社会资本极其有限，由于其相对狭窄

---

① 一方面，贫困群体没有多余的收入使其子女接受良好的教育；另一方面，部分稍微有些积蓄的低收入家庭如果把这部分费用投到子女身上，则当大病、大灾等风险出现时，其会彻底失去生存的能力。有些低收入群体勉强让其子女接受教育，而导致"选择性"贫困现象的发生（本书的第五章基于重点阐述）。

和封闭的社会网,很难拥有社会资本和政治资源,这样导致其抵御风险的能力更加脆弱。

所以,生计的脆弱性、资产转换上的有限性、社会资本和政治资源的有限性是目前中国贫困群体的主要特征。

(二) 贫困的主要形式

从中国贫困群体对社会资本的占有状况来看,贫困主要有以下几种形式。

1. 教育贫困

中国贫困率的高低与贫困群体的受教育程度有直接的相关关系,文化程度较低者更易陷入贫困。[①] 贫困与受教育程度是相互影响的。贫困群体由于文化程度低,不能获得更高的收入而陷入贫困;贫困使其更无能力提高自身的技术水平及对其子女进行人力资本投资,从而会进一步强化其弱势地位,这样就逐步进入了"贫困—文化水平低—贫困"的恶性循环。所以,在受教育不足的状况下,这些家庭的贫困会以恶性循环的形式代际相传。

2. 政治贫困

由于贫困群体大多在农村,受到收入、社会资源和社会地位的限制,贫困群体基本上不参与政治诉求的表达,个人权益容易受到损害。人大代表的选举机制是人民获取政治表达与政治诉求的合法机制。1979年以来,伴随市场化进程的加快,中国社会结构出现了明显的城乡差距和贫富两极分化的现象。现实中,农村人大代表大部分是干部、致富能手、为经济发展做出突出贡献的群体,他们绝大部分是农村的富裕人群。相比之下,贫困群体由于自身能力和社会资源的局限,当选人大代表的概率较低,因此,其利益表达渠道较少。

3. 疾病贫困

贫困人口承受疾病风险的能力极低,患病率却更高。由于经济贫困、医疗费用高,以及医疗费用分担比例不合理,贫困群体往往有病不医,"小病拖,大病扛",这样,在贫困家庭中逐渐形成了一个难以摆脱的医疗

---

① 本书的第四章中"硬制度"与"软环境"下农村最低生活保障对象的识别给予了计量经济学模型的证明。

困境。所以，疾病和残疾便成了当前致贫因素中最显著的两个。改革开放初期的贫困是整体经济水平落后的结果，而当前的社会贫困则更表现出明显的家庭和个人特征。

二 中国社会救助的发展脉络

从1982年中央制定第一个关于"三农"的一号文件到党的十七大及2008年一号文件以来，国家解决贫困问题的总体历程如下。

1982年第一个有关"三农"的中央一号文件指出："要国家、集体、个人三方面兼顾，不能只顾一头。集体提留、国家任务都必须保证完成。应当向农民讲清，国家在照顾农民利益方面已尽了最大努力，农民也要照顾国家经济困难，努力发展生产，增加商品，多做贡献。切实帮助贫困地区逐步改变面貌。"该文件重在强调农民的自立、自主性，通过自身努力来摆脱贫困。1986年的关于"三农"的中央一号文件——《关于1986年农村工作的部署》进一步指出："当前应把重点放在帮助那些至今尚未解决温饱的最困难地区，经过调查，做出规划，拨出资金，采取有效措施，使之尽快得到温饱，逐步走上能够利用本地资源优势，自力更生发展生产、改善生活的道路。在一般的贫困地区，主要是落实政策，端正生产方针，在开发林、牧、矿业及其他土特产方面给予必要的支持，把经济搞活。作为解决农村困难群众生活问题的制度安排，中央对建立农村最低生活保障制度的提法逐步强化。"

1982年及1986年有关"三农"的中央一号文件，以及后来的几个有关"三农"的中央一号文件基本上重在强调农民的独立自主性——利用本地的资源，通过自身努力来脱贫。国家主要目标是帮助最贫困的农村地区解决温饱问题。后来的农村"开发式"扶贫政策，其宗旨也是为中国农村的经济建设服务，把经济发展作为第一要务。城市地区在1997年建立了城市居民最低生活保障制度。

农村最低生活保障制度建立的主要政策依据是民政部在1996年印发的《关于加快农村社会保障体系建设的意见》和《农村社会保障体系建设指导方案》两个文件。两份文件都要求"有条件的地方要积极探索建立农村最低生活保障制度"。另外，《中国农村扶贫开发纲要（2001～2010年）》提出农村最低生活保障制度的基本立足点是要尽快解决少数贫困人口温饱问题。根据国家有关部门和一些国际组织多年的调查分析，中国农村绝对贫困群体的成因主要有五种：病、残、年老体弱、缺乏劳动力或劳动能力低下、生存条件恶劣。这部分群体占中国农村人口的3.5%左右（宋扬，2007）。根据这些文件的规定，帮助农村绝对贫困群体解决温饱问题是民政部门的重要举措。

2004年中央一号文件又一次提出"有条件的地方要探索建立农民最低生活保障制度"，并做出了在全国范围内取消农业税并给予100亿元粮食直接补贴的决定。其后的几年，中央一号文件一直以"三农"为主题，中央财政对"三农"的投入大幅增加。2004年，中央财政用于"三农"的支出为2626亿元，2005年为2975亿元，2006年为3397亿元，2016年达到12287亿元（国家统计局，2017）。2005年中央一号文件和《中共中央关于制定国民经济和社会发展第十一个五年规划的建议》明确要求"有条件的地方，要积极探索建立农村最低生活保障制度"。2006年的中央一号文件指出"要进一步完善农村'五保户'供养、特困户生活救助、灾民补助等社会救助体系"，"有条件的地方要积极探索建立农村最低生活保障制度"。

2007年以后，在试点探索建立农村最低生活保障制度的基础上，中央进一步提出建立城乡居民最低生活保障制度，并根据经济发展条件，缩小城乡待遇差异。2007年中央一号文件提出："继续搞好开发式扶贫，实行整村推进扶贫方式，分户制定更有针对性的扶贫措施，提高扶贫开发成效。在全国范围建立农村最低生活保障制度，各地应根据当地经济发展水平和财力状况，确定最低生活保障对象范围、标准，鼓励已建立制度的地区完善制度，支持未建立制度的地区建立制度，中央财政对财政困难地区给予适当补助。"党的十七大报告中也指出："完善城乡居民最低生活保障制度，逐步提高保障水平。"

2008年中央一号文件指出，"推进城乡基本公共服务均等化是构建社会主义和谐社会的必然要求。加快发展农村公共事业，提高农村公共产品供给水平"，"对全部农村义务教育阶段学生免费提供教科书，提高农村义务教育阶段家庭经济困难寄宿生生活费补助标准，扩大覆盖面"，"落实农村五保供养政策，保障五保供养对象权益。探索建立农村养老保险制度，鼓励各地开展农村社会养老保险试点"，"逐步提高扶贫标准，加大对农村贫困人口和贫困地区的扶持力度"。

2015年中央一号文件指出："加强农村最低生活保障制度规范管理，

全面建立临时救助制度,改进农村社会救助工作。"

从农村社会救助的发展脉络来看,新中国成立初期,中国农村最低生活保障制度是零星、分散和应急性的,没有形成一个系统、统一且完善的体系。但是,从中国政府制定的各年中央一号文件以及党的报告中能够看到,中国政府对于贫困问题一直是非常重视的,不仅制定了大量政策和制度规范贫困救济事业,还为扶贫工作投入了大量财力和物力,保障了那些处于生活困境的人的基本生活。

第二节 中国社会救助制度的变迁

从基础层面来看,中国社会救助制度及其变迁,特别是从最低生活保障制度的探索、提出到1993年和2007年在城市和农村分别实施的整个发展历程,反映出社会治理理念和制度水平的提升。归结起来,中国的社会救助制度大体经历了三个大的转折:由"救急型"向"扶贫型"转变、由"道义型"向"制度型"转变、由城市最低生活保障向全民最低生活保障(农村最低生活保障和城市最低生活保障)转变。

一 由"救急型"向"扶贫型"转变

(一)1949~1978年,农村贫困人口生活救助以临时性灾民生活救济为主,资金来源以农民集体互助共济为主

1950~1954年,为了救助灾民和孤老病残人员,国家发放大量救济物资和救济救灾款项,保障其基本生活需求。1956年,中国开始进入全面建设社会主义的历史阶段,城市建立起了就业与保障一体化的保障制度,社会救助主要面向没有劳动能力、没有收入来源、没有法定赡养人或抚养人的城乡"三无"社会成员,费用主要由国家承担,农村主要由生产队给予补助。1961~1963年,为了平稳过渡困难时期,国家用于农村社会救济和灾民生活救济的资金达23亿元,拨款达到新中国成立以来最高。1956年,第一届全国人大三次会议通过了《高级农业生产合作社示范章程》,章程规定农业生产合作社对于缺乏劳动力或者完全丧失劳动力、生活没有依靠的老、弱、孤、寡、残疾的社员,在生产上和生活上给以适当的安排和照顾,保证他们的吃、穿和柴火的供应,保证年幼的受到教育和年老的

死后安葬，使他们生养死葬都有依靠。1958年，全国农村享受"五保"待遇的达到519万人（宋士云，2007）。在"文革"期间，国家仍为农村灾民拨付了30多亿元的生活救济费。

（二）1978年后，社会救助改革以农村扶贫开发工作为突破口

1982年，民政部等九部门联合下发《关于认真做好扶助农村贫困户的通知》后，扶贫工作在农村全面展开，1994年国务院又部署实施《国家八七扶贫攻坚计划》。传统社会救助制度的适用对象主要是，第一，因自然灾害而遭受巨大财产损失的城镇和农村居民。国家将60%左右的救灾款用于解决灾民的吃饭问题，25%左右用于建房补贴，10%左右用于衣被救济，5%左右用于防疫治病。第二，"三无"人员以及孤老残幼等。他们是长期的被救济对象。政府在农村建立了敬老院，1994年全国孤老残幼有330万人，接收救济款13.6亿元，其中政府提供了1.88亿元。第三，社会上的生活困难者。他们因各种原因（如家庭成员生病、家庭人口多劳动力少、失去工作机会等）而陷入贫困，其中一部分是暂时贫困者，接受的是临时救济，而另一部分则是长年困难者，接受定期定量救济。

这一阶段，农村实行了家庭联产承包责任制，国家也加大了对农村社会救助金的投入。1978年国家用于"五保户"的救济金为2309万元，占国家拨付的农村社会救助费用的10%。1994年为"五保户"拨付救助金7554万元，占国家拨付农村社会救助费用的27%（国家统计局，2005）。1978~1994年，农村贫困人口生活救助逐步探索定期定量救助方式，资金开始由乡镇统筹。

总体来看，1949~1978年这一阶段，社会救助的主要形式是救灾、救危和救急，主要特点是救灾、救危和救急但不救贫；由于它只是从人道主义和同情心理角度出发的救助，没有上升到社会责任和民生权利的制度安排层面，所以它与现代公民理念的国家治理原则还有差距。1978~1999年，在农村实施的扶贫方式主要是"开发式"扶贫，在城市主要是补贴式扶贫，第一次实现了从"救急型"向"扶贫型"转变，在理念和实践上迈出了关键性的一步。

二 由"道义型"向"制度型"转变

20世纪90年代后期，结构性失业是城市当时面临的一大社会困难。

在此背景下，城市最低生活保障制度应运而生。1993年6月，上海市率先建立城市居民最低生活保障制度，并且取得了较好的社会效益。到1995年，中国有12个城市建立并实施了这一制度。

1997年，中国有206个城市建立和实施了最低生活保障制度。1997年8月，国务院颁发了《关于在全国建立城市居民最低生活保障制度的通知》，要求到1999年底，中国所有城市和县政府所在镇都建立这项制度。1999年，中国有668个城市和1638个县政府所在镇建立了城镇居民最低生活保障制度。最低生活保障对象为282万人，其中传统民政对象（"三无"人员）占21%，新增对象（在职、下岗、失业、离退休人员）占79%（国家统计局，2007）。1999年9月，国务院颁布了《城市居民最低生活保障条例》，此条例的颁布，标志着中国的社会救助制度真正从"道义型"救助转向"制度型"救助，使城市居民最低生活保障工作的法制化管理向前迈出了最为关键的一步，填补了中国在社会救助制度方面的空白。2000年底，中国享受城市最低生活保障待遇的人数达到382万（刘前，2006），城市居民最低生活保障制度为城市贫困人口提供了最基本的生计保障。

2001年，国务院决定扩大保障面，将符合条件的城市贫困人口全部纳入最低生活保障范围，由中央财政列支最低生活保障资金，做到应保尽保。2001年开始，中央财政的投入逐渐增加，最低生活保障制度突破资金"瓶颈"，保障对象从1998年的184万人，猛增到2002年的2065万人、2003年的2184万人，之后到2012年开始下降，2017年稳定在1400万人左右（见图1-1）。

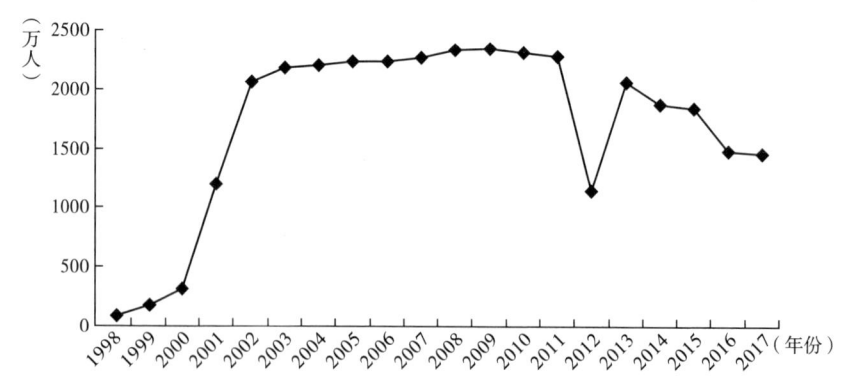

图1-1　1998~2017年城市最低生活保障对象数量分布

资料来源：根据《中国民政统计年鉴》整理而成。

这一阶段的城市社会救助工作取得了很大进展，为中国经济和社会结构的顺利转型提供了良好的制度基础。城市最低生活保障制度为绝大多数由于经济结构和产业结构调整而失业的城市居民提供了一道"安全网"，为社会营造了安定的环境，使得中国经济的转型能够顺利进行，在当时中国社会保障制度尚未健全的状况下，城市最低生活保障制度在促进经济发展、维护社会稳定方面发挥了积极作用。

但是，这期间由于工业化初期的"剪刀差"、公共支出对城市畸形偏重、物价持续上涨、农民收入停滞不前等，作为化解和预防风险的保障机制——社会保障制度，及作为最后一道安全网的"兜底工程"——最低生活保障制度在农村仍是一片空白，城市与乡村不但在初次分配领域存在巨大差别，在再分配领域也同样存在不公平。

总的看来，这一阶段由于经济体制改革明确了以市场经济为导向，在经济和社会体制急剧转轨、企业改革逐步深化，以及经济全球化和亚洲金融风暴的国内国际背景下，最低生活保障制度基本覆盖了城市居民，临时性救济、定期定量救济等政策实施有所松动，社会救济出现了"重城轻乡"的局面。但是，从整个中国社会救助制度的发展脉络来看，1999年城市最低生活保障制度的正式建立具有里程碑的意义，它的实施标志着中国的社会救助由"道义型"救助向"制度型"救助转变，而且也为农村最低生活保障制度的建立和实施奠定了良好的制度基础。

三 由城市最低生活保障向全民最低生活保障转变

纵观中国自1978年以来的农村扶贫战略的发展历程，从20世纪80年代初解决普遍贫困到后来的"开发式"扶贫，都在致力于减少农村贫困人口的数量。在农村现存的3000多万贫困人口中，约20%为"五保户"，30%为残疾人口，超过20%的贫困人口居住在不适宜生存的条件恶劣地区（李小云，2006）。这说明农村贫困群体的分布由连续的"面"变成离散的"点"，并且一部分农村贫困群体已被严重"边缘化"，传统的"开发式"扶贫方式收效并不显著，迫切需要建立更加精确的瞄准机制和救助方式。

截至2002年底，城镇最低生活保障制度已经实现"应保尽保"，到2007年，最低生活保障人数稳定在2200万人左右。然而，农村尚未建立最低生活保障制度。作为最后一道"安全网"，最低生活保障制度应统筹城乡发展,将不能从其他社会保障中获得足够救助的居民纳入保障范围,这对经济发展和社会稳定,尤其是中国的经济体制改革意义重大。据相关资料统计,在贫困县,由于残疾、长期患病、自然灾害等原因最后丧失劳动能力的人数占贫困县人口总数的6.7%(王志宝,2007)。2005年,因病致贫、因病返贫的农户,大概占了返贫总人口的26%。在农村建立最低生活保障制度,为农村贫困人口提供最低物质保障和生活支持,在维持社会稳定的同时,可以为经济长远发展提供人力资本和动力。因此,在农村地区建立最低生活保障制度成为必须要贯彻和执行的首要任务。

结合以上两个方面及中国农村的实际状况来看,在广大农村地区建立最低生活保障制度是最适宜的制度选择。建立农村最低生活保障制度既可以解决农村贫困人口最基本的生计问题,也可以保障他们的基本发展权益。1996年初,民政部明确提出在全国范围内积极探索农村居民最低生活保障制度。1996年以来,农村最低生活保障制度的实施一直都是热点话题,各个省份农村地区纷纷建立了适合本地区实际状况的最低生活保障制度。

2004年1月,福建省成为中国第一个全面实施农村居民最低生活保障制度的省份,也是率先在中国建立广泛覆盖城乡所有贫困群体的"最后一道安全网"的省份。2004年底,中国8省的1206个县(市)建立了农村最低生活保障制度,235.9万户家庭488万村民得到了农村最低生活保障救助(民政部,2005)。2006年底,建立农村最低生活保障制度的省份已达到23个,其余地区也在进一步完善农村特困户定期定量救助制度的基础上,积极起草有关农村最低生活保障制度的文件。从23个省份的实施情况看,2133个县(市)开展了农村最低生活保障工作,777.2万户1593.1万人获得农村最低生活保障救助,325.8万户775.8万人获得特困救助,部分特困户逐步被纳入农村最低生活保障制度(卫敏丽,2007)。截至2016年,按照民政部公布的数据,中国农村最低生活保障制度覆盖人数达到7000多万。

在2007年召开的"两会"中,国务院总理温家宝作政府工作报告时对这个"老热点"问题给出了明确答案——在全国农村范围建立最低生活保障制度。将符合救助条件的农村贫困群体纳入保障范围,稳定、持久地解决农村贫困人口的温饱问题,是实施农村最低生活保障制度的主要目标。设定这一目标主要有两点考虑。第一,《中国农村扶贫开发纲要

(2001—2010年)》提出，2010年前要"尽快解决少数贫困人口温饱问题"。实现这一任务，一方面需要加大扶贫开发力度，帮助有劳动能力的贫困人口通过发展生产逐步摆脱贫困状况；另一方面需要通过该制度对常年贫困人口给予救助，解决其基本温饱问题。第二，党的十六届六中全会提出到2020年基本建立覆盖城乡居民的社会保障体系的目标。这就要求加快农村社会救助体系建设的步伐，特别是要尽快建立农村最低生活保障制度，使困难群众能够维持最低生活水平。

因此，2007年农村最低生活保障制度的建立标志着由城镇最低生活保障向全民最低生活保障（农村最低生活保障和城镇最低生活保障）的转变，是中国在再分配领域划时代意义的变革。2016年，农村最低生活保障制度开始与农村精准扶贫战略衔接起来。

第三节 社会救助与再就业激活理论体系及发展脉络

一 社会救助与再就业激活理论体系

社会救助与再就业激活理论一方面坚持社会救助制度向缺乏劳动能力无法自食其力的贫困群体提供帮助的核心目标；另一方面主张有完全劳动能力或部分劳动能力的社会救助者在接受社会救助的同时积极工作，积极寻找工作是领取社会救助金的前提。对有完全劳动能力或部分劳动能力的社会救助者来说，社会救助应当是其处于暂时性贫困时，政府为其提供的临时性援助。鼓励社会救助者积极再就业能够使社会救助制度具有活力和持续发展的能力。受助者通过再就业可以降低其对社会救助制度的依赖性，从而脱离贫困。

在政策实施层面上，社会救助与再就业激活理论的目标一方面包括鼓励有完全劳动能力或部分劳动能力的受助者积极寻找工作并参与再就业；另一方面包括提供再就业服务。目标一的内容主要包括加强对社会救助者的人力资本投入力度使其更具再就业能力，促使社会救助家庭克服就业障碍，激励企业更多地雇用社会救助群体等；目标二的内容主要包括鼓励社会救助群体积极参与再就业，激励受助者寻找再就业机会或增加劳动投入等。

为了实现上述目标，政府运用一整套的政策"工具箱"，"工具箱"

体现"强制+激励"功能，强制措施包括限制福利的领取时间、强制性的寻找工作的行为、削减或取消救助依赖的资格、强制性接受合适的再就业岗位等；激励措施主要涵盖了提供与工作相关的补贴、私营部门工资补贴、在岗津贴等。

二 再就业激活体系的基本实施状况

中国的就业形势日趋严峻，再就业总量与岗位需求总量的矛盾、结构不平衡的矛盾并存。一方面，中国整体劳动力供求出现失衡。"十二五"期间中国的青年劳动力数量猛增，经济发展形式从粗放型转为集约型，而就业岗位却在下降。2015年，全国劳动力总量达到9.8亿人，城镇新增劳动力供给7000万人，劳动力就业需求岗位新增4000万个，劳动力供求缺口在3000万左右。另一方面，劳动力素质与就业岗位需求不匹配的结构性矛盾日益突出。这两方面，直接影响了再就业与经济发展。

2008年金融危机对企业影响较大，就业形势变得更加严峻。鉴于此，中国政府及时制定了一系列应对金融危机的政策和条例，如发展经济拉动就业、帮扶企业稳定就业、政策扶持鼓励创业、重点人群统筹就业、特别培训提高技能、加强服务促进就业等六个方面的组合性政策措施。2008~2016年，人力资源和社会保障部、财政部、国家税务总局联合下发并加强落实了《关于采取积极措施减轻企业负担稳定就业局势有关问题的通知》，规定"允许困难企业在一定期限内缓缴社会保险费"，"阶段性降低四项社会保险费率"，"使用失业保险基金及社会救助基金帮助困难企业稳定就业岗位"和"鼓励困难企业通过开展职工在岗培训等方式稳定职工队伍"；2016年人力资源和社会保障部、财政部颁布了《关于阶段性降低社会保险费率的通知》并根据《中华人民共和国社会保险法》等有关规定，就阶段性降低社会保险费率切实减轻企业负担，稳定就业与再就业提出了指导性的建议。而且，在此期间，国家税务总局联合财政部门颁发了《关于支持和促进就业有关税收政策的通知》，在继续实行就业税收优惠的同时，大大扩大了再就业人员自主创业的对象范畴。该通知有三个突出的特征。一是对自主创业的支持力度加大，新就业税收政策主要对个体经营进行扶持，积极支持个人自主创业。二是创业政策的覆盖面更广。创业政策的受益人员以在公共就业服务机构登记失业半年以上为基本条件，政策对象扩大到纳入就业失业登记管理体系的全部人员，包括下岗失业人员、农民工、高校毕业生、就业困难人员以及零就业家庭等重点就业困难群体。三是税收优惠政策更规范。以"就业失业登记证"作为享受优惠政策的主要依据，在享受对象上体现了普惠性，在管理方式上突出了规范性，并实现了公共就业服务与税收减免政策的紧密结合。

然而，低收入群体的再就业仍然存在较大"瓶颈"，这主要是由于再就业体系不健全，难以充分发挥促进再就业的作用。例如，再就业政策中的小额担保贷款财政贴息政策有待改进，目前的政策中还存在范围不够科学，资金下发程序不合理等一系列问题；税收优惠政策需要进一步完善，主要体现在税收优惠范围窄，政策门槛过高，很多再就业人员难以享受政策红利；再就业优惠政策项目较多，优惠政策认定过程复杂，部分优惠政策之间存在内容相似问题；一些地区由于执行困难和偏差，再就业税收政策的实施偏离政策目标。政策导向也产生一些负面效果，在税收优惠政策的驱动下，一些企业为减免税收而任意安置失业人员，出现工作与失业人员不匹配的现实问题，政策的最终受益人是企业，而不是下岗失业人员。一些企业骗取就业优惠政策中的优惠资格条件，扰乱就业促进政策的执行。就业培训政策有待完善，失业人员的整体素质偏低，缺乏必要的专业知识和劳动技能，难以适应新的岗位要求，自身的竞争力较弱。而培训课程与市场需求存在部分脱节现象，就业培训内容比较单一，难以满足市场的客观需求。

三　欧美等发达国家再就业激活体系的发展脉络

社会救助与再就业激活体系涉及政治、经济、社会、文化等各方面。因此，社会救助与再就业激活体系的构建，不仅需要政府系统内的主导与协调，承担协同主体的角色，更需要社会、家庭的认同与支持。

21世纪以来，从发达国家社会救助制度的实施及改革来看，积极的再就业的政策成为发达国家再就业激活体系的改革理念与主要趋势。这种再就业激活体系的构建越来越受到政府及社会各界的认可和倡导，在不少国家特别是发达国家取得了较大成效。其理念源于美国的"从福利到工作"（From Welfare To Work）的政策。20世纪60年代，美国联邦政府通过《社会保障修正案》，标志着再就业激活体系正式建立。"工作激励项目"采用"奖惩并用的政策"，核心目的是让贫困或低收入家庭通过再就业获得的收入比依赖社会救济获得的收入更多，更具激励性。在制度改革与发展过程中,这种理念不断地完善,并得到进一步的细化和分层。1996年,联邦政府通过《个人责任与工作机会法案》(PRWOA),该法案废除了"有依赖儿童家庭救助项目"(AFDC),建立了新的"贫困家庭临时救助项目"(TANF)。至此,实现了从社会救济到再就业政策的转变,再就业政策逐步成为美国社会救助制度的核心,美国社会救助制度开始定型。此项制度包括两类:一类是社会服务,另一类是经济救助。经济救助一方面向孤儿、65岁以上的老人、盲人和永久性重残人提供保障收入,由联邦政府提供资金和进行管理,即公共救助(Public Assistance)。另一方面是向"有依赖儿童家庭"实施救助。"贫困家庭临时救助项目"由联邦政府拨款,其现金救助有时间限制,对社会救助群体提出了较为严格的工作要求,规定有劳动能力的18岁以上人员在领取社会救助金后的24个月内必须实现再就业。社会救助与再就业互动机制也推动了其他国家社会救助制度的改革进程。21世纪初,OECD国家由于失业率持续攀升,社会救助政策改革逐步展开。这种再就业激活政策在不同国家的提法不同,如"从福利到工作"(From Welfare To Work)、"工作手段激励政策"(Work Means Incentive Policy)、"工作导向型改革"(Work – oriented Reform)、"工作换福利"(Job Benefits)等。改革主张集中于以积极社会救助与再就业的互动政策取代消极社会救助政策,从而促进有完全劳动能力或部分劳动能力的群体实现再就业。

相关配套的促进性政策或措施还包括职业指导咨询、求职援助以及个性化的服务和管理等。澳大利亚等十个国家社会救助政策促进再就业的研究报告显示,这些国家的社会救助制度或多或少产生了三种"陷阱":一是"失业陷阱",社会救助标准较高,而大部分受助群体缺乏专业知识与工作能力,再就业的工资过低,受助群体缺乏就业动力;二是"贫困陷阱",由于社会救助制度存在的"补差式"救助,受助者获得的社会救助收入会随着再就业收入的提升而相对削减,因此会面临70%~100%的有效边际税率;三是"依赖陷阱",社会救助制度存在配套政策,如学校免费餐、能源和水的补贴、教育补贴、房租补贴、医疗补助等,因此,社会救助制度的"附加值"成为社会救助者保留"身份"的强烈驱动力。

积极就业的政策及社会救助与再就业激活体系的构建和实践大多是从社会保障制度建立较早的发达国家开始的。这些发达国家的社会保障制度比较完善,其社会救助水平较高,社会救助收入对就业收入的替代率较高，有些福利国家能够达到80%以上。发达国家社会救助制度改革的深入推进及成效显现，对社会救助制度处于较低水平的国家产生了较大影响。如韩国在2000年以前，其社会救助水平较低，2000年以来，韩国进行了社会救助制度改革，制定了《国家基本生活保障法》，较大幅度地提升了社会救助金水平，同时，借鉴和吸取美国及其他国家的经验教训，强化了再就业方面的审查和再就业激励。

第二章　中国社会救助制度的评估

社会救助制度自实施以来，为城乡居民提供了最低生活保障，其济贫效果已经得到世界的认可，在弱势群体的保护、和谐社会的构建等方面发挥了巨大的作用，有利于社会的整体安定与团结。社会救助制度与扶贫制度的"双轮驱动"还完善了中国的再分配机制，是中国收入分配制度上的一大飞跃。然而，目前制度在运行效果、资源利用效率、财政负担能力、制度配合等方面仍存在问题，需要进一步改革和完善。

第一节　最低生活保障制度运行效果

一　最低生活保障制度的实施效果分析

（一）最低生活保障资金筹集

城镇最低生活保障制度自实施以来，其主要资金来源为地方人民政府的财政预算，政府建立社会救助专项资金项目，资金筹集体现专户专用和专项管理的管理原则。农村最低生活保障资金来源的确定，主要依据1996年民政部制定的《农村社会保障建设指导方案》，救助资金主要由当地各级财政和村集体负担，即县、乡、村三级共担。

1994年分税制改革后，三级共担的农村社会救助资金筹资模式受到较大冲击。在经济发达的沿海地区，最低生活保障资金的筹集相对容易；而在经济不发达的中西部地区，三级共担的筹资机制难以实现，资金的筹集基本依赖政府的财政转移支付。然而，由于在经济建设过程中，政府的经济重心在城市，就业优惠政策与最低生活保障制度主要针对城市就业困难的低收入群体，其财政转移具有明显的"重城轻乡"政策倾向。农村最低生活保障资金筹资陷入困境。

自1999年国务院正式颁布《城市居民最低生活保障条例》以来，中央财政开始追加最低生活保障制度的政府财政预算,到2014年底,城镇居民最低生活保障支出为287.7亿元,农村最低生活保障支出达到335.7亿元(民政部,2015)。虽然最低生活保障资金的财政投入在逐年上升,但在发展过程中,仍然存在较多问题。2016年8月,武汉大学社会保障研究中心调研小组听取了部分县民政部门、扶贫办领导同志的情况介绍,从中了解到由于农村地区建立和实施最低生活保障制度的时间较短,一些试点县因财政压力无法配套最低生活保障资金,很多符合最低生活保障领取资格的贫困群体无法享受最低生活保障制度。具体表现在两个方面。

1. 贫困县无力配套资金支持最低生活保障制度

受减免农业税等税收政策的影响,加之县财政支出的不断扩张,地方县级城市的财政收入相对减少,财政出现缺口,财政状况困难。调研中了解到,由于地方财政配套资金的短缺,中央和省级转移支付的最低生活保障资金也不能到位。因为中央、省级财政支持与当地政府财政配套资金给付相辅相成,配套资金政策成为制约贫困县农村最低生活保障制度发展与改革的"屏障"。

2. 贫困县缺乏实施最低生活保障配套资金政策的现实基础

从理论上讲,国家制定了大量的优惠政策(如免费信贷、转移支付、开发式扶贫等),极力倡导贫困县大力发展经济,积极增加财政收入,鼓励贫困县实施最低生活保障资金的配套政策改革。但从可行性上来讲,县财政状况的根本好转必须以经济和社会结构转型为前提,而经济和社会结构转型的周期较长,短时间内要从县财政收入中获取充足的配套资金支持,并不具备现实基础条件。只有中央、省级财政支付农村最低生活保障资金,才能解决这一问题。

(二) 实施范围较窄、覆盖面较小、制度保障水平较低

民政部相关统计数据显示,截至2016年,很多农村地区的最低生活保障制度依然延续一些传统的社会救助项目。较大一部分农村贫困群体得不到救济和补助,尤其是因一些突发情况而生活困难的贫困群体,如由于某些乡镇企业倒闭而生活困难的"田野"工人;由于生产经营不善而面临困难处境的农民;由于家庭成员生病、子女学费高昂而生活贫困的村民等,他们中绝大部分没有被纳入农村最低生活保障范围。

从表 2-1 可以看出，农村最低生活保障人均补差额自 2011 年来呈现持续下降的趋势。把表 2-1 通过各年的物价指数转换成表 2-2，可以看出，通过价格指数调整后的农村最低生活保障人均补差额下降的速度比调整前更快（见图 2-1）。

表 2-1　2007~2014 年农村最低生活保障人均补差额

单位：元

年份	2007	2008	2009	2010	2011	2012	2013	2014
人均补差额	234.1	244.5	263.9	236.6	339.9	333.5	306.9	275.7

资料来源：2007~2013 年数据来源于《中国民政统计年鉴》、国家统计局网站，2014 年数据来源于民政部《2014 年民政事业发展统计公报》。

表 2-2　通过价格指数调整后的农村最低生活保障人均补差额

单位：元

年份	2007	2008	2009	2010	2011	2012	2013	2014
人均补差额	212.7	222.3	239.9	215.1	309.1	302.4	279.1	250.6

资料来源：由表 2-1 的数据经过价格调整而得到的，2007~2014 年农村居民消费价格指数为 110.98。

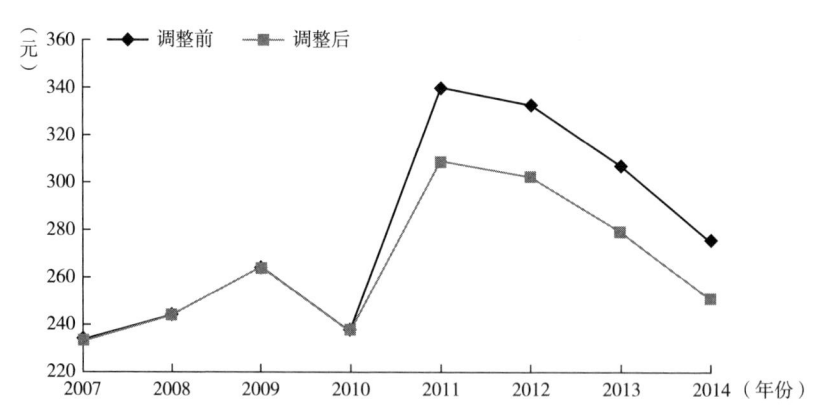

图 2-1　2007~2014 年农村最低生活保障人均补差额调节前后变化趋势

资料来源：根据表 2-2 的数据绘制。

（三）制度实施的均衡性差异

1. 省级之间的制度实施不平衡

一些富裕省份（如北京、上海、山东、浙江），部分中部省份（如湖北、安徽等），以及部分财政支持力度较大的自治区，已经全面展开农村最低生活保障工作，而在一些中西部地区，由于经济和社区基础较差、最低生活保障资金来源和地方财政配套资金不足、贫困人口数量多且集中分布，只能实现在小范围内开展试点与改革工作。

2. 省内地区间的制度实施不平衡

以经济较发达的广东省为例，省内存在较为明显的地区差异，其最低生活保障标准不一。补助最高的是佛山市，每人每月可以获得310元的资金补助，补助最低的是河源市，每人每月仅有60元补贴，两者相差250元。

（四）缺乏与其他社会保障制度的衔接

中国社会保障制度是由社会救助制度、社会保险制度与社会优抚制度等组成的完整体系，各项制度之间是相辅相成的关系，缺一不可。目前，农村地区的社会保障制度以新型农村合作医疗制度和最低生活保障制度为主，农村基本养老保险制度、医疗救助制度和教育救助制度发展相对滞后，制度体系不够完善，社会保障的制度"短板"现象明显（见图2-2）。由于各种社会保障制度的历史沿革、实施范围和管理不同，与最低生活保障制度难以有效衔接。一部分因病致贫群体和老人群体由于没有参加养老保险，无法获得养老保险赔付，被列入最低生活保障范围。如果医疗救助制度、教育救助制度以及养老保险制度能够在农村得到有效实施，那么一部分最低生活保障对象可以通过其他社会保障制度获得政府政策支持和资金补贴，最低生活保障制度和新型农村合作医疗保险的现有给付压力将能够得到有效缓解，最低生活保障的受益面也将随之扩大。

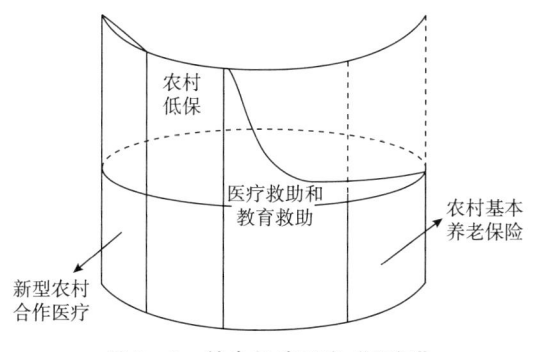

图2-2 社会保障制度"短板"

(五) 基层救助组织的人员匮乏与管理问题突出

在农村社会救助实施方面,"上面千条线,下面一根针",最低生活保障工作面广、量大、任务重,基层民政部门工作繁重。在最低生活保障制度实施过程中,救助款项和物资需要经过严格监管,层级发放给受助群体。事实上,基层农村最低生活保障工作队伍面临力量薄弱的问题,无法满足实际人员需求,从而影响到社会救助政策的实施效果。

笔者在山东省沂水县、莒县、沂源县等地区调研时了解到,由于乡镇民政部门要进行机构改革,减员增效,每个乡(镇)的民政所只剩下2~3人负责几千人的最低生活保障实施与发放工作,工作人员与最低生活保障人员之比约为1:900。另外,社会组织没有完全建立起来,"三社联动"与"政社互动"处于起步阶段,大量的最低生活保障工作由2~3名民政工作人员来推行和实施(包括审查、核实、公示以及发放)。此外,这些民政工作人员还要负责医疗救助、"五保户"供养、特殊人群补助、基层组织建设等繁杂工作。业务要求严格、政策性强、任务重,乡镇民政工作人员承担的工作量巨大。

类似的问题在其他省份也存在,如湖北省襄阳市在2006年乡镇机构改革时,乡镇民政所仅留1~2人,大量的贫困户调查、核实、公示、上报等环节因缺乏工作人员,很难按政策要求真正落到实处。再如,河南省孟津县下辖10个乡镇227个建制村,制度覆盖对象有6万多人,最低生活保障给付资金每年达1000多万元。乡镇民政所被撤销后,10个乡镇仅有兼职民政工作人员15人,有的乡镇仅剩下1人(曲昌荣,2007)。多数民政工作人员在走村入户时,仅救助对象发放资金一项工作就要耗费大量的人力和物力。不少地方将农村最低生活保障对象的认定工作交由村委会负责,乡镇民政工作人员不得不放弃监督职责。

二 制度的知晓率、经济调查和最低生活保障发放等问题

(一) 最低生活保障制度的知晓率

笔者选取好、中、差三个档次在湖北、河南、湖南等省份调研发现,90%以上的干部在政策执行时,注重最低生活保障制度的资格审查、监管等问题,而极少通过政策宣传,提高政策知晓率。通过入户调查,课题组

成员发现，部分特困人口的家庭成员将制度化的最低生活保障制度理解成"送温暖"、困难救助、灾害救济等非正规形式的社会救助制度，将其视为政府的施舍和恩赐行为，没有意识到他们陷入贫困后，从国家获得必要的物质帮助是一项权利。究其原因主要包括以下两个方面。

1. 居民缺乏表达公共物品需求偏好的适当渠道

最低生活保障制度作为一项政府供给的公共物品，其供给种类和数量基本由基层政府决定，而较少征求农民意见、了解农民的政策偏好和需求。这导致公共政策在实施过程中，沿袭单一的"自上而下"的公共产品决策程序。而且贫困群体长期处于社区或群体的边缘化位置，认知能力有限，对最低生活保障制度的知晓率较低，对救助政策存在曲解与怀疑。

2. "自上而下"的最低生活保障受益对象名额确定过程存在不足

最低生活保障受益对象的确定一般经历特困人口提出申请，居委会（社区）讨论决定并公示，县市级审批的一系列过程。但调查中发现，很多贫困人口并没有提出申请，也没经历评审和监督过程。实践中，通常是县民政局按照当年社会救助金的总额，参考各乡镇（街道）贫困人口的数量和生活状况确定各乡镇的最低生活救助指标，下拨资金；然后规定具体的发放等级；① 由乡镇民政办（街道）确定具体受益人，统一上报后确定受益对象。这个操作过程存在两个问题。

（1）贫困群体是否能享受最低生活保障以及受益等级确定是否公平？决策权力集中在村干部或居委会管理人员，在某种意义上存在权力"寻租"行为。

（2）由于最低生活保障资金不需要有结余，在界定最低生活保障对象时一般采取严格控制的原则，年度资金的下拨收入大于支出，个别县市出现了假造花名册冒领最低生活保障金、医疗救助金等违法犯罪案件。

（二）最低生活保障对象的经济调查

家计调查是确定最低生活保障申请人是否符合救助标准的必需程序，主要审核申请救助者的总体收入状况。申请者个人收入或家庭成员的人均收入

---

① 如湖北省襄阳市农村最低生活保障分三个档次，分别为每人每月给予30元、50元、60元；贵州省将农村最低生活保障分5个档次，一档每人每年补助不低于500元，五档每人每年补助不低于120元；海南省的农村最低生活保障标准有7个档次，分别为每人每月补助93元、90元、80元、70元、67元、65元及60元。

低于政府确定的最低生活保障线，是领取最低生活保障金的关键条件。笔者在调研中了解到，最低生活保障制度在审批、核查、调查等关键环节执行力度和监督力度不够。在资格审核、调查等环节，主要依靠经验或依靠被审查者的自我陈述与证明材料，对其收入情况的深入、详细调查甚少。

（三）最低生活保障金发放

最低生活保障制度在实际运行中出现的资源配置扭曲现象，主要表现在资金发放方面。在实际操作过程中，一些非贫困群体获得了资金补助，从而导致政策社会效用的降低。如存在申请人对真实信息和状况进行隐瞒，政策执行人员利用职权为亲属申请、挤占名额的现象等。保障金的边际效用因此会大大降低，社会福利损失由此产生。

利用效用理论来对此进行分析（尼古拉斯·巴尔，2003），如图2-3所示。由于存在最低生活保障金冒领现象，在冒领后，社会效用损失$ABCD$面积，即B冒领了A的保障金，而A收入较低，比B更需要这笔保障金，这笔保障金对于A的效用远远超过B，U_A为A的效用曲线，U_B为B的效用曲线。

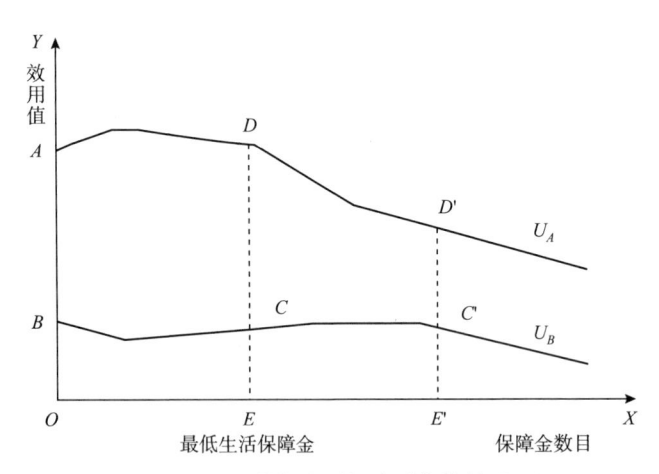

图2-3　最低生活保障对象的效用

笔者在调研中还发现一个更大程度上的最低生活保障资源的配置扭曲现象。在一些小城镇，地方政府向中央政府申请超出实际需要的最低生活保障金，通过这种方式，地方政府获取更多的可支配资金，并且挪用最低生活保障资金作为本地经济建设和发展的储备资金。若地方政府将所有保障金用于更多需要补助的贫困群体，使最低生活保障金的总量由 E 增加到 E'，则社会总效用增加 $DCC'D'$ 面积。但是，事实上对该项资金的非法占用与挪用，直接导致社会福利的损失。

三 最低生活保障宏观救助力度与生活救助状况

中国各地区的农村最低生活保障标准普遍低于以马丁法测算的最低生活保障线（王有捐，2006），这主要因为贫困救助力度很大程度上取决于地方政府的财政支付能力。比较最低生活保障标准的高低，评价不同农村地区实施最低生活保障制度的效果不能只看名义上的最低生活保障标准，而应从满足最低生活保障对象的基本生活要求和不超过地方政府的财政支付能力以及社会承受水平两方面来综合考虑。

（一）最低生活保障宏观救助力度系数与生活救助系数

评估政府对最低生活保障对象的救助力度可以用最低生活保障宏观救助力度系数来衡量。

1. 最低生活保障宏观救助力度系数

$$\sigma_t = \frac{N_t}{I_{t-1}} \tag{2.1}$$

其中，σ_t 是第 t 期的最低生活保障宏观救助力度系数；N_t 是第 t 期的名义最低生活保障标准；I_{t-1} 是所在省份第 $t-1$ 年的农村人均收入额度。最低生活保障宏观救助力度系数反映了省级政府对低保受益对象的实际救助水平和力度。

一般情况下，上一期的农村人均收入 I_{t-1} 已知，其所在省份的平均工资基本上可反映出该省份经济发展的实际水平。如表 2 – 3 所示，各省份农村最低生活保障标准与上一期当地居民人均收入之间，存在很强的正相关关系。

式（2.1）中，如果把各地区居民人均收入和当地名义最低生活保障标准相除，即可消除各省份经济发展水平的影响，可以对各省份最低生活保障对象实质救助力度水平进行横向对比分析。σ_t 越大说明该省份的最低生活保障救助力度越大，σ_t 过低说明该省份的政策救助力度不足，当 σ_t 过大时，"福利依赖"现象有可能产生。

表 2-3　2016 年最低生活保障制度各指标交叉相关系数

项目	检验指标	一季度农村人均收入	一季度农村最低生活保障标准	二季度农村人均收入	二季度农村最低生活保障标准	上年四季度农村人均收入
一季度农村人均收入	Pearson 相关系数 Sig. 值	1 —	0.855** 0.000	0.879** 0.000	0.876** 0.000	0.928** 0.000
一季度农村最低生活保障标准	Pearson 相关系数 Sig. 值	0.855** 0.000	1 —	0.701** 0.000	0.927** 0.000	0.904** 0.000
二季度农村人均收入	Pearson 相关系数 Sig. 值	0.879** 0.000	1 0.000	0.701** 0.000	0.715** 0.000	0.904** 0.000
二季度农村最低生活保障标准	Pearson 相关系数 Sig. 值	0.876** 0.000	0.927** 0.000	0.715** 0.000	1 —	0.922** 0.000
上年四季度农村人均收入	Pearson 相关系数 Sig. 值	0.928** 0.000	0.904** 0.000	0.904** 0.000	0.922** 0.000	1 —

** 表示相关系数在 0.01 水平下是显著的（双尾检验）。

2. 生活救助系数

$$\gamma_t = \frac{N_t}{F_t} \quad (2.2)$$

其中，γ_t 是第 t 期的最低生活保障生活救助系数；N_t 是第 t 期的名义最低生活保障标准；F_t 是第 t 期的家庭人均食品消费支出。如果 $0 < \gamma_t < 1$，则说明用最低生活保障金全部购买食物，其消费标准仍然低于当地居民的平均食品消费水平。从统计经验来看，这个值约为 0.65 时，最低生活保障支出可以基本解决被救助对象的基本食品支出。食物是维持人类生存最必需的生活资料，几乎完全缺乏弹性，食物是被保障对象的最主要的消费支出。然而，从表 2-4 的数据分析来看，31 个省份[①]中，只有四川省一季度的 γ 值（0.6678）和重庆市二季度的 γ 值（0.7721）高于 0.65 的经验统计值。可以看出：2016 年的最低生活保障标准不能够解决贫困群体

---

① 目前中国有 34 个省级行政区，即 4 个直辖市、23 个省、5 个自治区、2 个特别行政区；但由于香港特别行政区、澳门特别行政区、台湾地区数据不全，只研究其余的 31 个。

的基本食品支出,无法解决其最低生活需要问题。

表2-4 2016年31个省份第一、二季度农村救助水平指标

省份	σ_1（一季度）	γ_1（一季度）	名义标准（二季度）	σ_2（二季度）	γ_2（二季度）
北京	0.2138	0.2895	515.58	0.1479	0.3145
天津	0.2420	0.5354	543.99	0.2269	0.6293
河北	0.1705	0.2514	188.01	0.1353	0.3273
山西	0.1561	0.1872	152.79	0.1467	0.2506
内蒙古	0.1582	0.1949	170.67	0.1194	0.2677
辽宁	0.1940	0.2584	244.32	0.1121	0.3339
吉林	0.1153	0.1452	119.70	0.0576	0.1764
黑龙江	0.2008	0.2495	190.17	0.0897	0.2688
上海	0.2779	0.2998	789.81	0.1624	0.3653
江苏	0.2565	0.2769	432.06	0.1420	0.5889
浙江	0.2533	0.2473	540.33	0.1376	0.3507
安徽	0.1956	0.2039	181.08	0.1357	0.3382
福建	0.2448	0.2971	334.50	0.2017	0.4110
江西	0.2120	0.2986	220.26	0.1829	0.4478
山东	0.2003	0.2557	253.08	0.1397	0.3227
河南	0.1673	0.2307	170.49	0.1684	0.2987
湖北	0.1630	0.1904	167.31	0.1271	0.2848
湖南	0.1717	0.1884	169.62	0.1224	0.2758
广东	0.2974	0.3637	427.83	0.2200	0.4572
广西	0.1689	0.2358	141.21	0.1259	0.3110
海南	0.2282	0.3504	331.71	0.2571	0.5653
重庆	0.2530	0.3956	348.00	0.2814	0.7721
四川	0.5114	0.6678	174.84	0.1378	0.3568
贵州	0.2715	0.4241	165.87	0.2579	0.5169

续表

省份	σ_1（一季度）	γ_1（一季度）	名义标准（二季度）	σ_2（二季度）	γ_2（二季度）
云南	0.2061	0.2442	150.06	0.1825	0.3329
西藏	0.1119	0.2176	78.00	0.1842	0.2258
陕西	0.1925	0.1810	139.83	0.1393	0.2497
甘肃	0.1813	0.2172	113.88	0.1655	0.3365
青海	0.2440	0.2728	180.87	0.2348	0.4201
宁夏	0.1231	0.1361	117.27	0.1112	0.2168
新疆	0.2028	0.2792	150.42	0.1741	0.3091

资料来源：根据2016年民政部门统计数据计算整理而成，以下各图表相同。

（二）31个省份的最低生活保障状况的比较

1. 31个省份的最低生活保障状况

采用2016年一～三季度数据计算31个省份的 σ_t 和 γ_t 值，其中前两个季度的结果如表2-4所示。从表2-4可以看出，2016年二季度按名义最低生活保障标准高低排列，上海最低生活保障标准最高，天津、浙江分别为第2位和第3位；名义最低生活保障标准最低的是西藏，其次是甘肃。值得注意的是，经济发达程度高的上海二季度的 σ 值仅为0.1624，γ 值为0.3653，这说明上海最低生活保障金达不到当地居民平均食品消费水平，不能满足被保障对象的基本食物需求。相比之下，重庆二季度的 γ 值最大，为0.7721，其救助水平已经达到了当地平均食品消费水平。这表明：单独从名义最低生活保障标准的高低来评估最低生活保障救助效果，可信程度不足。

2. 北京、天津、上海、重庆最低生活保障相关指标的纵向比较

以上横向对比分析了不同省份间最低生活保障状况，下面将对北京、天津、上海、重庆最低生活保障相关指标进行纵向对比。

如图2-4所示，四个直辖市2016年前三季度的名义最低生活保障标准呈上升趋势。2016年前两个季度，四个直辖市的生活救助系数均呈上升趋势（见图2-5）。对于 σ 值而言，除了重庆市二季度有上升外，其余直辖市的 σ 呈现不同程度的下降趋势（见图 2-6）。尽管在 2016 年第三季度，重庆市的名义最低生活保障标准和第二季度相比，基本保持不变，但其最低生活保障救助力度系数与生活救助系数却在上升。

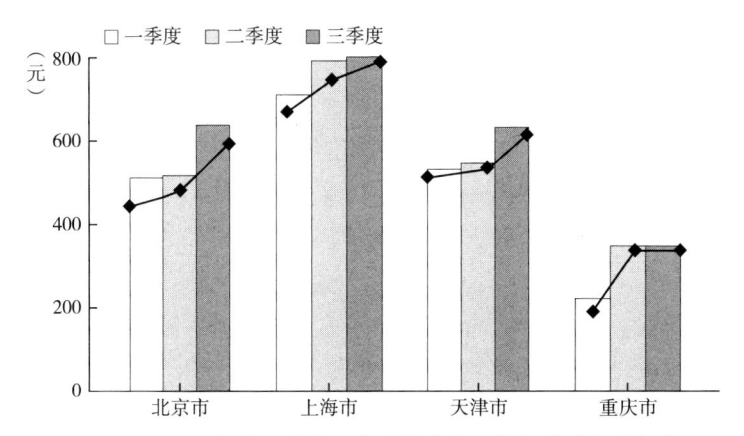

图 2-4 2016 年前三季度四个直辖市名义最低生活保障标准

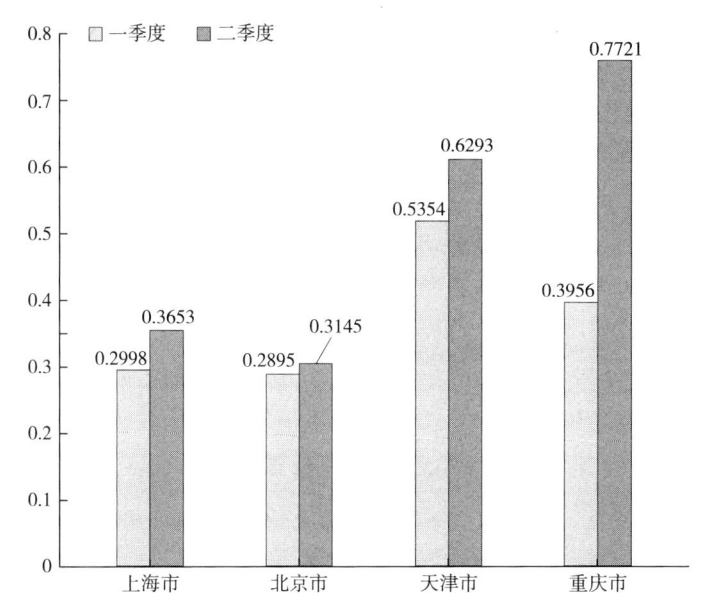

图 2-5 2016 年前两个季度四个直辖市的最低生活保障生活救助系数 γ

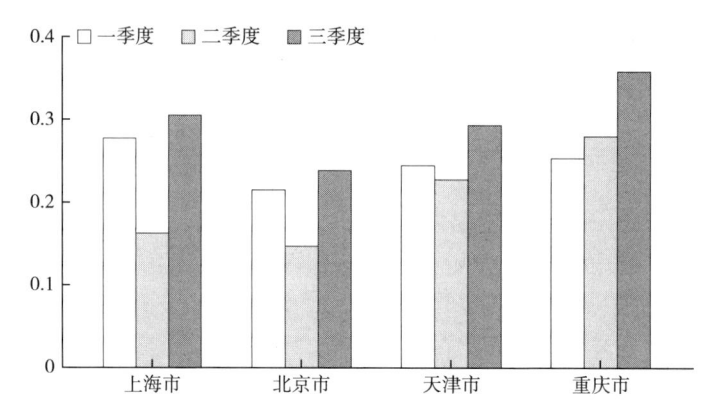

图 2-6 2016 年前三个季度四个直辖市的最低生活保障救助力度系数 σ

(三) 最低生活保障制度选择与评估

σ 反映了最低生活保障制度的救助力度,也反映了政府为解决最低生活保障问题所花费的成本;γ 反映了最低生活保障制度的实际救助效果。结合这两个指标可以对最低生活保障制度做更全面、深入的理解,因此,笔者将最低生活保障救助力度系数 σ 与生活救助系数 γ 两者结合起来分析,为各省份的最低生活保障政策评估提供一个可操作的定量分析工具。

首先建立 σ_t - γ_t 平面,如图 2-7 所示,以 σ_t 值为横轴,以 γ_t 值为纵轴。由于 $\sigma_t>0$ 与 $\gamma_t>0$,故只在 σ_t - γ_t 平面第一象限内分析即可。假定 σ_t 和 γ_t 的临界值分别为 σ_t^* 和 γ_t^*,即认为最低生活保障救助力度系数与生活救助系数应分别满足以下两个条件:$\sigma_t \geq \sigma_t^*$,$\gamma_t \geq \gamma_t^*$。那么,直线将图 2-7 用 $\sigma_t = \sigma_t^*$、$\gamma_t = \gamma_t^*$ 和 σ_t - γ_t 分成四个区域,将这四个区域按照从上到下、从左到右的顺序,分别记为 I、II、III、IV 区域(其中 II 和 III 区域包括边界)。某省份的 σ_t 和 γ_t 值决定了它在 σ_t - γ_t 平面上所对应的点(σ_t, γ_t),根据点所在的象限,可以选择相对应的最低生活保障政策。

1. 如果点(σ_t, γ_t)落在 I 区,说明该省份的生活救助效果好,最低生活保障金能够满足最低生活保障群体的基本生活需求,并且政府财政转移支付的压力较小。这是比较理想的状态。

2. 如果点(σ_t, γ_t)落在 II 区,则说明该省份最低生活保障制度的救助力度不足,以至于救助成效不佳。要改变目前这种状况,政府需要逐步提高最低生活保障标准(提高 σ_t 和 γ_t 的值),以使其从 II 区转向 I 区

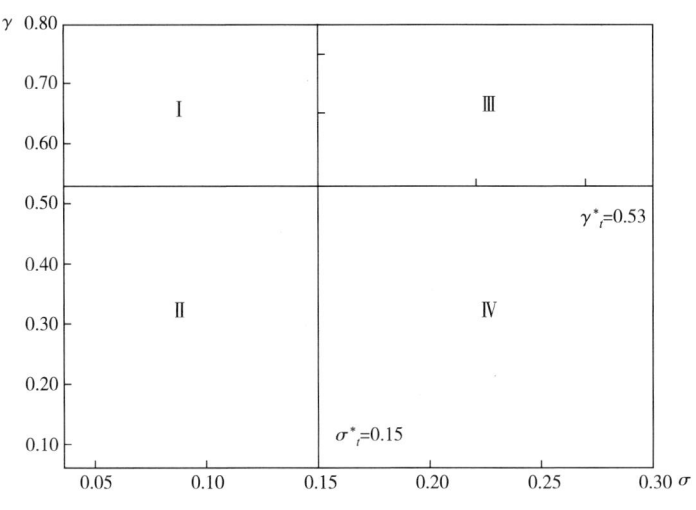

图 2-7 2016 年二季度 31 个省份的 $\sigma_t - \gamma_t$ 平面分布

（或者Ⅲ区）。

3. 如果点（σ_t, γ_t）落在Ⅲ区，说明该省份的最低生活保障救助力度和救助效果都已经超过了基本标准，属于社会救助效果好但政府财政负担较重的情况。最低生活保障给付优厚，最低生活保障受益群体对最低生活保障金产生"福利依赖"的概率较大。

4. 如果点（σ_t, γ_t）落在Ⅳ区，说明政府付出了很大代价却无法使社会救助效果达到基本的标准和要求。

临界值可以根据各地的实际情况选取和调整。一般情况下，σ_t 值的最小值为 0.1，最大值为 0.2，可以取区间 [0.1, 0.2] 的中点作为临界值，即 $\sigma_t^* = 0.15$（高清辉，2006）。由于目前各地最低生活保障制度的实际支付标准较低，γ_t 临界值的选取只考虑到被救助对象的基本食品需求，即参考当地居民基本生活所必需的食品费用而确定。假定被救助对象的人均食品支出占本地农村居民人均食品支出的 50%，被救助对象用于食品的支出达到总支出的 95%，取得生活救助系数临界值：$\gamma_t^* = \dfrac{50\%}{95\%} = 0.53$。

将每一个省份的坐标（σ_t, γ_t）置于 $\sigma_t - \gamma_t$ 平面上，形成 $\sigma_t - \gamma_t$ 平面的分布图。在任何时期 t，都可以做出对应时期不同省份组成的 $\sigma_t - \gamma_t$ 平面分布图。对同一省份不同时期的分布图进行纵向比较，可以对同一省份不同时期的政策效应做出具体评价。

2016年一季度，31个省份中只有江苏省落在Ⅰ区，北京等17个省份落在Ⅱ区①，天津、海南、重庆3个城市落在Ⅲ区，剩下的上海等10个省份落在Ⅳ区②。

落在Ⅰ区和Ⅲ区的省份占全部省份的比例为12.9%，而落在Ⅱ区的17个省份中，有两个落在临界线附近。据此，可以认为最低生活保障工作从总体上来看效果并不理想。位于Ⅱ区的省份应通过提高农村最低生活保障标准进入Ⅰ区。2016年一季度与二季度相比，位于Ⅲ区的省份多了1个，位于Ⅰ区的省份多了1个，位于Ⅱ区的省份多了13个。从Ⅲ区到Ⅰ区说明该省份的最低生活保障制度达到了很好的救助效果，同时政府所付出的成本在减少，这是一种最理想的纵向移动结果。

最不理想的结果是Ⅱ区的省份数增加。2016年位于Ⅱ区的省份，除了黑龙江省和四川省之外，其农村最低生活保障标准虽然在增加，但是效果并不理想。这可能是因为2008年以来，平均工资水平和物价上涨等因素影响了最低生活保障群体的生活，导致最低生活保障金的实际水平和购买力下降。2008年二季度中唯一进入Ⅰ区的省份是江苏省。

总的来说，二季度与一季度相比，σ和γ的值都有所减小，很多省份滑落到Ⅱ区。其主要原因可能为2016年二季度，物价上涨等因素导致当年居民家庭平均食品消费支出增加，σ和γ值变小。海南省和重庆市政府在2016年二季度加大了对被保障对象的救助力度，其救助标准和救助力度系数面临较大幅度的提高。因此，两省份在二季度的$\sigma-\gamma$平面图中位于Ⅲ区。

以上分析可知，$\sigma_t - \gamma_t$平面评估最低生活保障救助的力度和生活救助状况是相对比较合理的，可以避免最低生活保障标准因为时间价值而产生的偏差。如广东省和北京市都位于Ⅱ区，这表明虽然这两个省份的最低生活保障金给付标准都很高，但实际政府救助力度以及生活救助系数却很小，直接反映了最低生活保障水平与其经济发展的背离关系，政府需要采取措施让被救助对象充分享受到经济发展的成果。

总的来说，各地的最低生活保障水平相差较大。在经济发达地区，

---

① 位于Ⅱ区的省份具体是：北京、河北、山西、内蒙古、辽宁、吉林、黑龙江、浙江、安徽、湖北、湖南、广东、广西、四川、陕西、宁夏、山东。
② 落在Ⅳ区的省份包括：上海、福建、江西、河南、西藏、甘肃、贵州、云南、青海、新疆。

剔除经济发展水平等因素以后，保障标准仍高于经济相对落后的中西部农村地区。而且部分省份最低生活保障标准与经济发展水平不相称，反映出标准较低，无法保障受助者最低生活需求的现实问题。因此，这部分省份的民政部门要根据本地的经济发展水平适当调整当地名义最低生活保障标准，保证当地最低生活保障对象享受到的实际福利至少不低于最低生活保障名义标准。在经济落后、财政状况比较差的中西部地区，由于政策规定的最低生活保障标准偏低，部分地区政府部门追求部门利益最大化或者个人收益最大化，因此最低生活保障制度没有得到完全落实和执行。鉴于此，中央财政部门应该进一步加强对贫困省份最低生活保障资金的救助力度，弥补贫困省份社会救助资金收入不足的问题，使得经济落后的中西部省份贫困居民能够通过最低生活保障制度满足基本生活需求。

四　实证检验：最低生活保障微观救助力度

扩展线性支出系统模型（Extend Linear Expenditure System，ELES 模型）由经济学家路迟（Liuch）于 1973 年对 R. Stone 的 LES 模型进行改进后提出（于俊年，2000）。它被广泛应用于居民消费结构。可以把消费支出分成两个部分：基本消费支出和超额消费支出。其表达式可以表示为：

$$p_i q_i = p_i q_i^0 + b_i (D - \sum_{j=1}^{k} p_j q_j^0) \qquad (2.3)$$

其中，$i = 1, 2, \cdots, k$；p_i 表示某一类商品或劳务的单位价格；q_i 表示该类商品或劳务的实际需求量；q_i^0 表示该类商品或劳务的基本需求量；D 为可支配收入；b_i 为边际消费倾向（$0 \leq b_i \leq 1$，且 $\sum_{i=1}^{k} b_i \neq 1$）。

把模型中第 i 种商品或劳务的消费支出 $p_i q_i$ 分成两部分，第一部分为基本需求 $p_i q_i^0$，第二部分为商品的超额支出 $b_i (D - \sum_{j=1}^{k} p_j q_j^0)$，因此，维持农村居民所必需的最低生活的 k 种商品的基本费用之和，即为农村最低生活保障标准：$\sum_{j=1}^{k} p_j q_j^0$。

设 $Y_i = p_i q_i$，则式（2.3）可变为：

$$Y_i = (p_i q_i^0 - b_i \sum_{j=1}^{k} p_j q_j^0) + b_i D \qquad (2.4)$$

$$令 \ a_i = p_i q_i^0 - b_i \sum_{j=1}^{k} p_j q_j^0 + b_i D$$

$$那么, Y_i = a_i + b_i D + u_i \qquad (2.5)$$

其中,u_i为随机误差项。

可以采用截面数据的 n 个样本,在同一截面上相对于不同的收入,商品的价格在短时间内是相同且不变的。可以采用 OLS 进行估计。其无偏估计值用 $\overline{a_i}$ 和 $\overline{b_i}$ 来表示,通过式(2.4)可以得出 a_i 和 b_i 的有关表达式。

$$\sum_{i=1}^{k} a_i = \sum_{i=1}^{k} p_i q_i^0 - \sum_{i=1}^{k} b_i \sum_{j=1}^{k} p_j q_j^0 = \sum_{i=1}^{k} p_i q_i^0 (1 - \sum_{i=1}^{k} b_i)$$

故,

$$\sum_{i=1}^{k} \overline{p_i q_i^0} = \sum_{i=1}^{k} \overline{a_i} / (1 - \sum_{i=1}^{k} \overline{b_i})$$

故最低生活标准为:

$$\sum_{i=1}^{k} \overline{p_i q_i^0} = \sum_{i=1}^{k} \overline{a_i} / (1 - \sum_{i=1}^{k} \overline{b_i}) \qquad (2.6)$$

笔者将利用中国住户调查资料和各年份《中国统计年鉴》为样本总体,利用统计学软件对居民年人均生活消费支出和年人均纯收入数据作为模型估计的截面数据进行线性回归,其中消费支出项目分为六大类(见表2-5),同时把居民分为低收入户、中等收入户、中等偏下收入户、中等收入户、中等偏上收入户和高收入户六组,继而得到各年的估计参数。参数有正负值之分。负值表明此类商品或劳务(如交通通信)的基本消费额小于其在总基本消费额中分配的数额,因此,此类商品或劳务更倾向于属于中高收入的居民消费,对最低生活保障群体来说是"非必需消费品",可以将其剔除。这样由式(2.6)计算出的基本消费总额便能更准确地反映农村最低生活保障群体的生活必需消费需求,从而可将其值定为 ELES 测算的最低生活保障标准(见表2-6)。由所选择的数据建立48个回归方程,利用统计学软件分别计算出各年份食品、衣着、家庭设备与服务等6项指标的 $\overline{a_i}$ 和 $\overline{b_i}$ 的估计值及其判定系数。

表 2-5　六项指标的参数估计值

年份	参数	食品	衣着	家庭设备与服务	医疗保健	交通通信	居住
2000	$\overline{a_i}$	648.832	-9.823	-122.340	21.113	-14.623	37.832
	$\overline{b_i}$	0.188	0.124	0.141	0.036	0.041	0.038
	R^2	0.793	0.871	0.920	0.832	0.901	0.812
2003	$\overline{a_i}$	710.532	-14.992	-124.810	62.120	-136.011	82.459
	$\overline{b_i}$	0.221	0.142	0.140	0.014	0.080	0.038
	R^2	0.750	0.829	0.823	0.941	0.882	0.460
2006	$\overline{a_i}$	603.217	-46.210	-214.450	64.210	-102.138	99.231
	$\overline{b_i}$	0.221	0.139	0.148	0.024	0.074	0.061
	R^2	0.842	0.825	0.917	0.943	0.191*	0.862
2009	$\overline{a_i}$	642.384	-13.239	-231.233	46.329	-134.545	132.346
	$\overline{b_i}$	0.201	0.109	0.130	0.032	0.083	0.045
	R^2	0.783	0.981	0.840	0.863	0.784	0.932
2012	$\overline{a_i}$	708.395	35.984	-202.239	-12.340	-5.390	223.002
	$\overline{b_i}$	0.174	0.079	0.127	0.060	0.043	0.039
	R^2	0.940	0.932	0.574*	0.900	0.892	0.927
2014	$\overline{a_i}$	742.487	58.095	-237.548	54.020	-376.889	217.340
	$\overline{b_i}$	0.160	0.167	0.143	0.152	0.059	0.004
	R^2	0.785	0.936	0.891	0.907	0.802	0.757
2015	$\overline{a_i}$	943.235	125.137	38.360	14.985	118.580	102.558
	$\overline{b_i}$	0.142	0.058	0.062	0.067	0.061	0.079
	R^2	0.341*	0.783	0.897	0.900	0.811	0.703
2016	$\overline{a_i}$	784.386	43.285	18.002	94.230	19.024	71.021
	$\overline{b_i}$	0.169	0.071	0.055	0.062	0.069	0.075
	R^2	0.790	0.922	0.847	0.733	0.920	0.816

表 2-6 2007~2016 年中国农村最低生活保障标准与实际测算结果的缺口数据

单位：元

年份	2007	2008	2009	2010	2011	2012	2013	2014	2015	2016
缺口	673.6	957.1	585.8	468.1	895.6	1444.9	1845.9	1371.0	1283.2	1130.4

如表 2-5 所示，部分数据的统计结果不显著，笔者把其不显著的方程用*标出。笔者所要预测的是整体趋势而不是个别趋势，故不会影响问题的说明。

表 2-6 列出的是 2007~2016 年中国农村最低生活保障标准与实际测算结果的缺口数据。数据表明，中国农村最低生活保障对象自 2007 年到 2016 年实际享受到的保障金额远低于其所必需的消费需求。农村居民基本生活消费需求随着经济和社会的发展在不断增长，而最低生活保障标准上升幅度很小。如图 2-8 所示，2007~2016 年缺口一直维持在 450~1900 元。虽然 2007 年以来国家十分重视农村最低生活保障救助的实施，但实际标准仍然很低。基于以上分析可以得出结论：中国农村最低生活保障标准的微观救助力度仍不够。

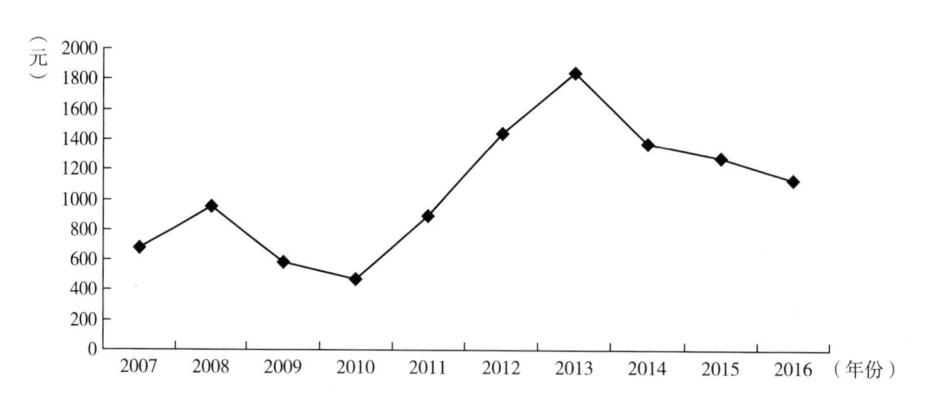

图 2-8 2007~2016 年农村最低生活保障标准与实际测算结果缺口的变化趋势

其主要原因在于以下两个方面。(1) 农村最低生活保障标准的制定仅以食品消费支出为基本参数，但是农村居民生存不可能只是吃饭的问题，还有穿衣、住房等问题。并且，随着时代的变迁及社会经济的发展，过去被看作奢侈品的手机、摩托车，如今看来，也成了生活的必需品，所以，通信和交通费也成为基本生活支出的一部分。但目前的农村最低生活保障标准限于"生存"保障，远远没有达到最低生活保障的基本要求。（2）农村最低生活保障标准增长速度落后于社会和经济的发展速度，这就导致了在同一坐标系中，农村最低生活保障标准与实际测算结果之间存在很大缺口。

实际上，农村最低生活保障制度的实施就是收入再分配的一种途径，图2-9中A点表示最有效的结果：尽管贫困人口的效用不是最大，但是这种再分配形式没有损害社会经济效率。

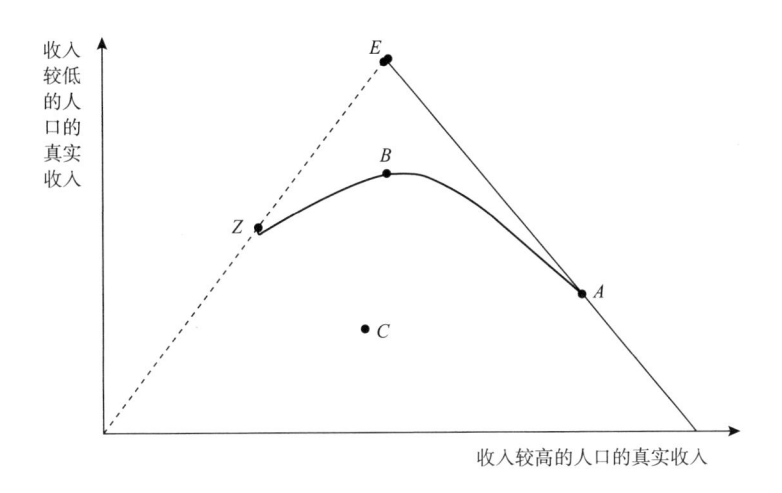

图2-9 农村最低生活保障制度的效率损失

如果能在避免效率损失的条件下实施农村最低生活保障制度，经济将转向E点。由于政府提供福利性公共服务的财政模式的重要特征就是社会性服务支出的比重超过经济性支出。目前中国的公共财政的变化趋势是逐步提高服务性支出比例。但如果最低生活保障制度过度"慷慨"，则会引起经济扭曲和效率损失，其可能的路径是曲线ABZ。社会必须决定牺牲多少效率来换得较大平等。避免将经济引向C点的非效率分配计划。从目前农村最低生活保障标准的设置来看，还是偏低的，并不能完全满足最低生活保障群体的基本消费需求。所以，从图2-9上来看，目前我们仅仅处于A点，而没有达到B点。

五 农村最低生活保障制度及其配套政策发展水平的地区性差异

(一) 指标体系设置原则

农村最低生活保障制度及其配套政策发展水平评价指标体系遵循了以下几个原则。

1. 指标体系的广覆盖性

农村最低生活保障制度及其配套政策的发展水平是一个整体的评价系统，所以选择的评价指标体系必须充分满足反映相关信息的要求。

2. 指标体系的一致性

农村最低生活保障制度及其配套政策的统计口径、统计时间、所涉及范围，以及其各项评价指标的含义等必须前后相适应，以确保研究结果可以同时进行横向、纵向等分析和比较。

3. 指标体系的适应性

研究所选的评价指标必须与农村最低生活保障制度及其配套政策发展水平的内容、结构等相适应，能够比较准确地反映农村最低生活保障制度及其配套政策的发展状况。

4. 数据的可操作性

所用指标的数据资料尽可能通过统计年鉴获得，或者能够通过对已有数据进行标准化处理而获得；所用指标的数据资料尽可能量化。尽量少用或者不用定性指标，而尽量利用定量指标。

5. 及时性

主要是指所研究的数据要尽量与目前农村最低生活保障制度的实施状况同步。也就是尽量选择农村最低生活保障制度及其配套政策的近期统计指标。

(二) 最低生活保障制度及其配套政策发展水平评价指标体系的选择

1. 经济水平指标[①]

该指标反映各地区经济的整体运行状况。包括各地区人均纯收入

[①] X_1、X_4、X_5 来自对国家统计局 2017 年全国各省份收入除以各省份人口数的计算整理；X_2、X_3 来自对《中国财政统计年鉴 (2017)》及《中国人口统计年鉴 (2017)》数据的计算整理。

X_1、人均财政收入 X_2、人均财政支出 X_3、人均资产投资额 X_4、人均消费额 X_5。其中 X_1 反映地区经济发展水平，X_2 和 X_3 反映地方政府对本地最低生活保障制度发展水平的间接影响程度，以及该地区最低生活保障制度持续发展的可能性，X_4 与 X_5 反映当地个体的收入和生活状况。

2. 人口结构指标

由于最低生活保障群体中绝大多数是老弱病残人口，所以，最低生活保障人群中老年人口比例（X_6）、残疾人口比例（X_7）、未成年人比例（X_8）反映了各地区最低生活保障的人口分布状况。由于老年群体中，女性的寿命远高于男性，而且女性更容易贫困，各地区人口男女性别比（X_{19}）反映了该地区女性的分布比例。

3. 制度内部指标[①]

最低生活保障支出（X_9）、农村"五保"集中供养支出（X_{10}）、农村"五保"分散供养支出（X_{11}）、医疗救助支出（X_{12}）、最低生活保障平均标准（X_{13}）、最低生活保障人数（X_{14}）、特困救济支出（X_{15}）、医疗救助人次（X_{16}）、特困人口救济次数（X_{17}）、特困户定期救济月支出（X_{18}），这些变量从最低生活保障的内部反映地区最低生活保障发展水平。

（三）最低生活保障制度及其配套政策发展水平分析

1. 各变量间的关系

由表 2-7 可知，X_1 与 X_2、X_5；X_4 与 X_9、X_{10} 等一些变量存在比较强的线性相关关系。所以上述 19 个变量之间存在多重共线性，本书将采用降维的因子分析法评估各地区农村最低生活保障制度及其配套政策发展水平。因子载荷旋转前后的统计信息与各指标变量的共同度分别见表 2-8 和表 2-9。

---

① 由于在 2007 年 2 月之前，很多农村地区没有建立起最低生活保障制度，这些地区实行定期定量生活救助以及临时生活救助。所以本书很多指标会用农村社会救助指标来代替农村最低生活保障制度的内部指标。

表 2-7 相关矩阵

变量	X_1	X_2	X_3	X_4	X_5	X_6	X_7	X_8	X_9	X_{10}	X_{11}	X_{12}	X_{13}	X_{14}	X_{15}	X_{16}	X_{17}	X_{18}	X_{19}
X_1	1.00	0.890	0.184	0.383	0.872	0.089	0.459	−0.384	−0.06	0.087	−0.261	−0.187	−0.095	−0.491	−0.096	−0.262	−0.172	−0.127	−0.405
X_2	0.890	1.00	0.313	0.073	0.747	0.001	0.350	−0.227	−0.244	−0.157	−0.324	−0.329	−0.317	−0.476	−0.180	−0.283	−0.095	−0.068	−0.391
X_3	0.184	0.313	1.000	−0.197	0.127	−0.377	0.008	0.369	−0.508	−0.338	−0.447	−0.401	−0.304	−0.596	−0.027	−0.340	−0.127	−0.121	−0.506
X_4	0.383	0.073	−0.197	1.0	0.368	0.302	−0.07	−0.26	0.630	0.589	0.182	0.176	0.670	0.193	0.299	0.111	−0.069	−0.007	−0.251
X_5	0.872	0.747	0.127	0.368	1.00	0.271	0.387	−0.518	0.003	0.103	−0.277	−0.079	0.002	−0.438	−0.109	−0.147	−0.137	−0.099	−0.336
X_6	0.089	0.001	−0.377	0.302	0.271	1.00	−0.313	−0.791	0.199	0.334	0.299	0.064	0.260	0.079	−0.076	0.052	−0.114	−0.142	0.136
X_7	0.459	0.350	0.008	−0.07	0.387	−0.313	1.0	−0.33	−0.07	−0.14	−0.25	−0.18	−0.219	−0.35	0.032	−0.268	0.030	0.047	−0.187
X_8	−0.384	−0.227	0.369	−0.26	−0.518	−0.791	−0.33	1.00	−0.15	−0.24	−0.14	0.050	−0.117	0.150	0.054	0.121	0.094	0.110	−0.014
X_9	−0.06	−0.244	−0.508	0.630	0.003	0.199	−0.07	−0.15	1.0	0.485	0.510	0.335	0.759	0.697	0.421	0.345	0.380	0.445	0.094
X_{10}	0.087	−0.157	−0.338	0.589	0.103	0.334	−0.14	−0.24	0.485	1.0	0.167	0.493	0.564	0.328	0.138	0.224	−0.178	−0.172	−0.113
X_{11}	−0.261	−0.324	−0.447	0.182	−0.277	0.299	−0.25	−0.14	0.510	0.167	1.0	0.281	0.548	0.516	0.291	0.424	0.108	0.101	0.112
X_{12}	−0.187	−0.329	−0.401	0.176	−0.079	0.064	−0.18	0.050	0.335	0.493	0.281	1.0	0.443	0.448	0.093	0.670	−0.131	−0.147	0.238
X_{13}	−0.095	−0.317	−0.304	0.670	0.002	0.260	−0.219	−0.117	0.759	0.564	0.548	0.443	1.00	0.606	0.303	0.465	0.172	0.196	−0.092
X_{14}	−0.491	−0.476	−0.596	0.193	−0.438	0.079	−0.35	0.150	0.697	0.328	0.516	0.448	0.606	1.0	0.447	0.509	0.268	0.255	0.331
X_{15}	−0.096	−0.180	−0.027	0.299	−0.109	−0.076	0.032	0.054	0.421	0.138	0.291	0.093	0.303	0.447	1.0	0.202	0.129	0.134	0.114
X_{16}	−0.262	−0.283	−0.340	0.111	−0.147	0.052	−0.268	0.121	0.345	0.224	0.424	0.670	0.465	0.509	0.202	1.00	0.043	0.058	0.063
X_{17}	−0.172	−0.095	−0.127	−0.069	−0.137	−0.114	0.030	0.094	0.380	−0.178	0.108	−0.131	0.172	0.268	0.129	0.043	1.00	0.974	0.296
X_{18}	−0.127	−0.068	−0.121	−0.007	−0.099	−0.142	0.047	0.110	0.445	−0.172	0.101	−0.147	0.196	0.255	0.134	0.058	0.974	1.000	0.246
X_{19}	−0.405	−0.391	−0.506	−0.25	−0.336	0.136	−0.187	−0.014	0.094	−0.113	0.112	0.238	−0.092	0.331	0.114	0.063	0.296	0.246	1.00

注：此矩阵为非正定的。

第二章　中国社会救助制度的评估

表 2-8　因子载荷旋转前后的统计信息

单位：%

成分	初始特征值×贡献率 总计	贡献率	累积贡献率	因子载荷×贡献率 总计	贡献率	累积贡献率	旋转后的因子载荷×贡献率 总计	贡献率	累积贡献率
1	5.457	28.72	28.72	5.457	28.72	28.72	4.753	25.017	25.017
2	3.676	19.346	48.066	3.676	19.346	48.066	3.583	18.856	43.873
3	2.309	12.153	60.219	2.309	12.153	60.219	2.37	12.472	56.345
4	1.795	9.446	69.665	1.795	9.446	69.665	2.119	11.152	67.497
5	1.214	6.392	76.057	1.214	6.392	76.057	1.626	8.56	76.057
6	1.046	5.504	81.561	—	—	—	—	—	—
7	0.874	4.6	86.161	—	—	—	—	—	—
8	0.744	3.918	90.079	—	—	—	—	—	—
9	0.475	2.501	92.581	—	—	—	—	—	—
10	0.39	2.051	94.631	—	—	—	—	—	—
11	0.323	1.703	96.334	—	—	—	—	—	—
12	0.257	1.354	97.688	—	—	—	—	—	—
13	0.154	0.811	98.499	—	—	—	—	—	—
14	0.123	0.648	99.147	—	—	—	—	—	—
15	0.102	0.539	99.686	—	—	—	—	—	—
16	0.034	0.18	99.866	—	—	—	—	—	—
17	0.016	0.082	99.948	—	—	—	—	—	—
18	0.01	0.052	100	—	—	—	—	—	—
19	0.00	0.000	100	—	—	—	—	—	—

注：提取方法：主成分分析。

表 2-9　各指标变量的共同度

指标	初值	提取值
人均纯收入 X_1	1	0.913
人均财政收入 X_2	1	0.746
人均财政支出 X_3	1	0.823
人均资产投资额 X_4	1	0.799
人均消费额 X_5	1	0.843
最低生活保障人群中老年人口比例 X_6	1	0.943
最低生活保障人群中残疾人口比例 X_7	1	0.703
最低生活保障人群中未成年人比例 X_8	1	0.897
最低生活保障支出 X_9	1	0.877

续表

指标	初值	提取值
农村"五保"集中供养支出 X_{10}	1	0.618
农村"五保"分散供养支出 X_{11}	1	0.48
医疗救助支出 X_{12}	1	0.733
最低生活保障平均标准 X_{13}	1	0.858
最低生活保障人数 X_{14}	1	0.793
特困救济支出 X_{15}	1	0.344
医疗救助人次 X_{16}	1	0.554
特困人口救济次数 X_{17}	1	0.898
特困户定期救济月支出 X_{18}	1	0.918
男女性别比 X_{19}	1	0.71

注：提取方法：主成分分析。

2. 旋转前因子载荷矩阵

如表 2-10 所示的旋转前因子载荷矩阵可知，因子 F_1 在 9 个原始指标上有较大的载荷；因子 F_2 在 X_1、X_2、X_4、X_5、X_6、X_8、X_{10} 上有较大的载荷；因子 F_3 在 X_{17}、X_{18} 上有较大的载荷；因子 F_4 在 X_6、X_8、X_{19} 上有较大的载荷。其中，因子 F_1 反映综合情况，因子 F_4 反映性别情况，而因子 F_2、因子 F_3、因子 F_5 意义不明显。

表 2-10 旋转前因子载荷矩阵

项目	因子载荷				
	F_1	F_2	F_3	F_4	F_5
X_1	-0.524	0.748	0.206	0.123	0.148
X_2	-0.646	0.5	0.245	0.089	0.101
X_3	-0.658	-0.189	-0.031	0.476	-0.356
X_4	0.351	0.724	0.055	0.314	-0.222
X_5	-0.424	0.787	0.173	-0.002	0.122
X_6	0.245	0.532	-0.208	-0.641	-0.383
X_7	-0.405	0.259	0.367	-0.01	0.58
X_8	0.018	-0.695	-0.03	0.643	0.006
X_9	0.767	0.363	0.365	0.148	-0.046
X_{10}	0.47	0.537	-0.29	0.154	-0.033

续表

项目	因子载荷				
	F_1	F_2	F_3	F_4	F_5
X_{11}	0.669	0.092	-0.031	-0.095	-0.116
X_{12}	0.589	0.121	-0.381	0.131	0.458
X_{13}	0.748	0.403	0.054	0.3	-0.206
X_{14}	0.877	-0.102	0.061	0.069	0.074
X_{15}	0.441	0.073	0.217	0.217	0.225
X_{16}	0.617	0.014	-0.196	0.217	0.296
X_{17}	0.283	-0.239	0.861	-0.078	-0.114
X_{18}	0.281	-0.197	0.887	-0.017	-0.117
X_{19}	0.372	-0.368	0.108	-0.596	0.263

注：提取方法：主成分分析，提取了5个因子。

3. 各地区最低生活保障制度及其配套政策发展水平综合得分

表2-11给出因子得分系数矩阵，根据各公共因子在不同变量上的载荷，可以导出其得分函数：

$$F_1 = 0.041X_1 - 0.017X_2 - 0.092X_3 + \cdots - 0.046X_{19};$$
$$F_2 = 0.274X_1 + 0.224X_2 - 0.058X_3 + \cdots - 0.055X_{19};$$
$$F_3 = -0.002X_1 + 0.033X_2 + 0.022X_3 + \cdots + 0.053X_{19};$$
$$F_4 = -0.033X_1 - 0.036X_2 - 0.09X_3 + \cdots + 0.096X_{19};$$
$$F_5 = -0.003X_1 + 0.005X_2 + 0.392X_3 + \cdots - 0.396X_{19};$$

用回归法计算各公共因子得分（见图2-10），在其基础上，测算出各地区最低生活保障制度及其配套政策发展水平的综合得分。各地区最低生活保障制度及其配套政策发展水平综合得分测算公式为：

$$F = (F_1 \times 28.720 + F_2 \times 19.346 + F_3 \times 12.153 + F_4 \times 9.446 + F_5 \times 6.392)/76.057$$

表2-11 因子得分系数矩阵

项目	因子				
	F_1	F_2	F_3	F_4	F_5
X_1	0.041	0.274	-0.002	-0.033	-0.003
X_2	-0.017	0.224	0.033	-0.036	0.005
X_3	-0.092	-0.058	0.022	-0.09	0.392

续表

项目	因子				
	F_1	F_2	F_3	F_4	F_5
X_4	0.159	0.08	0.022	0.055	0.269
X_5	0.037	0.253	-0.004	0.036	-0.028
X_6	-0.053	-0.098	-0.002	0.493	0.051
X_7	0.037	0.306	0.017	-0.215	-0.35
X_8	0.029	-0.099	-0.009	-0.35	0.175
X_9	0.179	0.055	0.153	0.002	0.064
X_{10}	0.153	0.029	-0.133	0.041	0.094
X_{11}	0.085	-0.083	0.028	0.11	0.026
X_{12}	0.182	0.065	-0.236	-0.188	-0.243
X_{13}	0.185	-0.015	0.046	0.022	0.226
X_{14}	0.146	-0.06	0.037	-0.056	-0.056
X_{15}	0.14	0.088	0.044	-0.169	-0.083
X_{16}	0.169	0.025	-0.129	-0.181	-0.124
X_{17}	-0.007	0.008	0.395	0.011	0.001
X_{18}	0.007	0.023	0.401	-0.008	0.025
X_{19}	-0.046	-0.055	0.053	0.096	-0.396

注：提取方法：主成分分析。

旋转方法：四次方最大旋转。

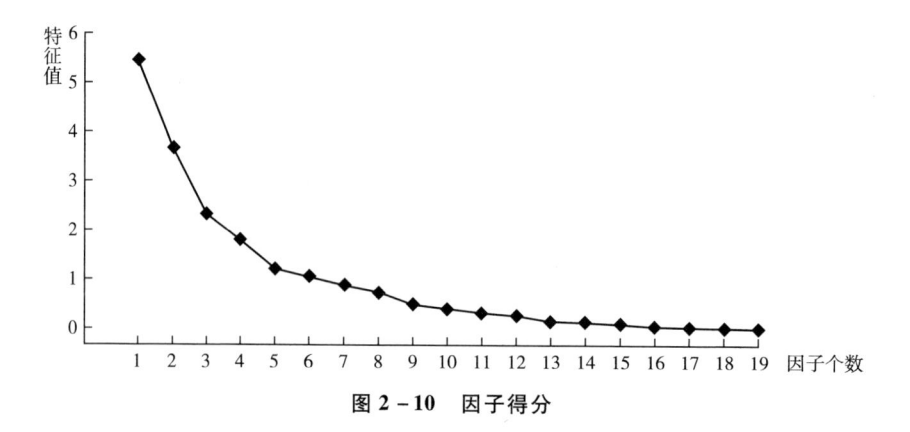

图 2-10　因子得分

(四) 各地区最低生活保障制度及其配套政策发展水平评价

笔者在2016年各地区相关数据的基础上,运用因子分析法对各省份的最低生活保障制度及其配套政策发展水平的因子得分进行定量分析(见表2-12),发现如下结论。

在F_1方面,四川、江苏、河南、山东、江西、浙江和广东分别以2.041、1.657、1.402、1.354、1.191、1.094和1.007位列前七名。把这7个省份作为第一层次。8~15位为第二层次($F_1>0$),依次为安徽(0.855)、云南(0.579)、贵州(0.433)、湖南(0.430)、湖北(0.377)、黑龙江(0.320)、新疆(0.274)、河北(0.273);自第16位的辽宁(-0.122)到第31位的海南(-1.722)归为第三层次($F_1<0$)。

表2-12 各地区社会救助发展水平的得分及其排名

地区	综合发展水平 得分	排名	F_1 得分	排名	F_2 得分	排名	F_3 得分	排名	F_4 得分	排名	F_5 得分	排名
江苏	1.136	1	1.657	2	1.251	5	-0.011	9	0.117	15	2.135	2
浙江	0.854	2	1.094	6	2.152	3	-0.406	23	-0.198	18	-0.202	18
山东	0.79	3	1.354	4	-0.016	12	-0.54	26	1.721	1	1.847	3
云南	0.764	4	0.579	9	-0.336	16	4.678	1	-0.616	22	-0.475	20
广东	0.712	5	1.007	7	0.021	10	1.431	2	-0.056	17	1.247	4
河南	0.532	6	1.402	3	-0.569	23	0.071	8	1.147	6	-0.08	14
四川	0.401	7	2.041	1	-0.368	17	-0.988	30	-0.666	23	-0.423	19
辽宁	0.284	8	-0.122	16	0.844	7	0.349	6	0.433	11	0.073	11
上海	0.237	9	-1.327	28	2.336	2	-0.115	12	0.868	8	0.652	5
福建	0.221	10	-0.366	21	1.328	4	0.95	3	-0.371	20	-1	28
安徽	0.188	11	0.855	8	-0.741	25	-0.155	14	0.641	10	-0.006	13
河北	0.134	12	0.273	15	-0.42	19	-0.275	20	1.255	5	0.314	8
黑龙江	0.072	13	0.32	14	0.354	8	-0.656	27	0.14	14	-0.615	25
北京	0.046	14	-1.31	26	2.528	1	-0.037	10	-0.854	24	0.119	10
湖北	-0.024	15	0.377	12	-0.01	11	-0.434	24	-0.428	21	-0.494	21
江西	-0.031	16	1.191	5	0.181	9	-1.421	31	-1.445	29	-1.432	31
内蒙古	-0.091	17	-0.483	23	-0.439	20	-0.155	13	1.56	2	0.404	7
湖南	-0.106	18	0.43	11	-0.305	17	-0.52	25	-0.225	19	-0.953	27
山西	-0.114	19	-0.338	20	-0.279	18	0.522	5	0.366	12	-0.527	24
广西	-0.215	20	-0.241	18	-1.176	29	0.758	4	0.77	9	-0.496	22

续表

地区	综合发展水平 得分	排名	F_1 得分	排名	F_2 得分	排名	F_3 得分	排名	F_4 得分	排名	F_5 得分	排名
贵州	-0.244	21	0.433	10	-0.494	21	0.251	7	-1.643	30	-1.404	30
吉林	-0.264	22	-0.94	24	-0.178	13	-0.185	17	1.462	4	-0.187	16
陕西	-0.286	23	-0.151	17	-0.794	26	-0.174	15	-0.035	16	0.07	12
新疆	-0.319	24	0.274	14	-0.535	22	-0.862	29	-1.065	25	-0.191	17
天津	-0.396	25	-1.273	25	1.108	6	-0.179	16	-1.248	26	-0.166	15
重庆	-0.472	26	-0.463	22	-0.707	24	-0.665	28	0.262	13	-0.516	23
宁夏	-0.588	27	-1.43	29	-0.255	14	-0.333	21	1.033	7	-0.695	26
甘肃	-0.676	28	-0.314	19	-1.387	31	-0.406	22	-1.269	27	0.216	9
海南	-0.789	29	-1.722	31	-0.807	27	-0.082	11	1.48	3	-1.238	29
青海	-0.871	30	-1.324	27	-0.915	28	-0.204	18	-1.286	28	0.648	6
西藏	-0.888	31	-1.48	30	-1.373	30	-0.207	19	-1.853	31	3.375	1

资料来源：根据《中国统计年鉴（2017）》《中国劳动统计年鉴（2017）》《中国财政统计年鉴（2017）》整理。

如图 2-11 所示，由于图中第一层次与第二层次的差距明显，说明处于这两个层次的省份经济实力差距较大。中西部的省份大部分在第三层次，但位于华北的北京和天津也在其中，这说明最低生活保障制度及其配套政策发展水平不仅仅受经济实力制约，还受其他方面因素影响。

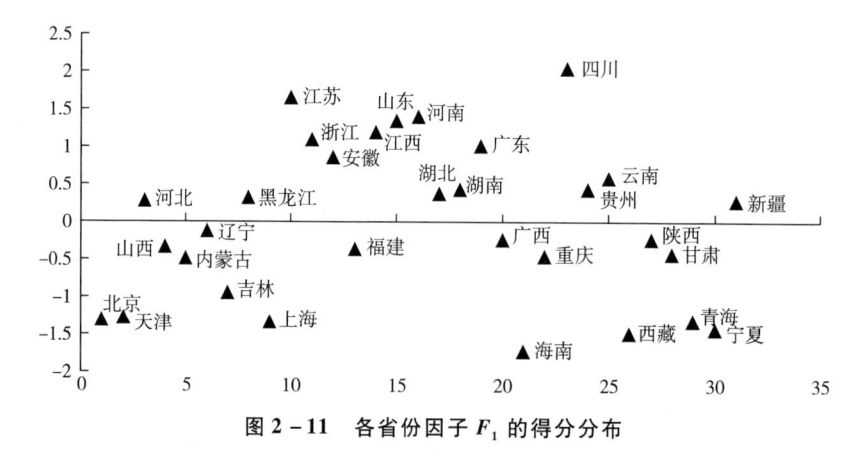

图 2-11 各省份因子 F_1 的得分分布

在救助能力因子 F_2 方面，层次差别非常鲜明。北京、上海、浙江、福建、江苏、天津位于第一层次。第二层次的省份包括辽宁（0.844）、黑龙江（0.354）、江西（0.181）、广东（0.021），其余省份归于第三个层次。如图 2-12 所示，这三个层次非常分明，华东和华南各省份的因子得分多处于第一、二两个层次，而中西部的救助能力因子得分多处在第三个层次。这说明中央财政的转移支付重心虽然在中西部，但由于中西部经济的普遍落后，地方财政在社会救助方面比起东部沿海省份来说，配套资金支出还是偏低的。

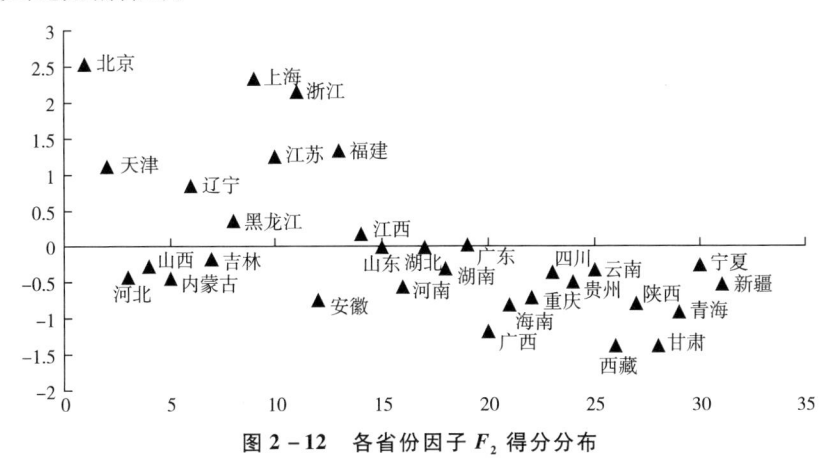

图 2-12　各省份因子 F_2 得分分布

在特困救助因子 F_3 方面，云南（4.678）和广东（1.431）分别居第一、二位，前五名在东、西、中部皆有分布。而因子 F_3 得分倒数五名的省份分布也比较分散，既有华东地区的江西（-1.421），也有西南地区的四川（-0.988）和重庆（-0.665），还有东北地区的黑龙江（-0.656）。其因子得分分布如 2-13 所示，说明特困救助不仅仅受经济水平的制约，还与当地民政部门对特困救助的重视程度有关。

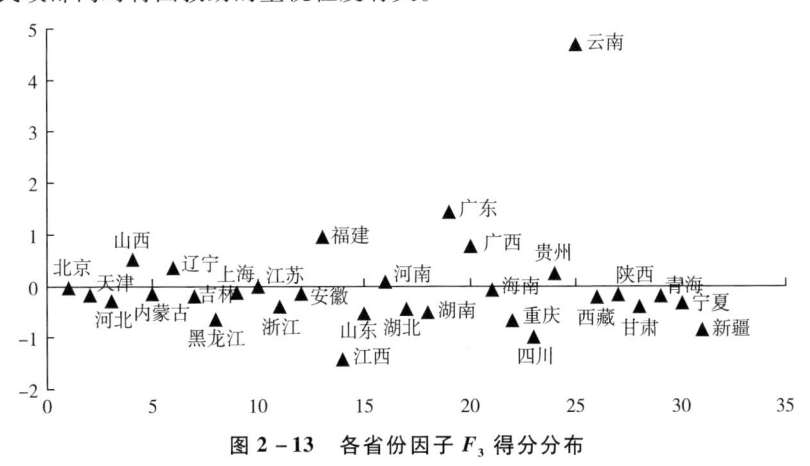

图 2-13　各省份因子 F_3 得分分布

在最低生活保障比例因子 F_4 方面，如表 2-12 和图 2-14 所示，山东以 1.721 的因子得分排在第一名，内蒙古（1.560）、海南（1.480）、吉林（1.462）、河北（1.255）、河南（1.147）分别位于 2~6 名。由于山东省经济实力比较强，加上最低生活保障制度的覆盖面较大，政府在最低生活保障支出方面投入较大，而海南、吉林、河北、河南虽然经济实力并不强，但最低生活保障制度的覆盖水平很高。

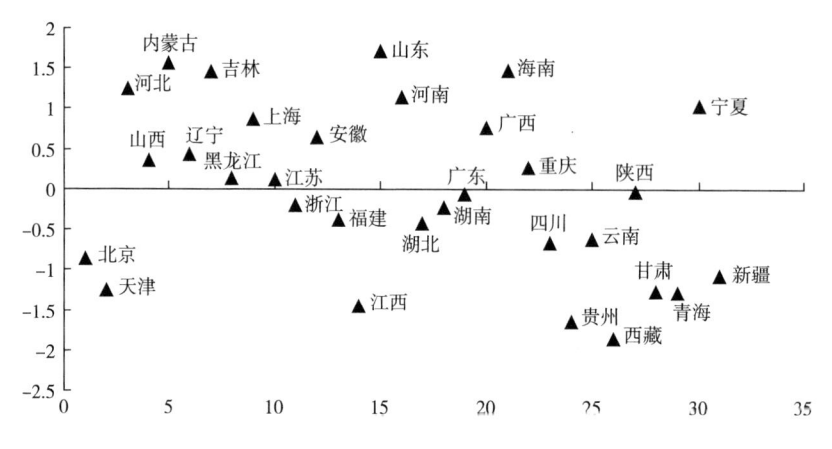

图 2-14　各省份因子 F_4 得分分布

值得注意的是，河南省人口较多，但其农村最低生活保障比例因子得分较高，说明在制度覆盖率方面，其农村最低生活保障制度要优于其他省份。排在最后五位的是中西部省份：西藏（-1.853）、贵州（-1.643）、江西（-1.445）、青海（-1.286）、甘肃（-1.269）。中国绝对贫困人口绝大多数分布在中西部省份，而其最低生活保障比例因子得分却排在后几名，说明中西部省份的最低生活保障制度覆盖率仍需要提高。

引入性别比例因子 F_5 的目的是说明最低生活保障制度更应该覆盖女性老年贫困群体。据统计，老年妇女的寿命普遍比男性高，老年妇女的自评健康状况"较差"与"很差"合计分别为 25.5% 和 31.6%，均高于相应地区的男性老人。寡居老年妇女占到了很大比例，生活中的困难给她们的生活造成巨大的负面影响；再加上女性老年贫困群体不可能再从事劳动，所以对她们的救助必须是经常性的。那么女性老年贫困群体便成了最低生活保障制度的重点关注对象。

从性别比例因子 F_5 得分的排名来看，西藏（3.375）、江苏（2.135）、山东（1.847）、广东（1.247）、上海（0.652）分别位于前五名，图2－15也说明这些省份中，除了西藏外，其余的四个省份都是东部沿海经济发达的省份。说明在这些省份中，男性比例占优，又由于其经济水平较高，所以绝对贫困人口比例低于其他省份。排在倒数最后三名的省份是江西（-1.432）、贵州（-1.404）、海南（-1.238）。

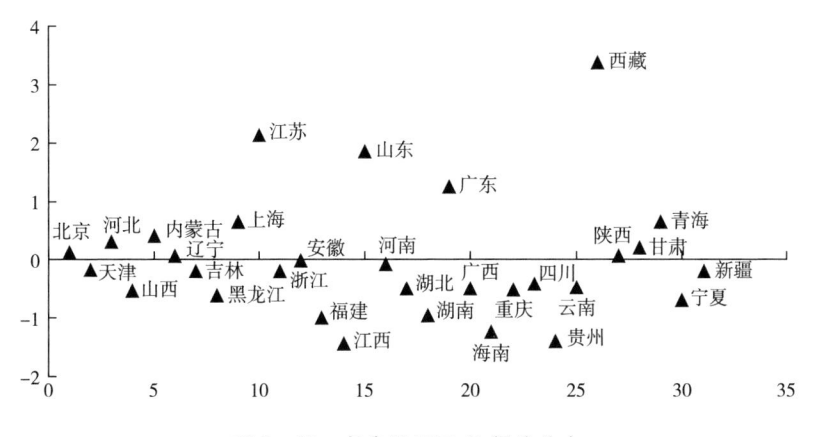

图2－15　各省份因子 F_5 得分分布

从各地区的综合得分看（见图2－16），呈现出明显的"分层"现象。处于第一个层次的省份是东部的江苏、浙江、山东，西南部的云南和南部的广东，居前五位。处于第二层次的绝大多数是东北和中部的省份。[①] 处于第三层次的省份其综合得分由高到低的顺序依次是：西藏、青海、海南、甘肃、宁夏、重庆、天津、新疆。所以总的来说，最低生活保障制度及其配套政策的发展水平呈现一定的区域性。

（1）最低生活保障制度及其配套政策发展水平在东部、中部和西部之间呈现一定的层次性。东部的因子得分明显高于中西部。

（2）最低生活保障制度及其配套政策发展水平在东部、中部和西部的内部各省份之间也存在严重的不平衡。江苏、浙江、山东在各个因子得分方面远高于东部其他省份；北京和上海落入了第二个层次，上海处于第9

---

① 依次是河南、四川、辽宁、上海、福建、安徽、河北、黑龙江、北京、湖北、江西、内蒙古、湖南、山西。

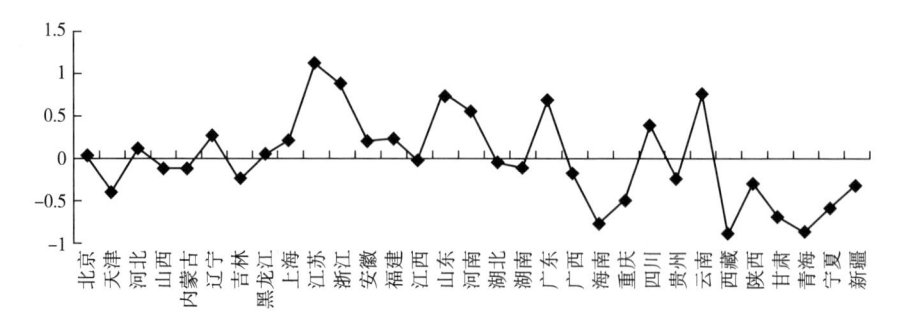

图 2-16　各地区总因子的得分

位，而北京排名 14，最低生活保障制度及其配套政策发展水平处于中游水平。从处于第三个层次的省份来看，其差别程度不明显。

（3）最低生活保障制度及其配套政策发展水平公共因子所示的五个方面，在中东西部之间、省份之间都存在很大的不平衡性。地区最低生活保障制度及其配套政策发展水平多层次不平衡的特点表明，最低生活保障制度及其配套政策发展水平与经济发展水平之间有正的相关关系，但还受诸多因素像政治、文化，尤其是利益集团对资源分配的影响。所以，除了中央政府重视之外，地方政府也要加大对社会救助的投入，全面均衡提升最低生活保障制度及其配套政策发展水平。

第二节　最低生活保障资源的利用效率及财政负担能力评估

一　社会救助财政负担主体：财政支出与社会救助支出相关性

在中国由"效率优先、兼顾公平"到"兼顾效率和公平"的经济和社会转型中，社会救助支出越来越体现出政府社会责任，它既直接保证了基本公共产品均等化，弥补了市场失灵；又对公平结果进行主动调控，在目前经济和社会形势下，财政的主要职能就是提供公共产品和服务、调节收入分配差距、承担社会救助的主要责任。笔者搜集了 1952~2016 年的时间序列数据，并采用实证分析的方法，对 1952 年以来，中国经济和社会变迁背景下的社会救助支出与财政支出（国家预算支出、中央财政支出和地方财政支出）进行相关性①分析。

　　社会救助支出规模与中国不同阶段的经济社会发展有密切关系。中国经济和政治体制改革和财政体制变革，很大程度上影响着社会救助的水平。从1952～2016年社会救助（福利）支出的离散点图上可以看出，社会救助（福利）的支出水平有两个跳跃点（见图2-17）。笔者通过Chow分割点检验②，发现Chow分割点有两个：一个是1978年，一个是1994年。通过中国的实际经济和社会政策变化来看，中国在1979年实施了改革开放，由计划经济时代走向了市场经济时代；1994年中国实施税费改革制度，在中央财政与地方财政间进行"分税制"改革，使得中国的财政体制发生了重大的变革。鉴于此，在以下研究中，笔者将结合中国经济和社会的变革状况分三个阶段、三个层次③分别对中国社会救助（福利）支出与财政支出进行相关性分析。

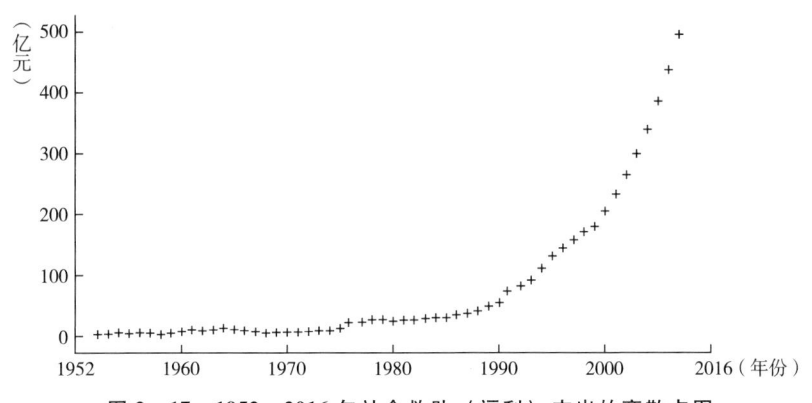

图 2-17　1952～2016年社会救助（福利）支出的离散点图

---

① 相关性可以用相关系数来描述，相关系数又称为Pearson相关系数，用 r 表示相关系数，其计算公式为：$r = \dfrac{\sum_i (x_i - \bar{x})(y_i - \bar{y})}{\sqrt{\sum_i (x_i - \bar{x})^2} \sqrt{\sum_i (y_i - \bar{y})^2}} = \dfrac{l_{xy}}{l_{xx} l_{yy}}$，相关系数 r 是没有量纲的，其取值范围为：$-1 \leq r \leq 1$。r 的正负表示相关方向，r 为正表示两者是正相关；r 为负表示两者负相关；r 的绝对值大小表示相关密切程度，r 的绝对值越接近于1表示两变量之间的相关关系更密切；r 为0表示两变量不相关，r 等于1表示两者完全正相关。

② 对于财政支出时间序列数据与社会救助支出的时间序列数据利用Chow检验，发现其发生结构性的变化，这可能有两方面原因，一是经济体系的需求或者供给的冲击，二是制度或者政策转轨。

③ 将社会救助（福利）支出分别与国家预算支出、中央财政支出、地方财政支出进行相关性分析。

1. 计划财政时期（1952~1977年）财政支出与社会救助（福利）支出的相关性分析

笔者以1952~1977年的社会救助（福利）支出和财政支出样本数据（如表2-13所示）为基础进行分析，结果如表2-14、表2-15、表2-16所示。社会救助（福利）支出与国家预算支出、中央财政支出、地方财政支出的相关系数分别为0.650、0.555、0.682，并且在0.01的水平下是显著的，表明社会救助（福利）支出和财政支出相对量有正线性相关关系。但是，相关度较低，这意味着在中国当时传统的计划经济体制和社会制度背景下，社会救助目标只是针对极少数对象，政策力度较弱。它只是向"三无"人员（无生活来源、无劳动能力无法定抚养义务人或法定抚养义务人丧失劳动能力而无力抚养），以及遭受自然灾害的家庭和不幸事故遇难者家属提供的一种基本救助，这是社会救助支出相对于财政支出缺乏弹性的原因。因此，无法体现财政对社会救助的政府责任。而且从相关系数的大小来看，社会救助（福利）的支出与地方财政支出的相关度最高。社会救助支出中，地方政府承担的责任大于中央财政。

表2-13 1952~1977年社会救助（福利）支出与政支出状况

单位：亿元

年份	社会救助（福利）支出	国家预算支出	中央财政支出	地方财政支出
1952	2.95	175.99	127.42	48.57
1953	3.62	219.21	162.05	57.16
1954	6.04	244.11	183.7	60.41
1955	4.94	262.73	201.05	61.68
1956	5.67	298.52	210.02	88.5
1957	5.29	295.95	210.03	85.92
1958	3.22	400.36	177.22	223.14
1959	4.41	543.17	249.34	293.83
1960	7.94	643.68	278.63	365.05
1961	10.09	356.09	160.32	195.77
1962	8.14	294.88	181.64	113.24
1963	10.15	332.05	192.31	139.74
1964	17.04	393.79	224.86	168.93
1965	10.94	459.97	284.17	175.8
1966	9.21	537.65	339.11	198.54
1967	8.16	439.84	269.94	169.9

续表

年份	社会救助（福利）支出	国家预算支出	中央财政支出	地方财政支出
1968	5.61	357.84	219.49	138.35
1969	6.67	525.86	319.16	206.7
1970	6.53	649.41	382.37	267.04
1971	6.83	732.17	435.67	296.5
1972	8.15	765.86	431.4	334.46
1973	9.97	808.78	449.33	359.45
1974	9.16	790.25	397.84	392.41
1975	12.88	820.88	409.4	411.48
1976	24.07	806.2	377.63	428.57
1977	18.76	843.53	393.7	449.83

资料来源：历年中国财政和民政统计年鉴。

表 2-14　1952~1977 年社会救助（福利）支出与国家预算支出的相关性分析

项目	检验指标	社会救助（福利）支出	国家预算支出
社会救助（福利）支出	Pearson 相关性	1	0.650**
	Sig.（双尾检验）	—	0
	样本个数 N	27	27
国家预算支出	Pearson 相关性	0.650**	1
	Sig.（双尾检验）	0	—
	样本个数 N	27	27

注：** 相关性的显著性水平为 0.01（双尾检验）。

表 2-15　1952~1977 年社会救助（福利）支出与中央财政支出的相关性分析

项目	检验指标	社会救助（福利）支出	中央财政支出
社会救助（福利）支出	Pearson 相关性	1	0.555**
	Sig.（双尾检验）	—	0.003
	样本个数 N	27	27
中央财政支出	Pearson 相关性	0.555**	1
	Sig.（双尾检验）	0.003	—
	样本个数 N	27	27

注：** 相关性的显著性水平为 0.01（双尾检验）。

表 2-16 1952~1977 年社会救助（福利）支出与地方财政支出的相关性分析

项目	检验指标	社会救助（福利）支出	地方财政支出
社会救助 （福利）支出	Pearson 相关性 Sig.（双尾检验） 样本个数 N	1 — 27	0.682** 0.000 27
地方财政支出	Pearson 相关性 Sig.（双尾检验） 样本个数 N	0.682** 0.000 27	1 — 27

注：** 相关性的显著性水平为 0.01（双尾检验）。

2. "分税制"前期（1978~1993年）财政支出与社会救助（福利）支出的相关性分析

对 1978~1993 年社会救助（福利）支出与财政支出规模数据（见表 2-17）进行相关分析，得到的结果如表 2-18 和表 2-19 所示。社会救助（福利）支出与中央财政支出、地方财政支出的相关系数分别为 0.953 与 0.990，并且在 0.01 的水平下是显著的。结果显示：社会救助（福利）支出与中央财政支出、地方财政支出的相关系数明显比上一阶段大。

表 2-17 1978~1993 年社会救助（福利）支出与财政支出状况

单位：亿元

年份	社会救助（福利）支出	国家预算支出	中央财政支出	地方财政支出
1978	22.11	1122.09	532.12	589.97
1979	22.11	1281.79	655.08	626.71
1980	20.31	1228.83	666.81	562.02
1981	21.72	1138.41	625.65	512.76
1982	21.72	1229.98	651.81	578.17
1983	24.04	1409.52	759.6	649.92
1984	25.16	1701.02	893.33	807.69
1985	31.15	2004.25	795.25	1209
1986	35.58	2204.91	836.36	1368.55
1987	37.4	2262.18	845.63	1416.55
1988	41.77	2491.21	845.04	1646.17
1989	49.6	2823.78	888.77	1935.01
1990	55.04	3083.59	1004.47	2079.12
1991	67.32	3386.62	1090.81	2295.81
1992	66.45	3742.2	1170.44	2571.76
1993	75.27	4642.3	1312.06	3330.24

表 2 - 18　1978～1993 年社会救助（福利）支出与中央财政支出的相关性分析

项目	检验指标	社会救助（福利）支出	中央财政支出
社会救助 （福利）支出	Pearson 相关性 Sig.（双尾检验） 样本个数 N	1 — 16	0.953** 0.000 16
中央财政支出	Pearson 相关性 Sig.（双尾检验） 样本个数 N	0.953** 0.000 16	1 — 16

注：** 相关性的显著性水平为 0.01（双尾检验）。

表 2 - 19　1978～1993 年社会救助（福利）支出与地方财政支出的相关性分析

项目	检验指标	社会救助（福利）支出	地方财政支出
社会救助 （福利）支出	Pearson 相关性 Sig.（双尾检验） 样本个数 N	1 — 16	0.990** 0.000 16
地方财政支出	Pearson 相关性 Sig.（双尾检验） 样本个数 N	0.990** 0.000 16	1 — 16

注：** 相关性的显著性水平为 0.01（双尾检验）。

说明这一阶段与上一阶段相比，财政对社会救助（福利）支出的责任加大。但是地方政府对社会救助（福利）的责任仍大于中央财政责任。说明地方自主权在不断扩大，地方财政对社会救助支出负主要保障职责。1980 年以来，为了适应市场体制的改变，中国实施了中央与地方分级负责、各省"分灶吃饭"的新财政管理体制。时隔五年后，1985 年《民政部、财政部关于调整抚恤和救济标准有关问题的通知》规定："救济对象和事业单位供养人员的抚恤、补助、救济和供养标准等，均由省、自治区、直辖市根据政府规定和当地财力，以及群众生活水平情况，因地制宜，自行确定。"这表明实行地方财政负责管理以后，中央财政将社会救助主要责任转交给地方财政——地方政府将更多地发挥社会救助资金投入的责任和职能。

3. "分税制"财政体制改革以后（1994～2016 年）财政支出与社会救助（福利）支出的相关性分析

笔者对 1994～2016 年社会救助（福利）支出和财政支出规模数据进行分析，得到的结果如表 2 - 20、表 2 - 21 和表 2 - 22 及图 2 - 18 所示。

社会救助（福利）支出与国家预算支出、中央财政支出、地方财政支出的相关系数分别为0.996、0.986和0.992。结果显示：社会救助（福利）支出与中央财政支出、地方财政支出的相关系数明显比"分税制"财政体制改革前大，并且在0.01的水平下是显著的。

表2-20 1994~2016年社会救助（福利）支出与国家预算支出的相关性分析

项目	检验指标	社会救助（福利）支出	国家预算支出
社会救助（福利）支出	Pearson 相关性	1	0.996**
	Sig.（双尾检验）	—	0.000
	样本个数 N	13	13
国家预算支出	Pearson 相关性	0.996**	1
	Sig.（双尾检验）	0.000	—
	样本个数 N	13	13

注：** 相关性的显著性水平为0.01（双尾检验）。

表2-21 1994~2016年社会救助（福利）支出与中央财政支出的相关性分析

项目	检验指标	社会救助（福利）支出	中央财政支出
社会救助（福利）支出	Pearson 相关性	1	0.986**
	Sig.（双尾检验）	—	0.000
	样本个数 N	13	13
中央财政支出	Pearson 相关性	0.986**	1
	Sig.（双尾检验）	0.000	—
	样本个数 N	13	13

注：** 相关性的显著性水平为0.01（双尾检验）。

表2-22 1994~2016年社会救助（福利）支出与地方财政支出的相关性分析

项目	检验指标	社会救助（福利）支出	地方财政支出
社会救助（福利）支出	Pearson 相关性	1	0.992**
	Sig.（双尾检验）	—	0.000
	样本个数 N	13	13
地方财政支出	Pearson 相关性	0.992**	1
	Sig.（双尾检验）	0.000	—
	样本个数 N	13	13

注：** 相关性的显著性水平为0.01（双尾检验）。

第二章 中国社会救助制度的评估

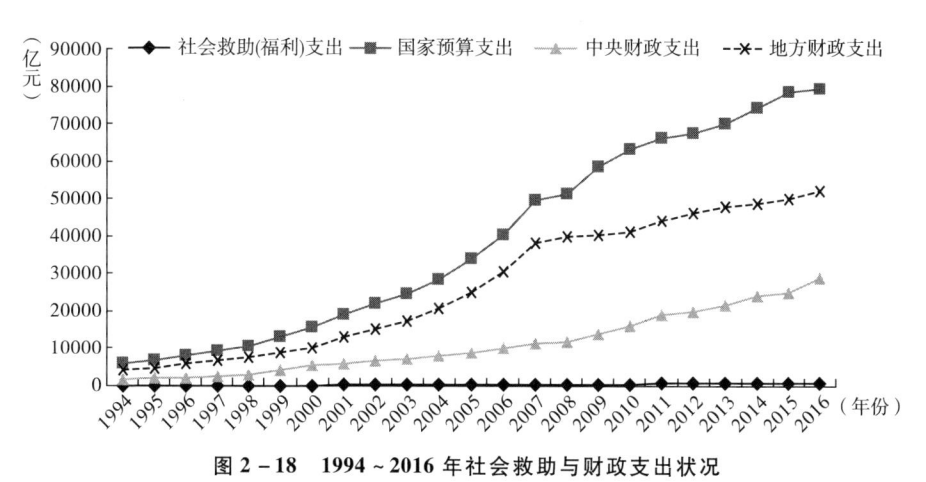

图 2-18 1994~2016 年社会救助与财政支出状况

资料来源：根据历年《中国财政统计年鉴》和《中国民政统计年鉴》整理。

这表明自 1994 年"分税制"改革以来，随着经济的快速发展，中国贫富差距逐渐拉大。由于贫困问题加剧，政府加大了对贫困群体的社会救助力度，使社会救助（福利）支出对财政的依赖度进一步加大。1995~2005 年，经济体制的转轨造成贫困人口大幅度上升，贫困人口的范畴进一步扩大，需要救助的人口也在此期间剧增，1997 年需要救助的贫困人口仅为 21.7 万人（邵芬，1999），而到了 2003 年，中国最低生活保障制度保障人数为 2246.8 万人，最低生活保障救助支出为 153.126 亿元。[①]

随着贫困问题的加剧，最低生活保障制度被纳入中央的重要决策之中，中央财政加大了对弱势群体的转移支付力度。这体现了中央财政对贫困群体的社会救助责任不断加大。从中央财政对社会救助的支出规模来看，转移支付力度还不够，因为地方政府在这方面的相关系数仍高达 0.992。地方政府受"分税制"改革的影响，财政收入下降，财政支出能力显著减弱，财政对社会救助的支出重心回到地方财政，不能矫正社会救助预期目标的偏离。

由于中国经济还处于转轨和发展阶段，转轨时期的中国公共财政侧重点依然应该在经济建设和社会体制转型方面。经济的稳定持续与财政资金的支持紧密相连。因此，社会救助投入力度还取决于中国公共财政的承受力，其支出安排必然能够使各个领域协调发展。中央财政应加大对社会救助的支持

[①] 此数据来源于《中国财政统计年鉴》和《中国民政统计年鉴》。

比重，特别是对农村最低生活保障及其配套项目的支持力度，不能过度依靠地方财政投入。随着财税体制改革的深入，中央财力得到加强和巩固，那么在社会救助支出方面，随着中国公共财政体制的建立和完善，在作为公共产品的社会救助支出上，中央财政应逐步成为社会救助资金的主要来源。

二 最低生活保障制度满足程度

最低生活保障制度人均补差的计算方法是将最低生活保障标准减去最低生活保障对象实际收入。而实际上，对最低生活保障对象而言，这个补差才是实际得到的最低生活保障收入，这对他们达到最起码的温饱标准起了很大作用。但从绝对数据看，2016年前最低生活保障的"人均补差"水平是偏低的。2007年以来，平均最低生活保障标准有所增长，但是结合当年的物价指数来看，最低生活保障对象的生活标准呈下降趋势。

从整体上讲，目前最低生活保障制度只能给予救助对象较低水平的需求满足，一些地区还不能有效满足贫困居民的基本生活需求。2014年，南京财经大学就业与社会保障研究中心调研小组就中国最低生活保障制度实践进行了一次较大规模的调查，调查覆盖全国10个省份的部分地区，即河南、湖北、湖南、江西、四川、浙江、山东、江苏、陕西、甘肃的农村地区，调查对象包括最低生活保障群体和基层民政部门、扶贫办等。调查形式为问卷调查和访谈。他们在调研中了解到，实施最低生活保障制度的目标是克服现实贫困，以这样的目标来制定标准，导致了许多现实问题。

（1）救助标准太低。最低生活保障提供的仅仅是满足最低生活需求的资金或实物，把目标仅仅放在"保生存"这样的层面上。根据对基层干部调查的结果，很少有人认为最低生活保障群体的保障标准偏高。与此同时，有相当比例的民政部门干部认为现行的绝对贫困线是偏低的。特别是对"三无"人员、重残人、高龄老人等人群而言，更是如此。

（2）把贫困家庭的复杂情况简单化，导致现行最低生活保障线的制定结构和标准单一。其制定原则没有考虑贫困家庭规模和种类的差异性，均按照同一个救助标准运行。其制度设计中，没区分如老人、疾病患者、残疾人、单亲儿童等不同贫困群体的实际需要，导致了制度操作过程中不少实际问题难以解决。救助对象的需求满足度有限，客观上导致了两个结果：①救助对象不得不通过其他途径获取必需的收入，如有的70多岁的农村老年人不得不从事繁重的体力劳动；②救助对象逐步陷入低生活水平的贫困恶性循环。因此，救助对象的需求满足度不足，导致政策制定和执行很大程度上偏离了最低生活保障制度的预期目标。

三 "贫困陷阱"和"福利依赖"现象分析

(一)"福利依赖"现象及其成因

美国学者 Harrington 认为，贫困是一种文化、一种制度和一种生活方式，贫困一旦成为事实就无法改变，而且它本身具有一代一代地延续下去的代际传递的规律（左春玲、袁伦渠，2007）。农村最低生活保障制度的设计初衷是对生活困难的人给予暂时性和过渡性的最低标准的生活保障。然而农村最低生活保障制度在实践过程中出现一个很明显的迹象：人为制造一个长期的低收入群体。具体来看表现在两个方面。第一，所谓的"贫困陷阱"，是指由于最低生活保障制度对最低生活保障群体实行的是100%的边际税率，即收入增加，救助金就随之同比例减少。因而，对农村最低生活保障人口来说，在一定范围内的收入增加并不能提高其整体收入，这大大挫伤其参加工作的积极性。第二，由此导致的"福利依赖"现象。从因果上来分析，"贫困陷阱"现象最终会慢慢转化为"福利依赖"。

"福利依赖"现象是指具有劳动能力的最低生活保障对象不愿工作，而长期依靠政府最低生活保障福利生活的现象（蓝云曦、周昌祥，2004）。这种现象在世界各个国家的社会救助中普遍存在，这些国家和地区都在寻求解决问题的方法。最低生活保障对象中的福利依赖问题给社会带来较大的负面效应，可以从两个方面来分析其原因。

1. 从最低生活保障群体个人方面的因素来看

(1) 文化素质低。在被调查的最低生活保障对象中，近90%为小学以下文化程度，初中文化程度不到5%。

(2) 最低生活保障家庭中的老、弱、病、残等现象突出。研究者在调研中了解到，最低生活保障群体中，得慢性病或大病病人占到最低生活保障群体的40%以上，部分家庭成员为了照顾病残家人而无法去寻找工作，只能依赖政府的最低生活保障金生活。

(3) 心理因素失衡。由于最低生活保障对象大多是老、弱、病、残等群体，他们受到较多歧视，很多人从心理上放弃了追求更高生活质量的愿望,转而完全依赖国家提供的最低生活保障金生活。

2. 从经济方面的因素来看

(1) 就业机会减少,劳动力价格进一步降低。由于20世纪80年代出生的人口大部分已进入劳动年龄,每年有近千万新增就业群体进入劳动力市场。而且,产业结构调整始终围绕市场发展来运作,市场因素不仅造成部门升级过程中对富余劳动力的排斥,还会提高其就业门槛,缩小就业空间,进一步降低劳动力的价格。最低生活保障对象因知识、能力、健康等各方面因素限制,就业更加困难,不得不完全依赖最低生活保障金。

(2) 隐含税率因素。城乡最低生活保障制度在实施过程中,首先要确定最低生活保障线,然后调查申请人的家庭收入状况。当个人收入低于最低生活保障线时,按其"差额"进行"补差式"救助。这种方案产生了一个容易被忽视的问题,那就是,享受这种最低生活保障福利的家庭收入每增长1元钱,就要减少1元的补助收入,这相当于对其征收了100%的个人所得税。很大一部分最低生活保障群体为了不减少最低生活保障收入,宁可选择不劳动。调研中也得出了这样的结论:如果没有远远超过最低生活保障金的个人劳动收入,最低生活保障群体很难自愿参加工作。所以,隐含税率成为影响最低生活保障群体工作积极性的关键因素。

(二) 隐含税率导致"福利依赖"现象分析

为了研究隐含税率问题,笔者有针对性地选择了重庆市部分经济相对发达的农村地区、湖北省襄阳市部分经济处于中等水平的县市,以及甘肃省经济欠发达的部分地区进行研究。首先来看一下隐含税率问题。

1. 隐含税率

这里所说的隐含税率是指领取的家庭,当家庭成员参加工作时,所得工作收入全部从最低生活保障救助额中进行扣除,相当于100%对最低生活保障对象征收个人所得税(左春玲、袁伦渠,2007)。隐含税率计算公式:

$$t = 1 - \frac{\Delta Y_D \times 100\%}{\Delta Y \times 100\%}$$

其中,t表示隐含税率;ΔY_D表示可支配收入增加的百分比;ΔY表示名义收入增加的百分比。

第二章 中国社会救助制度的评估

这种隐含税率很大程度上打击了最低生活保障群体的工作积极性。①隐含税率越高，存续的区间就越长，贫困者提高名义收入的努力反而会导致救助的减少。这可能使他们放弃工作，而专门依靠最低生活保障救助，进而影响整个社会的经济效率。

2. 现行最低生活保障制度中的隐含税率

隐含税率不仅存在于城市最低生活保障制度中，同样也存在于农村最低生活保障制度中。现行的最低生活保障制度普遍实行"补差式"救助，即贫困群体只能获得最低生活保障线与其名义收入差额部分的最低生活保障金。这样的制度设计就会导致"隐含税率"问题。归纳起来大体可以分为以下三种情况。

（1）最低生活保障制度中实施"核定收入"的办法存在的隐含税率问题。这种形式存在于部分经济落后地区。由于缺乏资金，这些地区大都采用"核定收入"的办法，即考虑最低生活保障申请者的家庭人均收入。如图2-19所示，由于存在核定收入的做法，最低生活保障申请者可能获得的最低生活保障金被扣除了 X，实际获得的部分如线段 AB 所示。因此其隐含税率为100%；线段 BC 表示当月名义收入超过最低生活保障标准50元/月时，申请者不再享受最低生活保障救助。线段 BC 斜率为1，所以 BC 段的隐含税率为零。

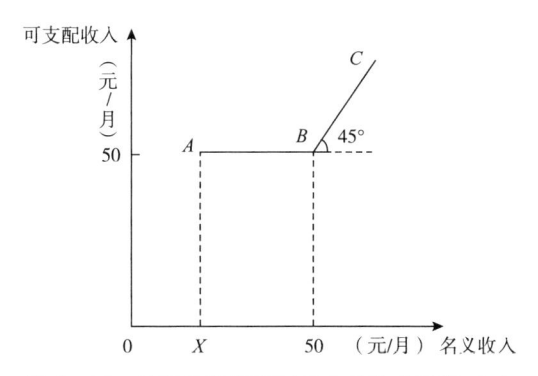

图2-19 最低生活保障制度中的隐含税率（a）

---

① 假如一个农村最低生活保障家庭的人均名义收入为每月30元，贫困线为每月60元，则每人可领取救助金30元；如果名义收入提高到50元，则可领救助金降到每人10元。名义收入提高了，而其获得救助后，最终的可支配收入仍然是60元，可支配收入没有增加，这相当于按100%的隐含税率对个人所得进行了扣除。

（2）最低生活保障制度中实施"核定收入"的办法且具有配套改革措施时的隐含税率问题。这种最低生活保障形式存在于东部和部分中部地区，以湖北省为例，该省大部分地区的最低生活保障标准线为国家制定的贫困线——每人每月60元左右，一定程度上也规定了"核定收入"的办法。但其普遍实施了最低生活保障制度的配套改革措施，如襄阳市实施了大病医疗救助政策以及贫困户的危房改造等项目。

图2-20是该类型最低生活保障制度下最低生活保障群体可支配收入随名义收入变化而变化的曲线。线段AB的隐含税率为100%，线段CD的隐含税率为0，"减免"部分BC的隐含税率为无穷大。由于实行"核定收入"的办法，救助区间也缩短了X。

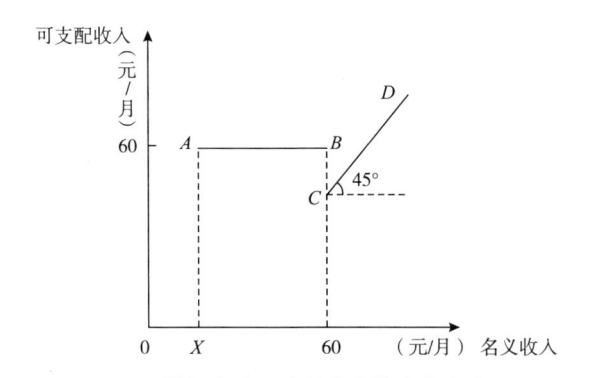

图2-20 最低生活保障制度中的隐含税率（b）

（3）最低生活保障制度中无"核定收入"办法下的隐含税率问题。重庆等地区的最低生活保障制度与其他地区相比，最大的差别在于它不是按"核定收入"来计算家庭收入的，而是按照实际的"名义收入"来计算的。其农村最低生活保障标准为每人每月120元左右，没有被缩减，也就是隐含税率为0，如图2-21所示。具体表现在：政策的制定考虑到了贫困群体就业难的状况。在这种背景下，运用"核定收入"的办法来刺激劳动力供给，其最终的效果是人为减少贫困者的效用水平，对最低生活保障群体来说也是不公平的。而且，该市最低生活保障群体的收入高于绝对贫困线。在存在道德风险的条件下，最低生活保障标准设定得越低，100%的隐含税率占据的区间越小，那么社会遭受的道德风险损失就越小。

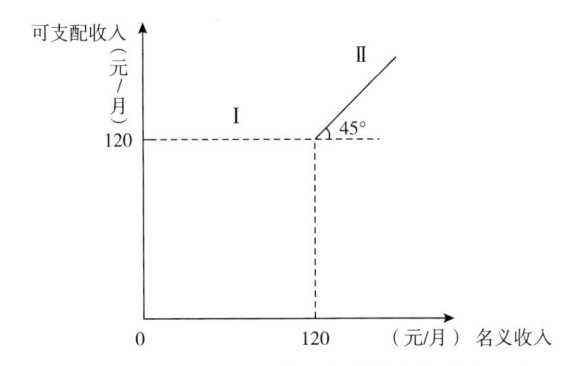

图 2-21 最低生活保障制度中的隐含税率（c）

除此之外，政府对最低生活保障群体的监督——政府与最低生活保障群体的博弈也能在很大程度上遏制"福利依赖"现象的发生。下面笔者通过分析博弈过程，寻找一个能够约束这种状况发生，遏制"福利依赖"行为对最低生活保障制度产生负面影响的机制。

假设博弈的双方是政府与最低生活保障群体，最低生活保障群体过度依赖最低生活保障金，以获得更多的收益和效用，从而会产生过度摄取最低生活保障资源的倾向；政府也有两种行为——监督或者不监督。如果政府选择不监督，政府折耗的成本是最低生活保障群体对最低生活保障金的过度摄取额；如果选择监督，政府便会产生监督成本支出，一旦发现最低生活保障群体对最低生活保障金过度摄取，政府就会进行惩罚。

现假设 H_0 为不监督且最低生活保障群体不对最低生活保障金产生"福利依赖"时的政府收益，H_1 为监督且不对最低生活保障金产生"福利依赖"行为的最低生活保障群体的收益，c 为政府的监督成本，s 为产生"福利依赖"时的损失，b 为最低生活保障群体过度摄取最低生活保障资源的额外受益，f 表示政府发现"福利依赖"状况时收回的一定比例的最低生活保障金额度（根据不同状况取值不同）。

假设在政府采取监督的状况下，最低生活保障群体过度摄取最低生活保障资源被查出的概率为 90%，其博弈过程可以用图 2-22 所示，则政府对最低生活保障金监督的收益为：

$$0.9 \times (H_0 - c - s + f) + 0.1 \times (H_0 - c - s) + (H_0 - c)$$

政府不实施监督的收益为：

$$H_0 - f + H_0$$

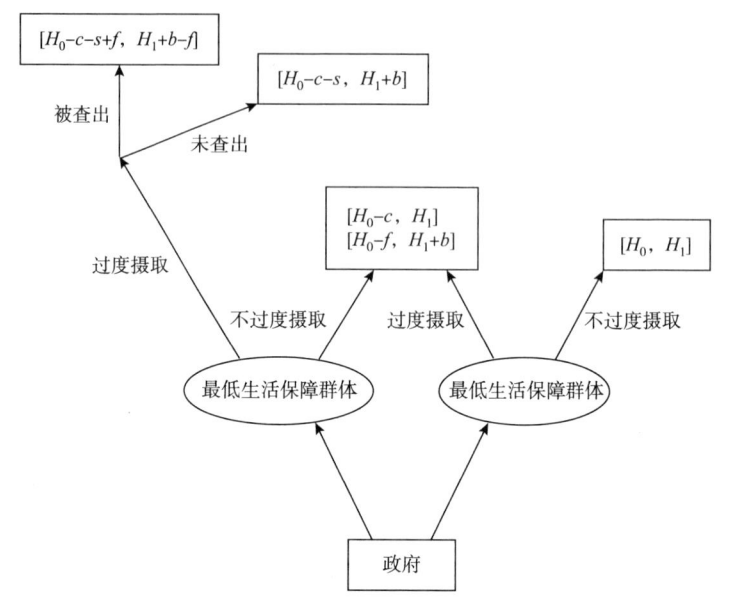

图 2-22 政府和最低生活保障群体对最低生活保障金流向的博弈

最低生活保障群体过度摄取最低生活保障资源的收益为:

$$0.9 \times (H_1 + b - f) + 0.1 \times (H_1 + b) + (H_1 + b)$$

最低生活保障群体不过度摄取最低生活保障资源的收益为：$H_1 + H_1$。

由于我们分析该问题的目标是遏制最低生活保障群体过度摄取最低生活保障资源行为的发生，故按照这个理念：最低生活保障群体过度摄取最低生活保障资源的收益应不大于其不过度摄取最低生活保障资源的收益，也就是：

$$0.9 \times (H_1 + b - f) + 0.1 \times (H_1 + b) + (H_1 + b) \leq H_1 + H_1$$

即为：$f \geq \dfrac{20}{9}b$。要使最低生活保障群体不过度摄取最低生活保障资源，政府必须实施核查和监督工作，也就是要满足政府不监督核查的收益不大于其实施监督核查的收益，亦即：

$$0.9 \times (H_0 - c - s + f) + 0.1 \times (H_0 - c - s) + (H_0 - c) \geq H_0 - f + H_0$$

结果为：$f \geq \dfrac{10}{19}(2c + s)$。

综上所述，当满足下面条件：

$$f \geq \max\left\{\frac{10}{19}(2c+s), \frac{20}{9}b\right\}$$

可以使得最低生活保障群体不会过分摄取最低生活保障资源，同时能够使政府获得更大的经济和社会收益。

四 财政对社会救助支出规模的负担能力

随着世界经济的发展，财政在社会保障支出方面的作用日益重要。目前，几乎所有发达国家都把其作为市场失灵和收入再分配的手段。任何国家社会救助制度的建立都需要财政的支持，因此国家的财政支出结构和支出总量的状况对社会救助制度的建立和制度的可持续性有着直接的影响。自2000年以来，中国的社会保障支出增长速度明显超过财政总支出，但与发达资本主义国家和部分发展中国家相比，财政用于社会保障的支出仍然处于一个较低水平。西方国家社会保障支出在GDP中所占的比例约为1/3，成为公共财政支出中最大的一项。据国际货币基金组织统计，美国1990年福利开支占GDP的比重达到30%，2000年社会保障与福利支出占总支出的28.25%；德国社会保障开支1985年以后一直占GNP的30%；1999年英美两国社会保障支出占财政总支出的比重分别为28.75%和36.50%（费梅苹，2005）。中国社会保障支出仅占财政总支出的14.15%（刘钧，2004），远远低于发达市场经济国家。

由于经济增长是发展中国家的首要任务，政府财政应首先选择经济增长这一目标。因此，笔者选择了从长期经济增长的角度来研究中国社会救助财政支出的最优规模问题。

在不考虑财政支出分类的情况下，柯布-道格拉斯产出函数为：

$$Y = AK^{\alpha}L^{\beta}F^{\gamma} \tag{2.7}$$

其中：K代表资本存量，L代表劳动力数量，F代表财政支出。对式（2.7）两边取自然对数得：

$$\ln GDP = C + \alpha \ln K + \beta \ln L + \gamma \ln F \tag{2.8}$$

γ为财政支出的边际产出弹性，即财政支出的边际产出弹性$\gamma = MPG \cdot \frac{F}{GDP}$，设财政支出相对规模$G = \frac{F}{GDP}$，则$\gamma = MPG \cdot G$。由于政府提供的公共产品的边际成本为1，而财政支出的边际收益为MPG。

根据边际成本等于边际收益原则,卡洛斯在静态框架下证明,在不存在税收扭曲的情况下,最优财政支出规模的自然效率条件为 $MPG=1$(马树才、孙长清,2004)。① 根据以上假设,可知最优的财政支出规模 $F=\gamma$。本研究从研究需要出发,假设政府为社会提供的公共品是由不同类型财政支出分别提供的,将财政支出分社会保障财政支出和其他财政支出两大类,则产出函数为:

$$Y = AK^{\alpha}L^{\beta}F_1^{\gamma_1}F_2^{\gamma_2} \qquad (2.9)$$

其中:K 代表资本存量,L 代表劳动力数量,F_1 代表社会保障财政支出,F_2 代表其他财政支出。对上述产出函数两边取自然对数可得:

$$\ln GDP = C + \alpha \ln K + \beta \ln L + \gamma_1 \ln F_1 + \gamma_2 \ln F_2 \qquad (2.10)$$

无论什么种类的财政支出,其支出的自然效率条件应该满足 $MPG=1$。在式(2.10)中,γ_1 表示社会保障支出占 GDP 的最优比重,γ_2 表示其他财政支出占 GDP 的最优比重。

根据式(2.8)与式(2.10),可得:

$$\gamma \ln F = \gamma_1 \ln F_1 + \gamma_2 \ln F_2 \qquad (2.11)$$

将式(2.11)两边同除以系数 γ,可得:

$$\ln F = \frac{\gamma_1}{\gamma}\ln F_1 + \frac{\gamma_2}{\gamma}\ln F_2 \qquad (2.12)$$

$MPG=1$ 时,$\gamma=\frac{F}{GDP}$。γ_1 为政府支出在 $MPG=1$ 条件时社会保障支出占 GDP 的最优比重,即 $\gamma_1=\frac{F_1}{GDP}$,则 $\frac{\gamma_1}{\gamma}$ 等于 $\frac{F_1}{F}$。$\frac{\gamma_1}{\gamma}$ 就表示政府财政支出在 $MPG=1$ 条件成立时,社会保障支出占总财政支出的最优比重,$\frac{\gamma_2}{\gamma}$ 就表示其他财政支出占总财政支出的最优比重。

为求得社会保障财政支出占财政总支出的最优比重,采取如下方程做回归分析:

$$\ln F = \frac{\gamma_1}{\gamma}\ln F_1 + \frac{\gamma_2}{\gamma}\ln F_2 + \varepsilon_t \qquad (2.13)$$

---

① 若 $MPG>1$,则财政提供的公共服务不足;若 $MPG<1$,则财政支出的公共服务过度。

其中：ε_t 为随机扰动项，并且满足 $\gamma_1 + \gamma_2 = \gamma$。进一步变形可得：

$$\ln\frac{F}{F_2} = \frac{\gamma_1}{\gamma}\ln\frac{F_1}{F_2} + \varepsilon_t \tag{2.14}$$

采用方程（2.14）进行回归分析，以求出社会保障支出占财政总支出的比重，用 TF 表示财政总支出，来替代上式中的 F；用 TF_1 表示社会保障支出，来替代 F_1，TF_2 表示其他财政支出，用来代替 F_2。回归分析采用的数据来源于《中国统计年鉴（2015）》和《中国财政年鉴（2015）》，其数据见表 2-23。

表 2-23　1999~2014 年财政总支出及回归结果

单位：亿元，%

年份	财政总支出	社会保障支出	其他财政支出	$\ln TF/TF_2$	$\ln TF_1/TF_2$
1999	3386.60	1158.00	2228.60	0.418453	-0.65468
2000	3742.20	1600.40	2141.80	0.558027	-0.29139
2001	4642.30	1970.20	2672.10	0.552345	-0.30473
2002	5792.60	2255.30	3537.30	0.493218	-0.45008
2003	6823.70	2705.70	4118.00	0.505034	-0.42001
2004	7937.60	3164.70	4772.90	0.508657	-0.4109
2005	9233.60	3599.30	5634.30	0.493976	-0.44813
2006	10798.20	4232.90	6565.30	0.497581	-0.43891
2007	13187.70	3657.16	9530.54	0.324783	-0.95781
2008	15886.50	4556.48	11330.02	0.338014	-0.91091
2009	18902.60	6508.60	12394.00	0.422087	-0.64409
2010	22053.20	6437.90	15615.30	0.345207	-0.88605
2011	24650.00	7474.50	17175.50	0.361293	-0.83199
2012	28486.90	8655.90	19831.00	0.362198	-0.82901
2013	33930.30	9929.50	24000.80	0.346221	-0.88258
2014	40422.70	11859.90	28562.80	0.347286	-0.87894

由于所采用的财政支出和社会保障支出数据为时间序列数据，为防止伪回归现象的存在，笔者对财政总支出和社会保障支出数据做了单位根检

验。检验结果如表2-24所示，变量存在单位根，说明财政总支出和社会保障支出数据为非平稳序列。需要进一步对方程的残差做平稳性检验，如果残差是平稳的，说明变量之间确定存在协整关系，不存在伪回归现象。接下来对社会保障财政支出最优规模估计，在方程中加入AR（2）项进行重新估计，如表2-25所示，残差序列ε_t在1%的显著性水平ADF临界值为-4.6219，检验形式为不含常数项与时间趋势项，滞后阶数为0，拒绝原假设，接受不存在单位根的结论，因此可以确定ε_t序列平稳，即$\varepsilon_t \sim I(0)$，上述结果表明$\ln\frac{F}{F_2}$和$\ln\frac{F_1}{F_2}$确实存在协整关系，不存在伪回归问题。

表2-24 变量的ADF单位根检验[①]

变量	ADF值	ADF临界值	检验形式（C, T, N）	P值	单整阶数
TF/TF_2	-1.437	-3.081	(C, T, 1)	0.5363	1
$\Delta TF/TF_2$	-4.644	-4.085**	(0, 0, 0)	0.0037	0
TF_1/TF_2	-1.422	-3.174	(C, T, 1)	0.5436	1
$\Delta TF_1/TF_2$	-4.622	-3.120*	(0, 0, 0)	0.0033	0

注：C、T、N分别表示检验中是否带有常数项、时间趋势项、滞后阶数；** 表示显著性水平为0.01，* 表示显著性水平为0.05。

表2-25 ADF单位根检验

ADF检验统计量		t-统计量值	Prob.*
		-4.6219	0.0034
检验临界值	1%显著性水平	-4.0044	
	5%显著性水平	-3.0988	
	10%显著性水平	-2.6904	

如表2-26所示，DW值等于2.2053。F统计量为11.7832，P值为0.0018，调整后的$\bar{R}^2 = 0.7239$，AIC值为-8.6517，回归方程如下：

[①] ADF检验主要是通过在方程右边加入因变量的滞后差分项来控制高阶序列相关，主要有三种形式：1. $\Delta\ln\frac{F}{F_2}\bigg|_t = \lambda\ln\frac{F}{F_2}\bigg|_{t-1} + \varepsilon_t$；2. $\Delta\ln\frac{F}{F_2}\bigg|_t = \lambda\ln\frac{F}{F_2}\bigg|_{t-1} + \alpha + \varepsilon_t$；3. $\Delta\ln\frac{F}{F_2}\bigg|_t = \lambda\ln\frac{F}{F_2}\bigg|_{t-1} + \alpha + \delta_t + \varepsilon_t$；$t = 1, 2, \cdots, t$。

$$\ln \frac{F}{F_2} = 0.3482 \times \ln \frac{F_1}{F_2} \quad (2.15)$$

$$t = (80.98)$$

$$Se. = (0.0043)$$

$$R^2 = 0.9979 \quad F = 6557.12 \quad D.W. = 2.0624$$

表 2 - 26 方程的单位根检验统计量

变量	系数	标准误	t - 统计量	Prob.*
$\Delta \varepsilon_t$	-1.4281	0.3089	-4.6219	0.0007
$\Delta^2 \varepsilon_t$	0.4553	0.1964	2.3186	0.0407
R^2	0.7818	因变量均值		-0.0004
$\bar{R}^2$	0.7239	因变量标准差		0.0048
回归标准误	0.0029	AIC		-8.6517
残差平方和	9.34E-05	SIC		-8.5148
对数似然值	63.562	F - 统计量		11.7832
D-W 统计量	2.2053	概率（F - 统计量）		0.0018

根据上述对回归方程系数的定义可知 $\frac{\gamma_1}{\gamma} = 0.3482$，这说明在 $MPG = 1$ 的条件下，社会保障财政支出占财政总支出的最优比例应该是 34.82%。

从上面的分析可知，在满足 $MPG = 1$ 的条件下，中国社会保障财政支出占财政总支出的最优比重应该是 34.82%。按照这个比例可以测算出历年中国社会保障支出的最优规模，其测算结果如表 2 - 27 所示。通过历年社会救助支出规模和历年社会保障最优支出，可以测算出历年社会救助支出占社会保障最优支出的比重，变化趋势如图 2 - 23 所示，虽然 2014 年达到了 2.99%，而发达国家的这一比重在 5% 以上，所以我国社会救助占社会保障总支出的比重远远低于发达国家。

表 2 - 27　2008~2014 年中国财政支出与社会保障支出及其比重

单位：亿元，%

年份	财政总支出（①）	社会保障支出（②）	社会保障最优支出（③）	社会救助支出（④）	②/③	④/③	②/①
2008	15886.5	4556.5	5531.7	59.71	82.37	1.08	28.68
2009	18902.6	6508.6	6581.9	89.99	98.89	1.37	34.43
2010	22053.2	6437.9	7678.9	141.63	83.84	1.84	29.19

续表

年份	财政总支出（①）	社会保障支出（②）	社会保障最优支出（③）	社会救助支出（④）	②/③	④/③	②/①
2011	24650.0	7474.5	8583.1	217.69	87.08	2.54	30.32
2012	28486.9	8655.9	9919.1	266.58	87.26	2.69	30.39
2013	33930.3	9929.5	11814.5	324.22	84.05	2.74	29.26
2014	40422.7	11859.9	14075.2	421.42	84.26	2.99	29.34

资料来源：《中国统计年鉴（2015）》，中国统计出版社，2015。

注：社会救助支出为抚恤与社会福利支出中的社会救济福利费；社会保障支出为基本社会保险基金支出、抚恤与社会福利支出、国家财政社会保障补助支出之和。

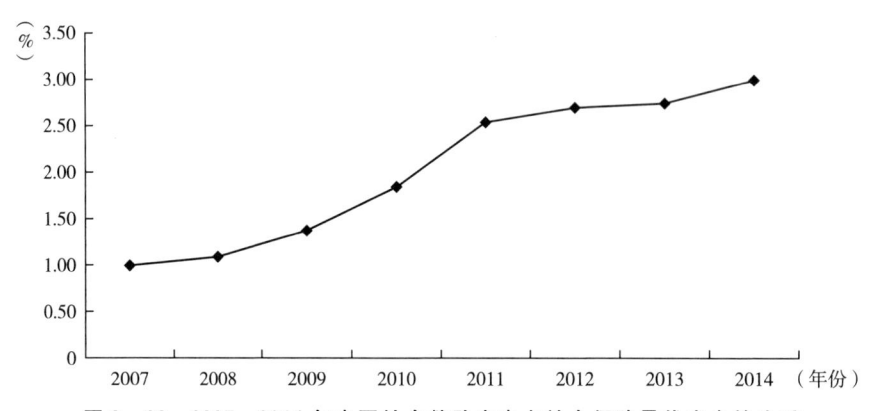

图 2-23 2007~2014 年中国社会救助支出占社会保障最优支出的比重

中国是发展中国家，贫困人口比重远远高于发达国家，这就决定了中国的社会救助比重应该高于至少不低于发达国家的社会救助比重。

表 2-28 各国社会救助支出占社会保障支出的比重

单位：%

国家	美国	英国	澳大利亚	新西兰	加拿大	丹麦	法国	意大利	西班牙	瑞典	瑞士
比重	39.8	33.0	90.3	100.0	13.7	7.8	6.4	9.1	8.4	6.7	5.3

资料来源：郑功成：《中国社会保障制度变迁与评估》，中国人民大学出版社，2000，第208页。

五 最低生活保障及配套项目的投入产出分析

（一）DEA 评估模型的方法及原理

DEA（数据包络分析）是由著名运筹学家查尼斯（A. Charnes）等人于1978年在"相对效率评价"概念基础上发展起来的一种新的系统分析

方法，该方法可以用来评价部门间的相对有效性（因此被称为 DEA 有效）。1984 年 Charnes 和 Cooper 提出了一个被称为 BCC（或者 BC^2）的模型，这一模型是用来研究具有多个输入，特别是具有多个输出的"生产部门"同时为"规模有效"与"技术有效"的方法。这种 DEA 方法利用线性规划模型的比较决策单元间的相对效率大小，对决策单元绩效做出评价。DEA 方法现已被广泛应用于各个领域（如医院、学校、政府等）的绩效评估（Thierry 和 Jaap，1999；Kim SH et al.，1999）。本书利用 DEA 方法中的 BCC（或 BC^2）模型来评价中国最低生活保障制度的相对效率的有效性。其基本原理如下所示：

$$\text{投入}\begin{cases}1\to\\2\to\\\vdots\\m\to\end{cases}\begin{bmatrix}x_{11}&x_{12}&\cdots&x_{1n}\\x_{21}&x_{22}&\cdots&x_{2n}\\\vdots&\vdots&\vdots&\vdots\\x_{m1}&x_{m2}&\cdots&x_{mn}\end{bmatrix}$$

$$\begin{bmatrix}y_{11}&y_{12}&\cdots&y_{1n}\\y_{21}&y_{22}&\cdots&y_{2n}\\\vdots&\vdots&\vdots&\vdots\\y_{s1}&y_{s2}&\cdots&y_{sn}\end{bmatrix}\begin{matrix}\to1\\\to2\\\\\to s\end{matrix}\Bigg\}\text{产出}$$

若用 v_i 表示第 i 项投入的权重值，u_r 表示第 r 项产出的权重值，则第 j 决策单元的投入产出比 h_j 的表达式为：

$$h_j = \frac{\sum_{y=1}^{s} u_r y_{rj}}{\sum_{i=1}^{m} v_i x_{ij}} \qquad (j = 1, 2, \cdots, n)$$

$$\max h_{j\alpha} = \frac{\sum_{y=1}^{s} u_r y_{rj\alpha}}{\sum_{i=1}^{m} v_i x_{ij\alpha}}$$

$$\text{s.t}\begin{cases}\dfrac{\sum_{y=1}^{s} u_r y_{rj}}{\sum_{i=1}^{m} v_i x_{ij}} \leqslant 1 & (j=1,2,\cdots,n)\\v_i\geqslant 0\ (i=1,2,\cdots,m),\ u_r\geqslant 0\ (r=1,2,\cdots,s)\end{cases}$$

研究BCC（或BC^2）模型有效性是以生产函数$y=f(x)$为基础的。若生产状态(x,y)满足$y=f(x)$，则称生产状态(x,y)是"技术有效"的（或称产出相对投入达到最大），此时，点(x,y)位于生产函数的曲面上。当$x \in E^1$时，微观经济学中的"边际报酬递减规律"是指生产函数的一阶导数先增后减的规律。所谓"规模有效"，是指投入量x既不过大，也不过小，其介于规模收益由递增到递减间的一种状态（"规模收益不变"的最佳状态）。

如果生产可能集定义为：所有满足所给定条件的最小者①，则得到DEA模型BCC（BC^2）。

接下来，笔者引入三个取值为0或1的参数$\alpha_1, \alpha_2, \alpha_3$，则生产可能集$T$形式如下：

$$T = \left\{ \begin{array}{l} (x,y) \mid \sum_{j=1}^{n} x_j \lambda_j \leq x, \sum_{j=1}^{n} y_j \lambda_j \geq y, \alpha_1 \left[\sum_{j=1}^{n} \lambda_j + \right. \\ \left. \alpha_2 (-1)^{\delta_3} \lambda_{n+1} \right] = \alpha_3, \lambda_j \geq 0, j=1,2,\cdots,n,n+1 \end{array} \right\}$$

故DEA模型BCC（BC^2）可以用如下形式表达

$$(P) \left\{ \begin{array}{l} \min \theta \\ \sum_{j=1}^{n} x_j \lambda_j \leq \theta x_0, \\ \sum_{j=1}^{n} y_j \lambda_j \geq y_0, \\ \delta_1 \left[\sum_{j=1}^{n} \lambda_j + \alpha_2 (-1)^{\alpha_3} \lambda_{n+1} \right] = \delta_1, \\ \lambda_j \geq 0, j=1,2,\cdots,n,n+1, \theta \in E^1, \end{array} \right.$$

它的对偶规划为：

$$(D) \left\{ \begin{array}{l} \max(\mu^T y_0 - \alpha_1 \mu_0) \\ \omega^T x_j - \mu^T y_j + \alpha_1 \mu_0 \geq 0, j=1,2,\cdots,n \\ \omega^T x_0 = 1 \\ \omega \geq 0, \mu \geq 0, \alpha_1 \alpha_2 (-1)^{\alpha_3} \mu_0 \geq 0 \end{array} \right.$$

---

① Charnes对生产可能集T，引入了如下的一些公理：
公理1：$(x_j, y_j) \in T, j=1,2,\cdots,n$（平凡公理）。
公理2：集合T为凸集（凸性公理）。
公理3：若$(x,y) \in T, \bar{x} \geq x, \bar{y} \leq y$，则$(\bar{x}, \bar{y}) \in T$（无效性公理）。

(二) 决策单元的划分及指标体系的确定

利用 DEA 方法中的 BCC（或 BC^2）模型评价中国最低生活保障制度相对效率的有效性，首先要选定模型的决策单元（DMU），或者称为样本。农村最低生活保障制度效率的评价中，DMU 的选定必须具有相同的目标和相同的投入和产出指标。本书采用了 29 个省份的 DMU 作为最低生活保障制度绩效评价项目决策单元（见表 2-29）。

表 2-29 BCC（或 BC^2）模型的效率基本输出信息

样本	综合效率	纯技术效率	规模效率
DMU_1（北京）	1.000	1.000	1.000
DMU_2（天津）	1.000	1.000	1.000
DMU_3（河北）	1.000	1.000	1.000
DMU_4（山西）	1.000	1.000	1.000
DMU_5（内蒙古）	1.000	1.000	1.000
DMU_6（辽宁）	1.000	1.000	1.000
DMU_7（吉林）	1.000	1.000	1.000
DMU_8（黑龙江）	0.776	0.786	0.974
DMU_9（上海）	1.000	1.000	1.000
DMU_{10}（江苏）	0.631	0.635	0.994
DMU_{11}（浙江）	0.416	0.450	0.925
DMU_{12}（安徽）	0.794	0.795	0.999
DMU_{13}（福建）	1.000	1.000	1.000
DMU_{14}（江西）	0.586	0.601	0.975
DMU_{15}（山东）	1.000	1.000	1.000
DMU_{16}（河南）	1.000	1.000	1.000
DMU_{17}（湖北）	0.792	0.801	0.989
DMU_{18}（湖南）	1.000	1.000	1.000
DMU_{19}（广东）	1.000	1.000	1.000
DMU_{20}（广西）	1.000	1.000	1.000
DMU_{21}（海南）	0.808	1.000	0.808
DMU_{22}（重庆）	1.000	1.000	1.000
DMU_{23}（四川）	1.000	1.000	1.000
DMU_{24}（贵州）	1.000	1.000	1.000
DMU_{25}（云南）	1.000	1.000	1.000

续表

样本	综合效率	纯技术效率	规模效率
DMU$_{26}$（陕西）	0.762	0.765	0.996
DMU$_{27}$（甘肃）	1.000	1.000	1.000
DMU$_{28}$（青海）	0.848	1.000	0.848
DMU$_{29}$（宁夏）	0.673	1.000	0.826

注：①所采用的 DEA 模型是投入主导型的；②考虑规模收益模型即 BCC（BC^2）模型；③所采用的算法是内部算法。

BCC（或 BC^2）模型是利用 DMU 投入和产出指标数据对其相对有效性进行评价，故必须科学合理地确定指标体系。在确定各个指标时，必须从决策单元间的一致性出发，投入和产出的指标数量要达到一定规模，防止指标体系之间交叉、重复和冲突。指标的确定还要考虑可获得性和可操作性。每个决策单元都有 m 种类型的"投入"，以及 n 种类型的"产出"，分别对应该决策单元的"消耗的资源"和"产生的效益"。用（X_j，Y_j）表示 j 个决策单元 DMU$_j$，其中，$Y_j = [y_{1j}, y_{2j}, \cdots, y_{mj}]$，$X_j = [x_{1j}, x_{2j}, \cdots, x_{mj}]$（$j = 1, 2, \cdots, n$）。

在应用 BCC（或 BC^2）模型评价各地最低生活保障制度相对绩效时，笔者选取了中国 29 个省份与最低生活保障制度有关的"投入"和"产出"指标。基于 BCC（或 BC^2）模型最低生活保障制度相对绩效作为该模型的决策单元来评价。

把最低生活保障人数（Y_1）、最低生活保障家庭数（Y_2）、民政部门医疗救助人次（Y_3）、民政部门资助参加合作医疗人次（Y_4）作为输出指标，把最低生活保障支出（X_1）、医疗救助支出（X_2）、资助参加合作医疗支出（X_3）作为输入指标。

（三）最低生活保障制度相对效率 BCC（或 BC^2）模型的实证分析

从表 2-29 可以计算出，纯技术效率的均值为 0.925，所以总体上这 29 个省份最低生活保障制度的"投入—产出"相对效率还是比较高的，大多数省份的纯技术效率在 90% 以上，其中，北京、天津等 22 省份[①]是

---

① 这 22 个省份分别是：北京、天津、河北、山西、内蒙古、辽宁、吉林、上海、福建、山东、河南、湖南、广东、广西、海南、重庆、四川、贵州、云南、甘肃、青海、宁夏。

纯技术有效的,即与其他省份相比这 22 个省份的最低生活保障制度的整体"投入—产出"相对效率是较高的。而在这 22 个省份中,有 19 个省份[①]同时为规模效率有效和纯技术有效的,另外的 3 个省份中,海南、青海和宁夏的最低生活保障制度"投入—产出"规模效率是递增的。在这 29 个省份中,只有陕西省的最低生活保障制度"投入—产出"规模效率是递减的。[②] 处于规模收益递减状态的陕西省,其规模效率为 0.996,所以应降低对最低生活保障制度的投入力度;天津、黑龙江等 10 个省份[③]的规模效益是递增的,说明这些省份应当加大对最低生活保障制度的资金支持力度,以获得更大的社会和经济收益。从技术效率的数字来看,浙江、安徽和江西的技术效率分别为 0.45、0.795 和 0.601,说明这三个省份的"投入"没有出现应有的经济和社会效益。所以,这三个省份应该要适当加大对调整转移支付资金的管理和监督,以使其达到技术有效。图 2-24 展示了 2014 年各个省份农村最低生活保障制度的非技术效率(或者非规模效率)的横向比较趋势。

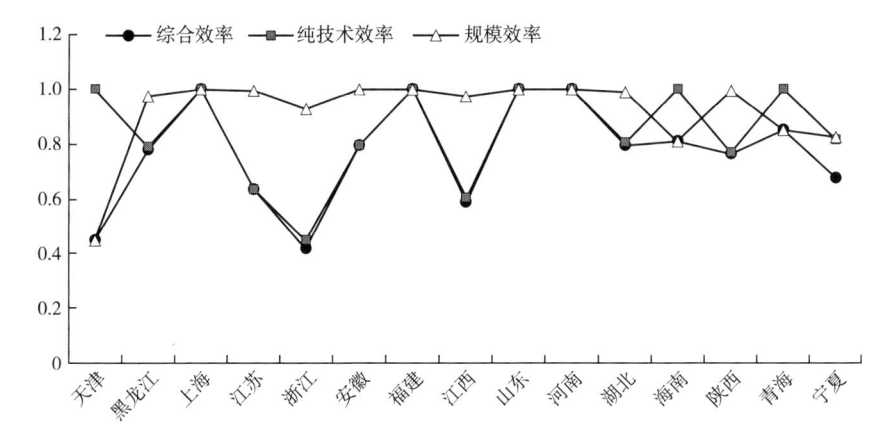

图 2-24　2014 年各省份最低生活保障制度的非技术效率(或非规模效率)的横向比较

为了更加清楚地了解各个省份的农村最低生活保障制度"投入—产

---

① 这 19 个省份是:北京、天津、河北、山西、内蒙古、辽宁、吉林、上海、福建、山东、河南、湖南、广东、广西、重庆、四川、贵州、云南、甘肃。
② 如果样本单元的纯技术效率为 1,而规模效率小于 1 时,这说明对样本单元本身的技术效率而言没有投入需要减少、没有产出需要增加;样本单元的综合效率没有达到有效(即为 1),是因为其规模和投入、产出不相匹配,需要增加规模或减少规模。
③ 这 10 个省份分别是:天津、黑龙江、江苏、浙江、安徽、江西、湖北、广西、甘肃、青海。

出"效率，笔者分省份加以分析。①

如表2-30所示，黑龙江省四个产出均没有出现冗余值状况（因为其投入冗余值和产出不足值均为零）。最低生活保障支出（X_1）有投入冗余12316.966；医疗救助支出（X_2）有投入冗余13533.415（4638.630 + 8894.785 = 13533.415）。也就是说黑龙江省2014年的产出冗余最低生活保障支出（X_1）可以减少12316.966，医疗救助支出（X_2）可以减少13533.415。②

表2-30 黑龙江省最低生活保障制度的投入产出状况

指标变量		初始值	径向值	松散值	预测值
产出	Y_1	934808.000	0.000	0.000	934808.000
	Y_2	419944.000	0.000	0.000	419944.000
	Y_3	472703.000	0.000	0.000	472703.000
	Y_4	911195.000	0.000	0.000	911195.000
投入	X_1	57689.100	-12316.966	0.000	45372.134
	X_2	21726.000	-4638.630	-8894.785	8192.585
	X_3	1410.300	-301.107	0.000	1109.193

表2-31中，江苏省四个产出中，最低生活保障人数（Y_1）和民政部门资助参加合作医疗人次（Y_4）存在产出不足现象。Y_1为148546.258；Y_4为202670.552；最低生活保障支出（X_1）、医疗救助支出（X_2）和资助参加合作医疗支出（X_3）均有冗余；X_1、X_2投入冗余分别为39517.067和2998.087。而X_3的投入冗余为两部分的和873.69，即795.541 + 78.149 = 873.69。江苏省2014年资助参加合作医疗支出（X_3）又存在投入冗余的状况，其合理的有效目标值应该为：1305.810。故江苏省最低生活保障支出（X_1）可以减少39517.067，医疗救助支出（X_2）可以减少

---

① 笔者只对技术效率或者规模效率不到1的省份进行分解分析，对于其余省份的农村最低生活保障制度同时为规模效率有效和纯技术有效不再分析。
② 如果投入因素是决策单元可以决定的，而产出因素是不能决定的，我们分析时就可以考虑投入是否能减少，不管产出是否能增加（因为产出是决策单元不可控的）；如果产出因素是决策单元可以决定的，而投入因素是不能决定的，我们分析时就可以考虑产出是否能增加，不管投入是否能减少（因为投入是决策单元不可控的）。

2998.087，资助参加合作医疗支出（X_3）可以减少873.69。可以看出江苏省在最低生活保障及其配套项目支出中，投入量很大，但存在产出不足的状况，也就是下一步如减少一定救助资金的投入并不会影响制度的救助效果；如果想消除产出不足的现象就必须提高最低生活保障资源的利用效率。

表2-31 江苏省最低生活保障制度的投入产出状况

指标变量		初始值	径向值	松散值	预测值
产出	Y_1	1259080.000	0.000	148546.258	1407626.258
	Y_2	670578.000	0.000	0.000	670578.000
	Y_3	182442.000	0.000	0.000	182442.000
	Y_4	786099.000	0.000	202670.552	988769.552
投入	X_1	108262.800	-39517.067	0.000	68745.733
	X_2	8213.700	-2998.087	0.000	5215.613
	X_3	2179.500	-795.541	-78.149	1305.810

表2-32中浙江省最低生活保障制度的投入产出状况与表2-31类似，不同的是浙江省最低生活保障制度的产出中只有Y_1产出不足。安徽省最低生活保障制度的投入产出状况见表2-33，这里不再一一赘述。

表2-32 浙江省最低生活保障制度的投入产出状况

指标变量		初始值	径向值	松散值	预测值
产出	Y_1	557626.000	0.000	6071.185	563697.185
	Y_2	322473.000	0.000	0.000	322473.000
	Y_3	145956.000	0.000	0.000	145956.000
	Y_4	336310.000	0.000	0.000	336310.000
投入	X_1	75370.600	-41466.430	0.000	33904.170
	X_2	24209.800	-13319.437	56.003	4634.360
	X_3	1066.300	-586.643	0.000	479.657

表 2-33　安徽省最低生活保障制度的投入产出状况

指标变量		初始值	径向值	松散值	预测值
产出	Y_1	1862317.000	0.000	184113.293	2046430.293
	Y_2	868441.000	0.000	0.000	868441.000
	Y_3	539549.000	0.000	0.000	539549.000
	Y_4	1699289.000	0.000	0.000	1699289.000
投入	X_1	94717.500	-19428.479	0.000	75289.021
	X_2	15464.600	-3172.103	0.000	12292.497
	X_3	3281.300	-673.061	0.000	2608.239

表 2-34 中，江西省最低生活保障人数（Y_1）和民政部门医疗救助人次（Y_3）存在产出不足状况。Y_1 为 144038.811，Y_3 为 65529.152；最低生活保障支出（X_1）、医疗救助支出（X_2）和资助参加合作医疗支出（X_3）均有冗余现象。X_1 投入冗余为 37245.532。X_2、X_3 冗余均为两部分的和，分别为：28780.029（15800.292 + 12979.737）、2413.113（1900.313 + 512.800）。也就是说江西省 2014 年最低生活保障制度的三个投入指标均存在冗余状况。故该省合理的有效投入产出目标值应分别为：最低生活保障人数（Y_1）1644104.811，民政部门医疗救助人次（Y_3）488852.152；最低生活保障支出（X_1）56082.268、医疗救助支出（X_2）10811.471 和资助参加合作医疗支出（X_3）2348.587。

表 2-34　江西省最低生活保障制度的投入产出状况

指标变量		初始值	径向值	松散值	预测值
产出	Y_1	1500066.000	0.000	144038.811	1644104.811
	Y_2	664664.000	0.000	0.000	664664.000
	Y_3	423323.000	0.000	65529.152	488852.152
	Y_4	1354768.000	0.000	0.000	1354768.000
投入	X_1	93327.800	-37245.532	0.000	56082.268
	X_2	39591.500	-15800.292	-12979.737	10811.471
	X_3	4761.700	-1900.313	-512.800	2348.587

湖北省最低生活保障制度产出指标方面除了民政部门资助参加合作医疗人次（Y_4）外，其余三个产出指标，均存在产出不足的状况；而在最低

生活保障资金的投入方面，三项要素投入均存在投入冗余状况，其合理的投入产出 DEA 有效的目标值如表 2-35 所示。

表 2-35 湖北省最低生活保障制度的投入产出状况

指标变量		初始值	径向值	松散值	预测值
产出	Y_1	1493493.000	0.000	236084.501	1729577.501
	Y_2	665934.000	0.000	39454.188	705388.188
	Y_3	171317.000	0.000	272993.221	444310.221
	Y_4	1574882.000	0.000	0.000	1574882.000
投入	X_1	79428.300	-15815.630	0.000	63612.670
	X_2	14815.900	-2950.117	-2510.081	9355.701
	X_3	2722.900	-542.179	0.000	2180.721

表 2-36 中陕西省的三项投入指标中，所有的投入值均存在投入冗余的现象。最低生活保障支出（X_1）、医疗救助支出（X_2）、资助参加合作医疗支出（X_3）的投入冗余值分别为 27051.292、3658.360、548.759，而产出指标值中仅有一项，即民政部门资助参加合作医疗人次（Y_4）存在产出不足状况，其产出不足值为 300929.274。其产出的 DEA 有效的目标值应为 1117460.274。这说明陕西省在最低生活保障及配套项目的资金投入方面存在严重不足的状况。其 DEA 有效的目标值如表 2-36 所示，陕西省下一步应加大对最低生活保障及其配套项目的资金支持力度，以消除投入不足的现象。

宁夏最低生活保障制度的投入产出状况如表 2-37 所示，可以看出，在产出的四项指标中，仅第四项即民政部门资助参加合作医疗人次（Y_4），存在产出不足的现象，其余产出都是有效的。而从投入要素项来看，效果就很不理想了，三个投入要素最低生活保障支出（X_1）、医疗救助支出（X_2）和资助参加合作医疗支出（X_3）均有冗余状况；X_1、X_3 投入冗余分别为 4065.835、80.382。而 X_2 的投入冗余为两部分，其和为 1714.553。其 DEA 投入的有效目标值分别为最低生活保障支出（X_1）17866.165、最低生活保障家庭数（X_2）3479.247、资助参加合作医疗支出（X_3）353.218。所以，宁夏回族自治区最低生活保障状况与陕西省类似，该自治区下一步也应加大对最低生活保障及其配套项目的资金支持力度来消除投入不足的状况。

表 2-36　陕西省最低生活保障制度的投入产出状况

指标变量		初始值	径向值	松散值	预测值
产出	Y_1	2206086.000	0.000	0.000	2206086.000
	Y_2	924132.000	0.000	0.000	924132.000
	Y_3	309503.000	0.000	0.000	309503.000
	Y_4	816531.000	0.000	300929.274	1117460.274
投入	X_1	114902.700	-27051.292	0.000	87851.408
	X_2	15539.200	-3658.360	0.000	11880.840
	X_3	2330.900	-548.759	0.000	1782.141

表 2-37　宁夏最低生活保障制度的投入产出状况

指标变量		初始值	径向值	松散值	预测值
产出	Y_1	274628.000	0.000	0.000	274628.000
	Y_2	124710.000	0.000	0.000	124710.000
	Y_3	204298.000	0.000	0.000	204298.000
	Y_4	214066.000	0.000	24346.556	238412.556
投入	X_1	21932.000	-4065.835	0.000	17866.165
	X_2	5193.800	-962.846	-751.707	3479.247
	X_3	433.600	-80.382	0.000	353.218

综上所述，从中国 29 个省份最低生活保障制度的"投入—产出"状况来看，绝大多数省份 DEA 是有效的，部分省份存在最低生活保障及其配套项目资金投入不足的现象，少数富裕省份存在投入冗余状况。最普遍的问题还是最低生活保障及配套资金存在的"投入—产出"非技术效率和非规模效率的有效问题。

第三节　中国最低生活保障制度的作用及客观局限性

一　最低生活保障制度对经济社会的客观作用

最低生活保障制度是中国在贫困群体大基数的基础上建立的反贫困计划，它是一项影响深远的"民生"工程，其成本之高不言而喻。由于中国政府高度重视社会救助体系建设，所以社会救助制度建设时间虽然不长，却获得了很大的进展和良好的社会效益,通过走一条低成本扩张而逐步发展的道路,取得了很好的经济和社会效益。

(一)最低生活保障制度可修补社会的"短板",是维护社会安定团结的"镇定剂"

贫困存在很大的潜在危害性,具体表现在以下几个方面。

第一,贫困首先是物质贫困,物质贫困可逐渐向物质贫困、精神贫困、政治贫困并存转化(安春英,2007)。与非贫困人口相比,贫困人口的社会地位、发展机会均处于低层,在政治上更是缺少利益表达的途径和参与机会。

第二,贫困会导致边缘性和群体性利益加强。社会学家威尔逊的"集中化效应"理论认为,"贫困群体容易产生属于他们群体的反主流的病态文化,从而出现对社会的'不轨'行为,表现出对社会的种种冲突现象。也就是这种危害性一旦被'引爆',其后果将不堪设想"(段敏芳,2005)。据《中国税务报》2007年1月5日刊登的一则信息,2006年11月9日,流浪老汉李某把一处山上的树枝点燃,导致1亩左右的树木被烧毁。李老汉在自首时对民警表示:"我曾听说放火烧山可以坐牢,而坐牢有饭吃、有衣穿,不用再流浪。"甘肃省康乐县景古镇阿姑山村发生了一起骇人听闻的惨案:该村一农妇在毒死自己的4个孩子后,自杀身亡,数天后其丈夫也服毒自尽。原本好好的6口之家,几天内家破人亡。不论出于何种缘由,毒杀亲生子女的行为在道德上是应受谴责的,在法律上是应受惩处的,这点毋庸置疑。然而,究竟是什么原因让一个母亲冷血到如此程度?在这起貌似偶然的事件背后又隐藏着哪些因素?"哀莫大于心死",一个人只有到了"心死"的程度,到了对人生、对生活彻底绝望的程度,才会做出异于常人的举动,事件中的农妇显然印证了这一点。进一步言之,是什么致使她陷入绝望的泥潭难以自拔,最终只能通过杀人、自杀来"解脱"?答案是"贫穷"。在分析该事件的起因时,同村的人不少提及"她家好几年没领最低生活保障了"这一事实。虽然我们无法判定"没领最低生活保障"和杀子、自杀之间是否存在直接联系,但有一点可以肯定,对于一个住了50年土坯房的极端贫困家庭而言,没享受到最低生活保障应是"压死骆驼的最后一根稻草"。

所以,社会救助制度执行过程中的不到位,会影响到众多农村贫困群体的基本生存,也会制约中国农村经济和社会的发展,这会成为中国构建和谐社会的一个"短板"。

(二) 最低生活保障制度能增进社会福利、提升效率和扩大需求

这一点可以用经济学上的三个著名理论来加以分析。

1. 收入风险理论

最低生活保障是防止私人收入风险转化为社会风险的一种制度。收入风险在一定程度上是个人风险,但当这种风险积累到一定程度,个人收入风险就会发展为影响社会稳定的社会风险。因此有效防范贫困群体的收入风险,对于农村经济发展和社会稳定极具重要意义。市场对于产品的提供和风险防范是有效的,但是市场也会失灵,所以必须通过代表公共利益的政府解决这类收入风险。而政府实施的最低生活保障制度是最基本的防范个人收入风险的制度。

2. 需求理论

最低生活保障制度是扩大农村社会有效需求的客观需要。在中国二元化经济和社会条件下,社会需求被人为分为城市需求和农村需求两种。由于二元化经济和社会结构下城乡发展差距比较大,因而就可能出现城市需求过度饱和与农村需求严重不足并存的局面。最低生活保障制度的建立和发展,可以在一定程度上化解这种状况,刺激农村的有效需求。

3. 效用理论

福利经济学家庇古认为,个人的收入效用是边际递减的,因此,从富人向穷人转移收入,穷人增加的效用要大于富人减少的效用,从而提高整个社会的福利水平(尼古拉斯·巴尔,2002)。所以对农村贫困群体实施最低生活保障制度,以确保其最低的或基本的生活需要是可以提高社会福利的。福利经济学第二定理表明,市场经济可以实现反映社会意愿的任何一个帕累托最优配置。这在政策方面的启示实际上是要求政府通过再分配的方法来达到最优目的,避免市场受到政府干预后,价格扭曲从而造成效率损失等问题。所以,针对贫困群体的最低生活保障制度作为政府的再分配手段也是必要的。从经济学角度来看,如果政府(G)在考虑贫困群体(P)的效用时兼顾自身效用,那么 G 和 P 都因为 G 向 P 援助而获益。在最简单的情形下,G 和 P 各自有一个效用函数,它们随收入变化而改变。即:

$$U^G = f(Y^G) \text{ 以及 } U^P = f(Y^P) \qquad (2.16)$$

其中，U^G 和 U^P 分别代表政府和贫困群体的效用，Y^G 和 Y^P 是其各自的收入。但现在假设，G 的效用不仅由自身效用而定，还依赖于 P 的收入。那么：

$$U^G = f(Y^G, Y^P) \quad f_1 \geq 0, f_2 \geq 0 \qquad (2.17)$$

其中，f_1 和 f_2 分别是 U^G 对 Y^G 和 Y^P 的偏导。这时就产生一个外部性，因为在其他因素不变的情况下，G 的效用会随 P 的增长而增长。此时，政府向贫困群体的再分配是合理的：只要 $\dfrac{\partial U^G}{\partial Y^P} - \dfrac{\partial U^G}{\partial Y^G} \geq 0$，这种再分配就会增加 P 的效用（因为 P 的效用上升），同时也会提高政府的收益。$f_1 \geq 0$ 表明，随着 P 的收入增长，G 的收益也提高；$f_2 \geq 0$ 表明，G 收入减少，其效用也减少。只要 $f_1 > f_2$，从 G 到 P 的再分配便具合理性。从目前中国构建和谐社会和城乡一体化的目标来看，从 G 到 P 的再分配是极具有合理性的。

二 现行最低生活保障制度缺陷分析

（一）最低生活保障制度的"选择性"导致"社会排斥"的负面效应突出

"选择性"原则是最低生活保障制度最突出的特点，因为它涉及最低生活保障对象的目标瞄准问题。有效的目标瞄准机制可以提高最低生活保障资源的利用率，使得有限的资源瞄准那些最贫困的群体，使他们得到救助。但是目标瞄准机制不健全就会导致资源的逆向流动——流向较富裕群体。现行的农村最低生活保障制度是与户口捆绑在一起的，这就造成对部分特殊身份贫困群体的社会排斥。

1. 乡镇企业职工

20世纪80年代乡镇企业崛起，造就了一大批"田园工人"。后来大批乡镇企业不景气和破产，大批乡镇企业职工既未进入城市最低生活保障，也未进入农村最低生活保障范围之列。最低生活保障制度应该可以帮助这部分"田园工人"解决生计问题，但是城市最低生活保障申请中，最重要的前提是"持有非农业户口的城镇居民"，而农村最低生活保障申请的前提是农村区域内的非城镇户籍居民,所以户籍条件就成了这些困难群体享受最低生活保障的限制。

2. 失地农民

2011年中国约有4000万失地农民未能得到有效保障,没有被最低生活保障制度所覆盖。① 政府对这部分群体实行"农转非",但他们享受不到与城市居民同等的待遇。如山东省济南市自2001年以来,有84个村实行了"村改居","村改居"后的居民不能完全享受市民待遇,贫困救助的标准是按农村而不是按市民的标准来确定,这样的制度安排,其主要目的还是强调农民身份(高灵芝、胡旭昌,2005)。然而他们的收入又高于当地农村的最低生活保障标准线,这样导致这一部分失地农民无法享受最低生活保障。

3. "两边户"

这种情况是指一个家庭中既有农村户口成员,又有城市户口成员,这类情况绝大多数也属于"农转非"家庭。这种家庭往往是有一人在城市工作,同时又要负担其余农村户口的家庭成员的生活,负担很重。但是户籍的特殊性导致他们非工非农,农村最低生活保障和城市最低生活保障都不能把他们包括进来。他们在一定程度上被限制了获取公共服务等资源的资格。

(二)最低生活保障"民心"工程与"民生"工程的不一致性

从实施最低生活保障制度省份的状况来看,大多是实行县、乡(街道)、村(社区)三级筹资原则。当前,各省份最低生活保障制度共同面临的困难就是资金不足,陷入了提高覆盖率就要降低最低生活保障水平的困境。地方政府由于财政力量不足,将最低生活保障作为一项精神层面的"民心"工程来实施。由于民生是民心的基础,而作为社会最后一道安全网的最低生活保障制度,其首要任务是从物质层面,而非精神层面满足贫困群体的基本生计问题。目前很多省份的做法实际上是在强调最低生活保障制度的"精神化"作用,弱化其本身的物质作用。由于这种做法不能从根本上解决贫困群体的生计问题,因此造成了"民心"工程与"民生"

---

① 张元富:《建议研究制定〈失地农民社会保障条例〉》,环球网,https://china.huanqiu.com/article/9CaKrnJqvEu,2011年3月9日。

工程的不一致性。

(三) 贫困群体的最低生活保障权的赋权与无权相对立

《宪法》明确规定:"中华人民共和国公民在年老、疾病或者丧失劳动能力的情况下,有从国家和社会获得物质帮助的权利。"在需要时接受国家和社会的救助是公民的法定权利(林莉红、孔繁华,2007)。赋权是把平等的权利通过法律、制度赋予对象并使之具有维护自身应有权利的能力。1999年,政府为城市居民享受最低生活保障制度而专门制定了《城市居民最低生活保障条例》,对占中国人口2/3以上8亿多的农民而言,尽管其中的一部分贫困群体已经享受到了农村最低生活保障制度,但是政府没有制定专门的法律法规来保障这项权利。

(四) 最低生活保障制度的区域发展不平衡与社会保障制度的公平性相矛盾

从最低生活保障制度的建立和实施状况来看,其存在明显的区域发展不平衡状况。经济越发达的地区最低生活保障制度覆盖率越高,保障水平越高;经济越是落后的省份最低生活保障制度覆盖率越低,保障水平也越低。

1. 中西部省份最低生活保障制度的建立和实施时间晚于东部沿海省份

中国最低生活保障制度的建立如同经济发展状况一样,从东部经济发达地区和大城市向中西部及落后地区辐射,即已全面建立最低生活保障制度的省份集中在东部经济发达的沿海地区,而经济落后的中西部地区明显滞后甚至缺失,从而形成了一种"中心—边沿"效应。

2. 保障水平自东向西呈下降趋势

在已实施最低生活保障制度的地区,地方经济发展水平的差异造成保障水平的较大差别。从中国居民的实际生活需求来看,这种悬殊的差别是极不合理的,它与社会保障机制的公平性要求是相悖的。

第三章 中国反贫困政策与就业政策的联动性

第一节 农村地区贫困：丰裕中贫困、选择性贫困抑或是持久性贫困

一 农村地区贫困现状及相关研究

中国城镇化进程在加速，但农村户籍人口占总人口的比例近70%。这就决定了农村居民的消费动机强度对中国整体消费状况起着决定性的影响。1990~2016年居民储蓄率处于25%左右的高位，1990~1994年略高于7.6%，自1999年以来，大幅度下降，2005年降为-1.6%。从农村居民的消费支出状况来看，1978年以来，中国最终消费率与居民消费率呈现单边大幅下滑趋势，最终消费率从1978年阶段性峰值48.79%下降到2010年的33.8%，比1978年下降了14.99个百分点[1]。从再分配领域来看，理论和实证研究均表明，随着经济和社会化程度的不断推进，政府对公共产品和公共服务的支出不断增加，尤其是教育、医疗卫生、住房和社会保障四大项目的支出会显著上升。我国这四大项目支出占政府总支出的比重不到30%，相比发展中国家（人均年GDP 3000美元以下）和中等发展水平的国家（人均年GDP 3000美元~5000美元）分别低了近14个和25个百分点，也与公共服务型政府的标准相去甚远。从收入分布状况来看，收入较低的农村居民消费倾向低于收入较高的城镇居民。因此，鉴于中国农村地区居民储蓄倾向和消费动机强度，我们初步认为，由于消费支出较低而表现出的"贫困"形式说明，目前城乡居民的消费理念总体上从"传统型"的基本生活消费支出逐渐向"传统型消费+发展型消费"或

---

[1] 《2011~2012年度中国消费小康指数》，财经信息网，2012年2月10日。

"发展型消费"过渡。但是内部消费结构失衡致使总体消费结构趋于"扭曲"的态势,具体呈现三种主要的消费格局:一是农村居民生活消费支出呈现富有"刚性"的增长趋势,基本收入没有增长,而食品、衣着等基本生活消费支出呈现加速上涨的趋势;二是教育医疗等费用增长过快,大幅度挤占了农村居民其他方面的消费性支出,最终使得家庭的消费支出出现结构性失衡;三是农村家庭中住房支出已经成为居民的主要支出,而且房地产价格的持续快速上涨势必会挤占普通商品消费支出。因此,农村居民住房支出会进一步扩大其消费需求。2005 年以来,政府在农村地区密集实施了一系列的社会保障项目,并逐步形成了一个制度体系。随着制度体系的进一步完善,农村居民的消费动机倾向依然较低,且呈现进一步下降的趋势。其中的原因有两个:一种是社会保障制度所发挥的作用还没有完全显现出来;二是存在另外的诱因,消费能力低下所呈现的贫困到底是丰裕中贫困、选择性贫困抑或是持久性贫困?[①] 其背后的因素是否习惯性因素?这种因素是否具有显著性?若第 t 期的消费会受到习惯性因素的影响,那么在习惯性因素下效用函数在时间 $(t+1)$ 上是连续的,居民消费者第 t 期的效用受本期支出的影响,而且这种影响还会具有滞后效应。Deaton(1992)认为,由于习惯性因素的作用,居民消费者会在第 $t+1$ 期的消费过程中,采取厌恶风险的审慎性态度来支配自身收入。这便导致延迟性消费状况的发生。

鉴于此,本书采用 1989~2010 年的住户截面数据和时间序列数据对不确定条件下中国农村住户的消费状况和生活消费支出的习惯性特征做经验分析,把消费性动机变量引入经验分析模型,并进行稳健性检验。

习惯作用理论认为,家庭的效用方程在时间上具有连续性,基期的效应一方面取决于当前的消费支出,另一方面取决于滞后期的消费支出所暗含的习惯存量。在基期消费支出水平一定的条件下,习惯变量的影响力度越强,家庭获得的效用就会越低,那么在这种条件下,消费者的效用不符合边际收益不为零的假设,也就是超过其"习惯"消费支出的额外消费会

[①] 本书所界定的丰裕中贫困指的是一种消费习惯的表现形式,尽管一个家庭收入较高但是由于其消费能力低下,而形成一种消费习惯,从消费支出来定义贫困,这部分家庭被涵盖其中;选择性贫困指的是,有的家庭虽然有高于贫困线的收入,但是由于有着特殊的支出需求,而将其现在消费压低到贫困线以下,这是对消费和储蓄进行选择后的结果;持久性贫困指的是在某一时期,一个家庭的收入和消费都低于贫困线。

给消费者家庭带来额外的效用。当收入和社会保障政策缺乏或被中断时，克服习惯消费行为会变得更加困难，而且习惯形成会对消费行为产生强化作用（Carroll，1992）；从20世纪80年代开始，发达国家学者开始从习惯形成假设相关总量数据展开研究（Muellbauer，1988；Heien 和 Durham，1991；Ferson 和 Constantinides，1991；Heaton，1993）。采取总量数据研究会存在不可控因素，会放大习惯形成的影响效应。20世纪90年代中后期，大量学者开始采用微观数据对此影响因素展开研究（Mehir 和 Weber，1996；Naik 和 Moore，1996；Guariglia 和 Rossi，2002；Browning 和 Callado，2007；Alessie 和 Teppa，2010）。21世纪以来，中国学者也开始关注这一问题，从研究结果来看，大致分为两类，一类研究认为习惯形成因素对居民家庭消费（或储蓄）无显著性的影响（艾春荣、汪伟，2008）；另一类研究认为习惯形成因素对居民家庭消费或储蓄的影响已经超过其他因素（龙志和等，2002；杭斌、申春兰，2008；杭斌，2008；杭斌、郭香俊，2008；雷钦礼，2009；贾男、张亮，2011）。

从上述已有的研究来看，我们发现以下几点。①多数研究所采用的数据类型为总量数据，如总消费或总支出，而没有区别生活性消费和耐用品消费，没有反映家庭真正的消费结构，这往往会导致结论的失真。②采用总消费或人均总消费数据存在最大且难以避免的问题就是在处理一阶滞后变量时会产生内生性问题。③尽管部分学者如龙志和等（2002）、贾男和张亮（2011）的经验分析所采用的数据是住户微观数据，但存在以下问题：样本量偏少，而且抽样不均匀，对变量的内生性问题没有作恰当的处理；数据较为陈旧，而从贫困的视角来看，中国的贫困形式和贫困规模已有了较大的转变。

鉴于现有研究存在的问题，本书将衣着和食品支出作为微观数据，利用1989~2011年中国健康与营养调查（CHNS）所提供的食品价格指数（FPI），测算出中国农村住户的实际衣着食品消费支出数额，并采用GMM方法来规避模型中所存在的内生性问题。实际上消费行为习惯与许多不可观测的变量有较强的相关关系[①]。按照识别农村地区贫困家庭的标准之一——消费支出，识别出的贫困家庭是何种类型？属于丰裕中贫困、选择性贫困抑或是持久性贫困？我们试图结合贫困理论与消费理论对农村消费

---

① 忽视这些变量的影响效应会造成模型存在变量遗漏和联合性偏误问题。

动机强度日渐衰弱的趋势进行分析,并从 HF 假说的视角切入,探寻形成的丰裕中贫困和选择性贫困是否会显著影响农村地区消费动机强度,并且试图发掘持久性贫困是否为主要影响因素。

二 影响贫困居民消费的理论模型

按照目前社会学的划分模式,消费行为可以分为两种:内部消费习惯和外部消费习惯。[①] 鉴于研究宗旨,将习惯消费行为归类于内部消费习惯的范畴。假设习惯形成消费函数及其效用函数是连续的,也就是 $V_t = V(C_t - \delta A_t)$,$A_t$ 表示 t 期习惯存量,$A_t = 1 - \gamma A_{t-1} + C_{t-1}$,$\gamma \in (0,1)$,$\delta \in (0,1)$,习惯形成变量 $\delta \in (0,1)$ 越小,基期的消费给家庭消费带来的效用就越大,γ 无限趋近于 1,则 $V_t = V(C_t - \delta A_t)$,也就表明仅仅是上一期消费影响基期消费行为决策;$\delta$ 为负时,A_t 为先前的消费行为,可以看出,家庭基期消费和上一期消费以及未来消费之间具有较强的替代性,δ 的正负暗含了家庭消费习惯具有持久性,而非暂时性。

本书将在习惯行为模型分析中加入不确定性因素的影响效应,将消费行为变量作为模型的内生变量,求储蓄与消费的均衡解。因此,效用最大化模型如下:

$$\text{MaxExp}_t \sum_{\xi=t} (1+\lambda)^{t-\xi} \left[-\frac{1}{\eta} e^{-\eta(C_\xi - \delta C_{\xi-1})} \right] \tag{3.1}$$

跨期约束条件为:

$$\sum_{\xi=t} (1+i)^{1-\xi} C_\xi = (1+i) N_{t-1} + \sum_{\xi=t} (1+i)^{t-\xi} W_\xi \tag{3.2}$$

式(3.1)和式(3.2)中,N_{t-1} 和 $C_{\xi-1}$ 分别表示期望的预期算子,C_ξ 为 ξ 期实际消费,W_ξ 为资本性收入,i 为利率,λ 为时间偏好率。若 i 与 λ 相等,那么,家庭效用取决于前期消费和目前消费的总和。若我们用 C_ξ^* 表示最优消费,那么,$C_\xi^* = -iC_{\xi-1} + C_\xi$。因此,式(3.1)可以变为:

$$C_t = \frac{\delta}{1+i} C_{t-1} + \left(1 - \frac{\delta}{1+\delta}\right) W_{qt} - \frac{i}{1+i} \sum_{\xi=t+1} (1+i)^{t-\xi} \sum_{j=t+1}^{\xi} \varphi_{j-1} \tag{3.3}$$

[①] 外部消费习惯是指家庭的消费水平与所处的社会大背景息息相关;而内部消费习惯则是暗含已有消费习惯行为对基期消费的作用。

$C_{\xi-1}$ 表示前期消费对当前消费产生的影响效应,习惯因素所产生的影响越大,前期消费的影响因子就越大,储蓄的表达式如下:

$$D_t = \delta D_{t-1} + \delta(1+i)^{-1}(W_t - W_{t-1}) - [1 - \delta(1+i)^{-1}]\sum_{\xi=t+1}(1+i)^{1-\xi}Exp_t(W_t - W_{t-1}) + \mu_t^* \quad (3.4)$$

式 (3.4) 中,$\mu_t^* = [\delta(1+i)^{-1}]\sum_{\xi=t+1}(1+i)^{1-\xi} \cdot \sum_{j=t+1}^{\xi}\varphi_{j-i}$ 表示预防性储蓄,$\delta \in (0,1)$ 表示家庭习惯性消费因素存在,这说明消费的解是持久收入与前期消费的加权平均值。习惯因素越弱时,前期的消费权重越小,而且过去的储蓄行为对基期的储蓄行为影响越弱,下一期收入变动的影响效应就越大。消费行为完全由未来收入决定时,表示习惯影响因素不存在。

本书对微观数据进行控制,采用对数模型,在式 (3.3) 中加入控制变量,可以得到:

$$\ln C_{it} = \beta_{i0} + \beta_{i1}N_{it} + \beta_{i2}\ln C_{it-1} + \beta_{i3}\mu_{it} + Z_{it}\gamma_t + h_{it} \quad (3.5)$$

其中:N_{it} 表示第 i 个家庭的财富;Z_{it} 表示第 i 个家庭控制变量的矢量组,包括农村居民家庭特征变量和个体特征变量;引进区域的平均消费的一阶滞后项 C_{it-1},若此项不为零,则表明居民家庭消费不存在外部习惯的影响因素。μ_{it} 表示农村居民家庭的不确定性因素(如收入风险因素、银行利率等)。β_{i2} 为负时,表示家庭的消费支出用在耐用品等方面,也就是上一期的消费支出越高,则基期的消费越低,我们认定为选择性贫困;而当 β_{i2} 为正时,表示家庭的消费绝大多数用在了非耐用品的消费上,此时持久性贫困占主导;其余的情况我们认定为丰裕中贫困。

三 模型相关变量的解释

1. 模型相关数据来源

研究数据来源于中国健康与营养调查(CHNS),其为 Carolina 大学人口中心对江苏、山东、湖南、湖北、河南、黑龙江、辽宁和贵州等省份的调查数据。该非平衡的面板数据根据加权的调查采集样本模式展开,按照收入状况大致划分,并进行随机抽样,将在县级单位采样的区域分为乡村与县城,将县级城市分为城郊和市区两大区域类别。CHNS 数据涵盖了中国农村居民家庭的收入及消费数据,还包括了家庭成员的个体特征和家庭特征。本书所采用的样本数据为 1989 年、1991 年、1993 年、1997 年、

2000年、2004年、2006年及2010年8省份农村居民家庭的消费和收入数据。

2. 各相关变量的解释

(1) 异质性家庭收入。对于此变量的衡量数据，我们采用的是2010年CHNS所报告的农村居民家庭可支配收入数据（已进行价格调整），具体数据变化趋势如图3-1所示。1989年农村居民户均纯收入为10348.02元，同一时期户均总支出为2356.12元，而2010年家庭户均纯收入上升到31344.70元，上升了2倍多，同期家庭户均总支出为4716.51元，相比1989年仅仅上升了1倍，这表明中国农村地区的消费动机极弱。

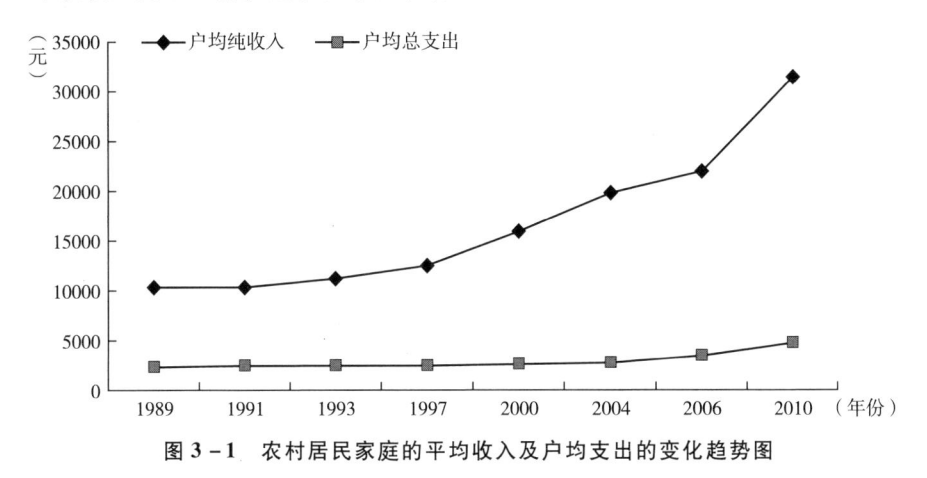

图3-1 农村居民家庭的平均收入及户均支出的变化趋势图

(2) 消费支出变量。此变量为本书经验分析的因变量，为准确识别这一指标变量的含义，本书采用两类消费支出指标来衡量，即食品消费支出和家庭消费支出。为考察三种贫困形式，笔者将与消费行为相关的变量涵盖在内，把CHNS调查数据中相关的30多种食品作为非耐用消费品的代表。[①]

(3) 利率变量。从对利率变量的处理方式来看，国外学者均把其作为瞬时利率。由于本书所考察的利率主要是用来衡量农村居民的消费和储蓄行为，所以，不宜采用瞬时利率。鉴于此，我们采用月份加权平均的方式来求得年份实际利率。

---

① 研究中会存在这样的问题，农村家庭中很大一部分比例的居民靠自收自种的农村产品维持生计，所以，这部分消费可能会存在被忽视的状况。鉴于此，笔者将以市场价格计算出食品的消费金额，折算出农村居民家庭中的这部分消费来规避这一问题。

（4）家庭拥有财富变量 N_{it}。该变量是与收入不完全相关的变量，在实际操作过程中，我们利用家庭在 $t-1$ 期的实际生产资料和耐用品来衡量，具体包括生产资料（如拖拉机、播种机和收割机等）以及家具家电等用品的价值。

（5）控制变量及其交叉项。主要分为两大类：家庭特征变量和个体特征变量。另外还引入了区域虚拟变量，主要是以控制变量的形式来描述各区域的消费支出状况。而年份哑变量主要用于描述不同时期的农村居民的消费支出状况（以 1989 年为基期）。由于农村居民家庭消费支出决策和消费支出行为方式主要由户主所决定。所以，可以通过控制居民家庭中户主的个体特征变量，对其消费偏好的转变进行控制。消费的具体结构数据的描述性统计结果如表 3-1 所示。

表 3-1 描述性统计结果

关键性变量	关键性变量解释	样本	平均值	标准误	Min	Max
$\ln C_{t-1}$	总食品消费支出的一阶滞后对数	17553	1.810	0.753	1.491	2.606
$\Delta W/\Delta C$	收入增长幅度与总消费增长幅度的比值	1.745	-0.967	32.907	-866.966	991.043
$\mathrm{var}\Delta TC$	总消费增长率的离散程度变量	14609	0.360	9.574	0	370.440
$M \ln C_{t-1}$	各区域滞后一期平均总消费支出的对数	17533	6.235	1.809	4.841	7.058
$\ln NI$	农村居民家庭净收入的对数	17542	9.096	1.101	1.690	13.580
$\ln TA$	农村居民家庭总财产的对数	17830	6.540	3.776	0	15.208
FSC	农村居民家庭规模	17838	3.818	1.473	1	11
HHS	户主是否为男性	17965	0.879	0.330	0	1
HHA	户主的年龄	17965	46.927	13.170	15.049	92.703
HHA·HHA	户主年龄的交叉项	17965	2476.021	1328.706	256.871	8949.304
EY	户主受教育年限	17532	6.190	3.691	0	18
HHM	户主的婚姻状况	18044	0.877	0.308	0	1
RR	年度实际利率	17830	-0.427	5.102	-9.100	5.897
ER	东部区域	17830	0.410	0.500	0	1
MR	中部区域	17830	0.469	0.501	0	1
WR	西部区域	17830	0.121	0.318	0	1

(6) 随机扰动项 μ_{it}。对于随机扰动项 μ_{it}，不同的学者采用了不同的处理方式。笔者采用收入增长预测误差值的平方作为对此不确定变量的衡量，而且在固定效应模型中，采用家庭收入增长率和消费增长率的比例因子作为 μ_{it} 的代理变量。其比例因子越大，说明农村居民家庭收入的提升中用于消费的越少，用于储蓄的越多，因此消费动机就越弱，家庭采用谨慎性消费态度的概率就越大。

四 模型建立及经验结果分析

1. 模型检验

由于固定效应模型能够较好地消除不同个体间的异质性问题，并且能够规避滞后一期的前期消费行为特征对基期及后期消费行为的影响。居民家庭中不同的个体间的异质性对消费习惯的影响也不能忽视。由于本书所采用的面板数据遗漏解释变量随着时间动态变化是相对固定的，而且各项消费政策[①]存在内生性。所以被解释变量与误差项之间可能会存在较强的相关关系，而产生估计值的非一致性问题。为克服上述变量间及变量自身存在的问题，本书采用了GMM估计方法来规避固定效应模型中的偏差问题，在处理过程中，我们选择的工具变量为不确定性滞后变量。

2. 经验结果分析

基于第一部分的论证，我们采用固定效应模型，并结合两阶段OLS估计方法和广义矩估计的方法对模型进行估计。在总的消费模型中结合两阶段最小二乘估计方法，将消费增长率的一阶滞后变量作为工具变量。在消费模型中，两阶段OLS估计采用滞后两期和滞后三期变量作为习惯形成的工具变量，同时不确定性的一阶滞后变量和二阶滞后变量作为工具变量。在广义矩估计的方法中，用各相关变量的滞后值作为工具变量。从赫斯曼的检验结果可以看出，习惯形成变量确实具有显著性的影响。

表3-2显示了农村居民家庭中消费的滞后条件的模型估计结果，固定效应模型和两阶段固定效应模型的总消费的一期滞后变量均不显著。可能的原因是，没有区分耐用品消费和非耐用品消费，消费习惯的影响效应没有体现出来。鉴于此，下一步我们设法剥离这一层屏障，区分耐用品消费和非耐用品消费，并进行重新估计。笔者将选择代理变量为食品消费支

---

① 如家电下乡补贴政策、分期付款鼓励消费政策和社会福利政策等。

出,代表非耐用品的消费。由于CHNS没有对除食品以外的非耐用品进行调查,因此,我们只有选择食品支出作为代理变量。

表3-2 不确定条件下农村居民家庭中消费的滞后条件的模型估计结果

关键性变量	固定效应模型	两阶段固定效应模型	确定条件模型（广义矩估计）	确定条件模型（广义矩估计）
$\ln C_{t-1}$	-0.004 (0.031)	-0.039 (2.124)	-0.036 (0.064)	-0.082 (0.047)
$\Delta W/\Delta C$	0.00031 (0.0001)	-0.0034*** (0.003)	— —	— —
$\mathrm{var}\Delta TC$	— —	— —	— —	-0.0004** (0.0001)
$M \ln C_{t-1}$	— —	— —	0.708 (1.287)	0.872 (0.786)
$\ln NI$	0.524** (0.034)	0.528*** (0.057)	0.406** (0.236)	0.646*** (0.075)
$\ln TA$	0.061** (0.004)	0.063** (0.022)	0.051*** (0.031)	0.039** (0.015)
FSC	0.206** (0.023)	0.246*** (0.207)	0.113*** (0.064)	0.347** (0.052)
HHS	0.418*** (0.256)	0.294 (0.316)	-2.035 (3.157)	1.284** (0.718)
HHA	0.244*** (0.025)	0.211 (0.214)	-0.986 (0.417)	-0.364* (0.242)
HHA·HHA	-0.0014** (0.0001)	-0.0014 (0.001)	-0.0022 (0.002)	-0.009 (0.003)
EY	-0.0054 (0.024)	0.023 (0.034)	-0.519 (0.618)	-0.418 (0.309)
HHM	0.207** (0.079)	0.024 (0.031)	3.167 (4.144)	0.746** (0.336)
RR	0.028*** (0.006)	0.052 (0.045)	-0.093** (0.057)	-0.209*** (0.035)
MR	— —	— —	-0.468 (0.927)	-1.509** (0.516)

续表

关键性变量	固定效应模型	两阶段固定效应模型	确定条件模型（广义矩估计）	确定条件模型（广义矩估计）
WR	— —	— —	-1.459*** (2.681)	-1.273*** (0.716)
样本数	13680	7219	8035	7844
户主数	3762	2844	2930	2658
SARGAN 检验	0.000	—	—	—
赫斯曼检验	—	0.304	0.421	0.446

注：固定效应的工具是 ΔTC_{t-2} 与一期滞后不确定性变量，在二阶段最小二乘法固定效应的工具变量为 ΔTC_{t-2}、ΔTC_{t-1}、MC_{t-1} 和不确定性变量的一阶滞后项；年份为控制变量；*、**、*** 分别表示在 0.1、0.05、0.01 水平上通过了检验。表 3-3 同。

表 3-3 显示了不确定条件下农村居民家庭中非耐用品的一期二期滞后条件的模型估计结果，C_{t-1} 系数为 -0.034，并且在 0.01 的水平上通过了检验。相对来说，我们采用的面板数据偏少，则固定效应的偏误是负向的。从固定效应模型和两阶段固定效应模型的估计结果可以看出，习惯形成因素变量影响效应，并且其所带来的内生性和不确定性是不能忽视的。表 3-3 中，除了固定效应估计的偏误外，两阶段固定效应估计农村居民家庭的非耐用品消费习惯行为的影响因子为 0.341。由于中国是一个区域经济和社会化程度差异较大的国家，而此处并没有涉及区域异质性因素的影响效应。鉴于此，本书将进一步采用 GMM 估计方法进行重新估计。估计结果显示，在确定性条件下，农村居民住户的非耐用品消费习惯形成系数为 -0.062，此结果远远小于两阶段最小二乘估计结果。

表 3-3 不确定条件下农村居民家庭中非耐用品的一期二期滞后条件的模型估计结果

关键性变量	固定效应模型	两阶段固定效应模型	确定条件模型（广义矩估计）	确定条件模型（广义矩估计）
$\ln C_{t-1}$	-0.034*** (0.026)	0.341*** (0.096)	-0.062*** (0.029)	-0.073 (0.024)
$\Delta W/\Delta C$	0.00019 (0.0001)	-0.0017*** (0.001)	— —	— —
var ΔTC	— —	— —	— —	-0.0002** (0.000)

续表

关键性变量	固定效应模型	两阶段固定效应模型	确定条件模型（广义矩估计）	确定条件模型（广义矩估计）
$M\ln C_{t-1}$	— —	— —	0.524 (0.295)	-1.357 (1.346)
$\ln NI$	0.027** (0.022)	0.035*** (0.044)	0.236** (0.026)	0.214*** (0.027)
$\ln TA$	0.061** (0.020)	0.007** (0.002)	0.044** (0.028)	0.026** (0.005)
FSC	0.173** (0.021)	0.166*** (0.017)	-0.506 (0.354)	0.201** (0.044)
HHS	0.348*** (0.059)	0.147 (0.229)	-0.031* (0.020)	0.047 (0.008)
HHA	-0.054*** (0.030)	-0.042* (0.017)	0.0005*** (0.00001)	-0.287*** (0.055)
$HHA \cdot HHA$	-0.0023** (0.0003)	-0.0023 (0.001)	-0.0003 (0.034)	-0.008*** (0.002)
EY	-0.0047 (0.005)	-0.019 (0.022)	1.292* (0.571)	-0.007 (0.006)
HHM	0.026 (0.090)	-0.033 (0.073)	2.554** (1.246)	0.211 (0.120)
RR	-0.032 (0.005)	-0.045*** (0.015)	-0.076** (0.029)	-0.028*** (0.005)
MR	— —	— —	-0.052** (0.041)	-0.144** (0.316)
WR	— —	— —	-0.192*** (0.047)	0.552*** (0.101)
样本数	11029	5037	7356	7214
户主数	3684	2732	2607	2749
SARGAN 检验	0.000	—	—	—
赫斯曼检验	—	0.505	0.301	0.263

而在 GMM 估计方法的不确定条件下，农村居民住户的食品消费形成的影响因子为 0.125，影响因子之所以变小是由于两方面的因素：一是考虑了区域性差异；二是广义矩估计能够较为有效地规避误差项与一阶滞后

变量的相关性问题。因此，在可行性解释方面更具可靠性。C_{t-1}的系数没有给出确切的大小。鉴于此，在式（3.5）中加入两个哑变量，具体形式如式（3.6）所示。

$$\ln C_{it} = \beta_{i0} + \beta_{i1} N_{it} + \beta_{i2} \ln C_{it-1} + \beta_{i3} \varphi_1 C_{it-1} + \beta_{i8} \mu_{it} + \beta_{i4} \mu_{it} + \beta_{i5} \varphi_2 C_{it-1} + Z_{it} \gamma_t + h_{it} \tag{3.6}$$

其中，β_{i2}为滞后两期的习惯形成系数，而$\sqrt{\beta_{i2}}$为滞后一年的习惯形成系数；若基期与上一期调查抽样相差3期和4期时，$\varphi_1 = 1$，$\varphi_2 = 1$。可以得到滞后一年的习惯形成系数，具体结果如表3-4所示。

表3-4 农村居民家庭中滞后一年习惯形成参数及习惯形成效应的模型广义矩估计结果

关键性变量	确定条件下的模型（1）	不确定条件下的模型（2）（工具变量为：C_{t-1}，varΔTC）	不确定条件下的模型（3）（工具变量为：ΔTC_{t-2}，C_{t-1}，varΔTC）
$\ln C_{t-1}$	0.055*** (0.034)	0.083*** (0.028)	-0.076 (0.068)
$\Delta W/\Delta C$	— —	— —	0.035*** (0.006)
varΔTC	— —	-0.00031*** (0.0001)	0.000029 (0.0001)
$M \ln C_{t-1}$	0.502 (0.396)	0.628 (0.406)	0.308 (0.487)
$\ln NI$	0.114*** (0.023)	0.213*** (0.022)	0.076** (0.022)
$\ln TA$	0.024*** (0.002)	0.033** (0.003)	-0.051*** (0.022)
FSC	0.208*** (0.015)	0.177** (0.024)	0.168*** (0.021)
HHS	-0.162 (0.200)	0.143 (0.082)	0.164 (0.155)
HHA	-0.023 (0.021)	-0.049 (0.053)	0.027 (0.044)
HHA·HHA	0.0003 (0.0001)	0.0005 (0.002)	-0.0006 (0.003)

续表

关键性变量	确定条件下的模型（1）	不确定条件下的模型（2）（工具变量为：C_{t-1}, $\text{var}\Delta TC$）	不确定条件下的模型（3）（工具变量为：ΔTC_{t-2}, C_{t-1}, $\text{var}\Delta TC$）
EY	0.009 (0.017)	−0.020 (0.018)	−0.041 (0.034)
HHM	0.607 (0.501)	0.120*** (0.037)	0.063 (0.213)
RR	−0.079*** (0.042)	−0.052 (0.078)	−0.115 (0.069)
MR	0.041 (0.028)	0.088 (0.081)	0.066 (0.073)
WR	−0.209*** (0.063)	−0.175** (0.067)	−0.202 (0.064)
$YY_1 \cdot C_{t-1}$	0.005 (0.109)	0.062 (0.072)	−0.066 (0.212)
$YY_2 \cdot C_{t-1}$	−0.050 (0.203)	0.006 (0.104)	−0.072 (0.104)
SARGAN 检验	0.261	0.453	0.409
赫斯曼检验	0.307***	0.267***	0.320***

注：在经验分析时，把年份作为控制变量；*、**、***分别表示在 0.1、0.05、0.01 水平上通过了检验；$YY_1 \cdot C_{t-1}$ 与 $YY_2 \cdot C_{t-1}$ 分别表示年份哑变量 1 与一阶滞后非耐用品消费支出的交叉项和年份哑变量 2 与一阶滞后非耐用品消费支出的交叉项。

同表 3-3 的分析方法，在确定性条件下，农村居民家庭非耐用品的习惯形成系数为 0.307，而在不确定性条件下，农村居民家庭非耐用品消费支出的习惯形成系数为 0.364，此结果要比模型（2）中的估计结果大很多。主要原因是习惯形成因素一阶滞后变量的影响效应要比滞后多期的影响效应大。这是否表明总量数据中存在不可观测的差异性因素放大习惯形成的影响因子呢？农村居民的谨慎性消费行为是否导致其消费动机较低呢？

鉴于此，笔者在综合考虑了区域差异的状况下，采用非耐用品消费（主要是指食品消费）的一阶滞后变量来对此进行检验。农村居民的贫困家庭中，丰裕中贫困和选择性贫困形成的习惯消费行为远强于持久性贫困形成的消费行为。这充分表明，在农村居民的家庭消费中，习惯形成消费行为不弱于预防性储蓄行为。

在习惯性为变量模型中，有一个变量为 varΔTC，此变量为不确定性变量，其值为 -0.00031，并且在 0.01 的水平上通过了检验。这表明未来收入的不可预知性。因而，农村居民低收入家庭的消费行为会更加理性和谨慎，其消费动机更弱。从再分配的视角来看，农村居民几乎处于"赤裸"的未被保护状态，即使有些再分配项目将其覆盖，其制度意义也大于其实际意义。

2006 年以来，农村地区实施了"两免一补"政策，这使得很大一部分低收入居民的收入得到一定程度的提高，但是仍没有打破发展经济学上所提出的"瓶颈"。其收入和消费仍然在低水平上循环。特别是从教育、社会保障和住房这三项支出来看，虽然部分农村居民家庭的养老和医疗费用能够由社会保障制度解决，但社会保障制度的负担比例没有超过 30%。特别是农村养老保险金额仅为每月 55 元，尚不能解决全部生活费用的 1/10。而且从人均收入状态来看，我们把预防性储蓄作为控制变量后，农村居民家庭中的中低收入群体的消费动机仍然较弱。习惯行为仍然对其消费行为产生影响，并具有显著性，这表明谨慎消费行为不能完全对较弱的农村居民消费动机给予完全解释。从不确定性因素和习惯行为因素对非耐用品消费的影响因素效应来看，不确定性因素每提升 1 个百分点，消费将提升 32.4 个百分点。

因此，习惯形成变量对农村居民消费的影响为主要因素之一。由表 3-4 可以看出，加入食品消费支出的一阶滞后项和农村居民家庭财富变量的交叉项后，其符号是显著性非负的，表明财富水平与农村居民家庭的消费习惯形成变量具有显著性的正效应。实证分析还显示，家庭财富越多，其习惯消费行为效应就越强，消费动机就越弱，选择性贫困和丰裕中贫困占优；反之，农村居民家庭中持久性贫困占优。

五 结论及进一步解释

本研究采用 CHNS 的截面和时间序列数据分析了中国农村居民家庭的贫困形式是丰裕中贫困、选择性贫困抑或是持久性贫困的问题。通过研究中国家庭总消费和非耐用品支出行为的习惯行为因素来分析家庭贫困的主导形式,并且对农村居民家庭消费倾向较弱问题做了深入研究。主要研究成果如下。

(1) 在研究三种贫困形式时,采用农村居民家庭总的消费支出作为被解释变量,我们发现习惯形成因素并不显著。因此,不能确定低收入居民家庭中三种贫困形式的占优状况。主要原因是在农村居民家庭中,总消费支出涵盖的消费很大一部分属于耐用品消费,如建造房屋购买大型生产资料。鉴于此,本书只把农村居民的食品消费支出作为被解释变量,然后研究习惯形成因素对三种贫困形式的影响。研究发现习惯形成因素具有非常显著性的负向影响效应,也就是丰裕中贫困和选择性贫困在农村居民贫困中占优。

(2) 本书把预防性储蓄作为控制变量后,其结果仍然是稳健的。这充分表明习惯形成因素使农村居民家庭的消费动机更弱,而丰裕中贫困和选择性贫困体现得更为明显。从全部被调查的农村居民家庭来看,习惯形成因素对财富占有量多的家庭的影响远大于贫困家庭,即财富越多的家庭其消费动机越弱。由于被解释变量选择的是非耐用品支出,从恩格尔系数的角度来看,其储蓄倾向较高,但预防性储蓄动机不强,这充分表明农村居民家庭的贫困形式主要是丰裕中贫困和选择性贫困。

(3) 从边际效应的影响来看,或许未知的随机扰动项亦会显著影响农村居民家庭消费动机。但是边际影响分析的结果表明,习惯形成变量对农村居民家庭食品消费支出的影响比随机扰动项要强,由此,习惯形成因素对农村居民消费支出的影响具有绝对的占优影响效应,也就是丰裕中贫困和选择性贫困形式是占优的。

习惯形成因素是农村消费动机趋弱的主要原因,农村居民家庭的主要贫困形式为丰裕中贫困与选择性贫困。不断增长的预期支出与未来收入的不可预知性使低收入农村居民消费行为具有过度敏感性,而财富较多的农村居民习惯消费行为远强于前者。鉴于此,对于如何有效解决农村居民消费需求不足,促进农村地区经济健康稳步发展,本书依照确保农村居民能够消费、鼓励其愿意消费、保障其敢于消费这三个递进层次给予一定的建议。

(1) 建立农村居民稳定增收长效机制——确保农村居民能够消费。决定消费的首要因素是收入,包括当期收入和预期收入。较低的可支配收入以及充满不确定性的预期收入导致农村居民具有理性谨慎的消费行为。所以，增强农村居民消费动机的首要物质基础便是保证其收入稳定持续增长。可以从以下两方面入手。一是优化农村产业结构，引导传统农业向新型科技农业发展，有效增加农业收入。由单一的依靠农产品"量"上的创收转向开展农产品的深加工与精加工，延长农业产业链，扩大农村家庭经营收入范围，提高适应市场的农产品"质"上的收入。二是加快农村城镇化进程，促进农村非农产业的发展，不断提高非农收入。真正落实政府在国民收入再分配格局中的政策措施，完善农村基础设施建设，增加农民就业机会，提高就业稳定性，实现非农收入长期平稳增长。

（2）更新农村居民消费观念与习惯——鼓励农村居民愿意消费。由于中国农村居民消费行为具有比较强的消费习惯特征，收入增加并不会使消费立即增加，而本书的研究结论——丰裕中贫困与选择性贫困是农村贫困的占优形式很好地验证了这一观点。所以要引导农村居民转变消费观念，从一定程度上弱化习惯形成，从意愿上鼓励农村居民消费。然而，完全消除习惯形成因素对农村居民消费行为的影响是不可能的。一方面，需要加快发展与现代消费理念紧密相关的农村市场经济，给农村居民消费提供一个适宜合理的经济大环境，促进其潜在消费行为的实现；另一方面，应在积极倡导消费对经济正向作用的同时，努力拓宽农村居民积极消费的渠道，改进完善农村居民消费信贷体系。另外，不可忽视城镇居民消费对农村居民消费的示范、刺激作用。

（3）完善新型农村社会保障体系——保障农村居民敢于消费。公共服务型政府是解决农村居民消费"后顾之忧"的长期根本机制。由于农村社会保障制度是中国社会保障体系中最薄弱的环节，存在制度不完善、覆盖面窄、形式主义大于现实主义等问题。所以首先要完善农村社会保障体系，针对农村地区教育、医疗、养老三大问题实行实质有效的保障措施，努力实现基本公共服务均等化的目标。同时，对于中国特殊的、庞大的农民工群体要格外予以关注，保障他们的权益是农村居民安心消费的有效前提。其次要进一步增加公共财政支出，为农村居民提供适度全面的生活保障，不能只走形式主义，而要让农村居民实实在在地感受到社会保障这个"稳定器"的作用，在稳定的基础上使农村居民敢于消费，驱动中国农村经济持续高效发展。

第二节 正规就业与非正规就业对受助群体收入差距的影响效应

一 受助群体再就业现状

2008年以来全球性的金融危机导致大量企业倒闭,就业市场一度沦为"雇主市场",三大就业主体——高校毕业生、城镇就业人员和农民工就业受到极大的挑战。而作为社会弱势群体的社会被救助人员的再就业更是首当其冲。这时非正规就业部门开始逐渐容纳这部分群体。而"非正规就业"这一概念真正被提出是在20世纪70年代。ILO于1973年在一篇报告《就业、收入和平等》中首次提出"非正规部门"这一概念。而与这一概念相关联的就是非正规部门的工资问题。我们分析的切入点是正规部门和非正规部门工资的内在决定机制。从纯粹的劳动经济学视角来看,雇主追求的是投入产出最大化,而雇员追求的是自身利益最大化。所以,非正规部门的工资是由市场供求关系完全决定的[①],因此从这个意义上来说,其具敏感性。而正规部门的工资在很大程度上由政府和市场共同决定,受市场经济波动的概率远远小于非正规就业部门。由于中国劳动力市场的二元分割性。正规部门无论是工资的稳定性还是工作的保障性都远强于非正规部门。而社会救助群体基本上处于第二劳动力市场就业。其工资的稳定性和工作的保障性都受到极大的挑战。而两类市场阻碍使劳动力很难从第二劳动力市场流向第一劳动力市场。关于此方面的研究较多,Richard Lester(1951)认为,导致劳动力市场分割的主要因素是制度因素和社会因素。从二元分割的视角来看,Kazuhiro Aral(1997)认为目前学者对劳动力市场的研究仅仅考虑了部门间工资差距而忽视了职业保障的差异,但后者往往更为重要。也有学者从其他视角研究影响工资收入和工作稳定的因素;Reid和Rubin(2003)认为,不管工作性质和组织如何变化,职业的结构位置和劳动者在市场中的地位决定其收入和工作的稳定性。以往研究从所用的方法来看主要采用的是赫克曼选择模型,Heitmueller(2006)应用此模型,研究了苏格兰公司部门工资差距;John Boffoe Bonnie(2009)考察了美国黑种人与白种人间的工资差距。国内很大一

[①] 当然政府也在一定程度上进行干预,如制定最低工资标准、强制征收工伤保险费等。

部分研究劳动经济学的学者用不同方法验证了二元劳动力市场的存在以及正规部门存在的工资溢酬问题（尹志超、甘犁，2009；寇恩惠、刘柏惠，2011）。综合各文献来看：①无论是理论研究还是经验分析，以往研究都仅仅考虑了正规部门与非正规部门就业个体的选择问题，没有涉及就业人员是否参与就业的样本选择问题，因而在做回归分析时可能会导致瞄偏误差；②从所选择的群体来看，仅是一般的劳动力群体，而本书给出了特殊群体——社会救助群体。笔者采用 John Boffoe Bonnie（2009）的扩展赫克曼选择模型，结合社会救助群体再就业人员的再就业行为选择，和正规与非正规部门内生性选择来探讨中国社会救助群体的再就业工资差异动因，并分解出样本选择误差调整项对正规与非正规部门工资差异的影响。

笔者认为，社会救助群体再就业人员的就业行为选择与部门选择的策略是有内在关联性的，其再就业选择行为与部门选择在其再就业工资方程中通过了检验。然后，笔者把此误差调整选择项加入方程。结果显示，正规部门与非正规部门工资水平差距被进一步拉大。所以我们从经验分析的视角剖析了正规部门与非正规部门工作对社会救助群体再就业行为的影响。正规部门与非正规部门的巨大工资差异不仅仅会影响社会救助群体再就业人员的收入，还会导致他们在就业市场中选择"用脚投票"，离开劳动力市场，转而完全依赖社会救助金生活。所以说，正规部门与非正规部门的工作稳定程度和工资悬殊程度会影响社会救助群体在"福利依赖"和进入劳动力市场间徘徊。

二 再就业工资收入模型的构造和分解

（一）扩展的赫克曼选择模型

影响正规部门和非正规部门工资差异的因素较多，为寻找关键性的因素，我们从两个部门的工资函数入手，然后逐步展开。

$$I_{fs,i} = Z_{fs,i}^T \gamma_{fs} + \varepsilon_{fs,i} \tag{3.7}$$

$$I_{lfs,i} = Z_{lfs,i}^T \gamma_{lfs} + \varepsilon_{lfs,i} \tag{3.8}$$

其中，I 表示再就业工资收入，fs 表示正规就业部门，lfs 表示非正规就业部门，Z^T 表示影响再就业人员工资收入的因素，ε 代表误差项，i 代

表样本个体。这里会存在一个选择性问题。上述两个公式适用于社会救助群体中有再就业行为,并且从事有工资收入的再就业人员。因此,我们称这一部分是 Truncted 样本。而且两个公式分别代表了正规部门和非正规部门的再就业人员样本。所以他们必须进入这两类部门才能成立,由此,我们称之为另一层次的截断。那么,上述两个式子均暗含了两种选择:社会救助群体的再就业选择和正规部门与非正规部门的内生性问题,古典假设在这里失效。也就是,$Exp(\varepsilon_{fs,i} | Y_i = 1, D_i = 1)$ 与 $Exp(\varepsilon_{lfs,i} | Y_i = 1, D_i = 1)$ 均是非零的。D 表示再就业人员在正规部门和非正规部门中所做的选择;Y 表示社会救助群体再就业行为的选择,两者均是虚拟变量。[①] 在这种情况下,采用 OLS 估计回归方程已经失去意义,并且会产生极大的选择性偏误,估计结果会产生非一致性。因此,采用赫克曼二阶段回归(Heckman,1979;Heitmueller,2006;寇恩惠、刘柏惠,2011)来估计这两种选择行为。首先对双重样本做一个检验。由于社会救助群体的再就业行为是非强制性的,可以自由选择,那么可写成如下形式:

$$\overline{Y_i} = X_{i,1}^T \beta_1 + \upsilon_{i,1} \qquad (3.9)$$

其中,$\overline{Y_i}$ 为不可控制的变量(或称之为潜在的变量),$X_{i,1}^T$ 是影响因素的集合,β_1 是待估计的回归系数,$\upsilon_{i,1}$ 为不可观测的误差项。由于假定受助群体的再就业人员为理性经济人,其会追求个人效用最大化,所以我们可以得到如下的条件:[②]

$$\begin{cases} Y_i = 1, & if \quad \overline{Y_i} > 0 \\ Y_i = 0, & if \quad \overline{Y_i} \leq 0 \end{cases}$$

同样,可以得到社会救助群体的再就业人员对正规与非正规部门的选择回归方程为:

$$\overline{D_i} = X_{i,2}^T \beta_2 + \upsilon_{i,2} \qquad (3.10)$$

---

① $Y_i = 1$ 表示从事再就业,$Y_i = 0$ 表示完全依赖社会救助金生活;$D_i = 1$ 表示正规再就业,$D_i = 0$ 表示非正规再就业。

② $\overline{Y_i} > 0$ 表示社会救助群体从事有工资收入的再就业;$\overline{Y_i} \leq 0$ 表示社会救助群体中有完全劳动能力或者部分劳动能力人员完全依赖于社会救助金生活,$\overline{Y_i} = 1$ 表示受助群体再就业人员,$\overline{Y_i} = 0$ 表示完全依赖社会救助金生活的人员。

其中,$\overline{D_i}$也是一个潜在的变量,可以由自变量X_2的组合加以解释,β_2为影响因子,$v_{i,2}$为不可观测的误差项。仍然假设社会受助群体再就业人员为理性经济人,个体之所以会选择正规部门是因为正规部门再就业收入显著高于非正规部门,因此有:$D_i = 1$,若$\overline{D_i} > 0$;$D_i = 0$,若$\overline{D_i} \leq 0$。当然从上述表达式可以看出这样一个逻辑顺序,D的取值取决于Y的取值。

然后,笔者使用扩展的赫克曼选择模型做一致估计。通过寻找一个样本选择调整项后,将其代入式(3.10),再者利用最小二乘估计方法做进一步估计。假定社会救助群体再就业选择行为与正规部门和非正规部门的选择策略彼此不存在内部相关性,也就是误差项相关系数为零。通过式(3.9)和式(3.10)我们可以建立以下几个样本选择调整项,用来消除正规部门和非正规部门的样本选择性偏误问题。所以,正规部门的工资方程和样本选择调整项为:

$$\xi_{i,fs,Y} = \frac{\Psi(X_{i,1}^T\beta_1)}{\Psi(X_{i,1}\beta_1)} \qquad (3.11)$$

$$\xi_{i,fs,Y} = \frac{\Psi(X_{i,2}^T\beta_2)}{\Psi(X_{i,2}\beta_2)} \qquad (3.12)$$

非正规部门工资方程的样本选择调整项为:

$$\xi_{i,lfs,Y} = \frac{\Psi(X_{i,1}^T\beta_1)}{\Psi(X_{i,1}\beta_1)} \qquad (3.13)$$

$$\xi_{i,lfs,Y} = -\frac{\Psi(X_{i,2}^T\beta_2)}{\Psi(X_{i,2}\beta_2)} \qquad (3.14)$$

其中$\Psi(\cdot)$和$\Psi(\cdot)$分别表示标准正态分布的概率密度和累积分布。$\xi(\cdot) = -\frac{\Psi(\cdot)}{\Psi(\cdot)}$,则表示Mills比率。我们的预期目标是社会救助群体无论是从事正规部门的就业还是非正规部门的就业,其工资函数应是一致的,因此会有下列等式成立:[1]

$$Exp(I_{fs,i} | Z_{fs,i}^T, Y_i, D_i = 1) = Z_{fs,i}^T\gamma_{fs} + \lambda_{fs,Y}\xi_{fs,Y,i} + \xi_{fs,D,i}\lambda_{fs,D} \qquad (3.15)$$

$$Exp(I_{lfs,i} | Z_{lfs,i}^T, Y_i, D_i = 1) = Z_{lfs,i}^T\gamma_{fs} + \lambda_{lfs,Y}\xi_{lfs,Y,i} + \xi_{lfs,D,i}\lambda_{lfs,D} \qquad (3.16)$$

---

[1] 此处是结合式(3.11)、式(3.12)、式(3.13)和式(3.14)得到的,具体的操作过程由于篇幅限制,在这里全略。

通过式（3.15）和式（3.16）可以得到赫克曼回归模型，这时就可以通过最小二乘法进行估计了，并且所有式（3.15）和式（3.16）中的参数变量符合一致性的要求。由于上述两个选择过程不可能完全满足独立性，即两种选择会存在内在的关联性，即$\lambda_{v_1 v_2}$不为零。在这里，笔者采用了另外一个二元模型，即Probit回归模型，并且其残差满足两者的协方差系数等于零，也就是$Cov(\varepsilon_{fs}, \varepsilon_{lfs}) = 0$，从而能够更加准确地估计回归系数。进一步假设残差项$[\varepsilon_{fs(lfs)}, v_1, v_2]$服从多变量Gauss分布，其均值为零，协方差矩阵为Ω。

$$\Omega_{fs} = \begin{bmatrix} Cov(\varepsilon_{fs}, \varepsilon_{fs}) & Cov(\varepsilon_{fs}, v_1) & Cov(\varepsilon_{fs}, v_2) \\ 0 & Cov(v_1, v_1) & Cov(v_1, v_2) \\ 0 & 0 & Cov(v_2, v_2) \end{bmatrix}$$

$$\Omega_{lfs} = \begin{bmatrix} Cov(\varepsilon_{lfs}, \varepsilon_{fs}) & Cov(\varepsilon_{lfs}, v_1) & Cov(\varepsilon_{lfs}, v_2) \\ 0 & Cov(v_1, v_1) & Cov(v_1, v_2) \\ 0 & 0 & Cov(v_2, v_2) \end{bmatrix}$$

在协方差矩阵Ω_{fs}和Ω_{lfs}中，可能会存在不为零的情况，假如采用最小二乘法对式（3.11）和式（3.12）进行估计，会存在非一致性问题。所以，我们将协方差$Cov(v_1, v_1)$和$Cov(v_2, v_2)$标准化，对Probit模型进行ML估计，可以得到以下样本选择调整项，即正规部门和非正规部门的样本选择调整项分别为：

$$\xi_{i,r,fs} = \Psi(X_{i,1}^T, \beta_1) \Psi\left[\frac{X_{i,2}^T \beta_2 - \lambda X_{i,1}^T \beta_1}{\sqrt{(1-\lambda^2)}}\right] \times \frac{1}{G(X_{i,1}^T \beta_1, X_{i,2}^T \beta_2, \lambda)} \quad (3.17)$$

$$\xi_{i,D,fs} = \Psi(X_{i,2}^T, \beta_2) \Psi\left[\frac{X_{i,1}^T \beta_1 - \lambda X_{i,2}^T \beta_2}{\sqrt{(1-\lambda^2)}}\right] \times \frac{1}{G(X_{i,1}^T \beta_1, X_{i,2}^T \beta_2, \lambda)} \quad (3.18)$$

$$\xi_{i,r,lfs} = \Psi(X_{i,1}^T, \beta_1) \Psi\left[\frac{X_{i,2}^T \beta_2 - \lambda X_{i,1}^T \beta_1}{\sqrt{(1-\lambda^2)}}\right] \times \frac{1}{G(X_{i,1}^T \beta_1, -X_{i,2}^T \beta_2, -\lambda)} \quad (3.19)$$

$$\xi_{i,D,lfs} = \Psi(X_{i,2}^T, \beta_2) \Psi\left[-\frac{X_{i,1}^T \beta_1 - \lambda X_{i,2}^T \beta_2}{\sqrt{(1-\lambda^2)}}\right] \times \frac{1}{G(X_{i,1}^T \beta_1, -X_{i,2}^T \beta_2, -\lambda)} \quad (3.20)$$

其中，$G(\cdot)$代表双变量正态分布函数，两部门的工资方程可以写成以下两种形式：

$$Exp(I_{fs,i} \mid Z_{fs,i}^T, Y_i = 1, D_i = 1) = Z_{fs,i}^T \gamma_{fs} + Cov(\varepsilon_{fs}, v_1)\xi_{i,fs,Y} + Cov(\varepsilon_{fs}, v_2)\xi_{i,fs,D}$$

$$(3.21)$$

$$Exp(I_{lfs,i} \mid Z_{lfs,i}^T, Y_i = 1, D_i = 1) = Z_{lfs,i}^T \gamma_{fs} + Cov(\varepsilon_{lfs}, v_1)\xi_{i,lfs,Y} + Cov(\varepsilon_{lfs}, v_2)\xi_{i,lfs,D}$$
(3.22)

若 $Cov(v_1, v_2)$ 不为零, 那么误差修正采用式 (3.17)、式 (3.18)、式 (3.19)、式 (3.20), 社会救助群体的再就业方程为式 (3.21) 和式 (3.22); 若协方差 $Cov(v_1, v_2)$ 为零, 则误差修正采用式 (3.11)、式 (3.12)、式 (3.13)、式 (3.14), 其再就业收入方程为式 (3.15) 与式 (3.16)。

(二) 社会救助群体再就业方程的 Oaxaca 分解过程

在这一部分笔者采用了 Oaxaca 分解方程的方法对社会救助家庭再就业人员工资方程进行分解, 可以得到如下的方程:

$$\overline{I_{fs}} - \overline{I_{lfs}} = \gamma_{fs}(\overline{z_{fs}} - \overline{z_{lfs}}) + \overline{z_{lfs}}(\gamma_{fs} - \gamma_{lfs}) \times \{[Cov(\varepsilon_{lfs}, v_1) \times \xi_{fs,Y} - Cov(\varepsilon_{lfs}, v_1) \times \xi_{lfs,Y}] + [Cov(\varepsilon_{fs}, v_2)\xi_{fs,D} - Cov(\varepsilon_{lfs}, v_2) \times \xi_{lfs,D}]\}$$
(3.23)

我们对式 (3.23) 进行分析, $\gamma_{fs}(\overline{z_{fs}} - \overline{z_{lfs}})$ 表示正规部门再就业人与非正规部门再就业人员的工资差异; $\overline{z_{lfs}}(\gamma_{fs} - \gamma_{lfs}) \times \{Cov(\varepsilon_{lfs}, v_1) \times \xi_{fs,Y} - Cov(\varepsilon_{lfs}, v_1) \times \xi_{lfs,Y}]$ 表示回归模型导致的两部门的工资差异; 剩下的一项表示双重样本选择偏误导致的两部门再就业工资差异。那么, 剩余因素便是社会救助群体再就业人员个体能力差别和不可观测的因素, 在传统的 OLS 估计模型中, 此项不能被分解出来, 通过赫克曼模型的 Oaxaca 分解可以得到这一部分。

三 数据来源及描述性统计

采用的数据主要来源于南京财经大学社会救助课题组于 2014 年 7~9 月对城乡居民状况的调查问卷。数据涵盖了江苏、浙江、山东、河南、重庆等 18 省份的 2566 份问卷, 涵盖了各住户收入和消费等家庭特征变量, 年龄、性别等个体特征变量, 离乡镇的距离等地理特征变量, 以及社会关系变量等, 调查对象均超过 16 周岁。

表 3-5 显示了正规部门和非正规部门各变量的描述性统计。正规部门再就业人员的受教育年限远高于非正规部门人员。从受教育年限上来看, 非正规部门再就业人员的受教育年限平均为 9.7460 年, 而正规部门为 14.8322 年。从两部门的工资水平来看, 正规部门再就业人员的平均工

资每月为1836.542元，而非正规部门仅为1204.320元。从受培训状况和从事当前工作年限的均值来看，正规部门的再就业人员远高于非正规部门，若从标准误的大小来看，这种相对数值的大小又颠倒过来，这说明非正规部门再就业人员的工作稳定性小于正规部门再就业人员。再就业人员就业存在明显的区域差异特征。东部省份的再就业人员从事非正规就业的比重高于中西部，而中西部省份的再就业人员从事正规就业的比重要高于东部省份。这与中国的区域市场化程度差异不无关系。从性别特征来看，非正规部门中男性再就业人员比例大于正规部门，主要原因可能是男性是家庭主要劳动力，不得不再就业。

表3-5 正规部门与非正规部门再就业人员相关变量的统计性描述结果

相关指标	变量明细	非正规部门 Mean	非正规部门 S.E	正规部门 Mean	正规部门 S.E
个体特征变量					
年龄	按周岁计算	42.3571	10.9733	43.6656	9.9260
性别	女性	0.4603	0.4810	0.4921	0.5016
政治身份	是党员	0.3108	0.4511	0.4957	0.4672
人力资本特征变量					
受教育年限	按年计算	9.7460	2.9084	14.8322	2.7532
受培训状况	按天数计算	16.4724	8.8341	22.4479	9.6674
从事当前工作年限	按年计算	9.3682		15.6320	
区域特征变量	东部省份	0.4362	0.4197	0.2923	0.4686
	中部省份	0.3058	0.4409	0.3159	0.4578
	西部省份	0.2568	0.4829	0.2470	0.4482
工作单位类型变量					
大型企业	职工在2000人以上	0.4025	0.4418	0.1933	0.3470
中型企业	职工在300~2000人	0.3860	0.4627	0.2024	0.3625
小型企业	职工在10~300人	0.2615	0.4236	0.3128	0.4687
微型企业	职工在10人以下	0.3549	0.4632	0.5484	0.4627

续表

相关指标	变量明细	非正规部门 Mean	非正规部门 S.E	正规部门 Mean	正规部门 S.E
职业特征变量	技术型职业	0.2517	0.3886	0.3711	0.4582
	管理型职业	0.2253	0.3706	0.3681	0.4674
	创造型职业	0.1957	0.3748	0.3610	0.4710
	自由独立型职业	0.2744	0.4519	0.0688	0.2497
	安全型职业	0.1955	0.3579	0.0364	0.1846
	其他类型职业	0.1873	0.3809	0.0561	0.2455
家庭特征变量	家庭学龄成员人数	0.3109	0.4590	0.0647	0.1904
	家庭需要赡养的人数	0.09816	0.6673	0.09065	0.2134
	家庭成员数	0.09544	0.2308	0.06819	0.6712
被解释变量	月工资额（元）	1204.320	455.667	1836.542	532.791

注：本表格中，我们的参照变量依次为：男性、非党员、东北省份、职工在2000人级以上的企业（大型企业）、管理型职业。

而从政治身份来看，非正规部门再就业人员中党员比重小于正规部门。从家庭特征变量来看，非正规部门再就业人员的家庭人口数要大于正规部门。

从模型设定的解释变量来看，与社会救助个体特征相关的变量（如个体特征变量和人力资本特征变量）几乎全部被纳入模型，如何识别这些变量成为关键。由于每个方程均出现与社会救助个体相关的变量，所以估计的难度会加大。因此，我们需要这样的条件，即某一特定回归方程中有一个解释变量不出现在其余回归方程的解释变量中，为了研究对工资水平被解释变量的影响因子，应选取合理的识别变量。估计两阶段样本选择模型，需要根据两个样本选择方程是否独立做进一步的识别假设（寇恩惠，2011），如果协方差 $Cov(v_1,v_2)$ 为零，那么解释变量要比 Z_i 应至少多一个。假如协方差 $Cov(v_1,v_2)$ 不为零，那么 $Z_{i,1}$ 至少有一个解释变量不受 $Z_{i,2}$ 影响。进一步，Z_i 中不能涵盖这些识别变量。各变量解释如表3-6所示。

表 3-6 各解释变量和被解释变量的描述

各指标变量		变量的解释
个体特征变量	年龄	截止到 2014 年 7 月，周岁数（不包括小数）
	婚姻状况	已婚 = 1，未婚、离异等其他状况 = 0
	性别	男性 = 1，女性 = 0
	政治身份	共产党员 = 1，其他 = 0
人力资本特征变量	受教育年限	接受正规学校教育的年数（包括职业教育和电大教育）
	受培训状况	接受再就业培训的天数
	从事目前工作年限	从进入该部门工作到 2014 年 7 月的时间（可以是小数）
工作单位类型变量	大型企业	职工在 2000 人及以上
	中型企业	职工在 300~2000 人
	小型企业	职工在 10~300 人
	微型企业	职工在 10 人以下
职业特征变量	技术型职业	按照目前职业类型的划分方法，可以划分为技术型职业、创造性职业、自由独立型职业、安全型职业、管理型职业、其他类型职业
	创造性职业	
	自由独立型职业	
	安全型职业	
	管理型职业	
	其他类型职业	
家庭特征变量	家庭学龄成员人数	家庭有教育支出人数，我们设定的年龄为 7~22 岁
	家庭需要赡养的人数	家庭成员中，年龄在 16 岁以下或 60 岁以上的人员数
	家庭成员数	家庭总人员数
区域特征变量	江苏、浙江、山东等 18 省份	江苏、浙江、山东等 18 省份，以山东省为参照组
被解释变量	月工资额（元）	每月工资收入

一般来说，社会救助家庭再就业选择比正规和非正规部门的内生性选择识别相对容易，只影响正规和非正规部门的选择，而不影响工资变量的识别变量很难挑选。从前人对这类问题的研究成果来看，正规部门和非正规部门的选择识别变量与家庭特征变量相关联。所以，笔者将选择是否为共产党员作为选择方程的识别变量。识别变量选定以后，社会救助群体再就业选择和正规与非正规部门选择方程的解释变量 $X_{i,1}$ 与 $X_{i,2}$ 涵盖了个体

特征变量、人力资本特征变量以及区域特征变量。正规部门和非正规部门的二元选择 Probit 模型包含了解释变量为所在单位类型和职业特征变量等。因此,在再就业工资方程的估计中,因变量为每月工资额,自变量为受培训状况、受教育年限、婚姻状况和所在单位的类型等,还有双重样本选择调整项。

四 估计结果及分析

我们对模型估计式分两阶段进行,首先,在赫克曼选择方程中,笔者采用了 Probit 回归模型进行估计。社会救助群体再就业行为选择的被解释变量为 Y,其回归结果如表 3-7 所示。

表 3-7 Bi-probit 模型与 Probit 模型的回归结果

指标变量	Probit 模型 正规和非正规部门选择 回归系数	S.E	Probit 模型 再就业选择 回归系数	S.E	Bi-Probit 模型 正规和非正规部门选择 回归系数	S.E	Bi-Probit 模型 再就业选择 回归系数	S.E
16≤年龄≤45(观察组)	-0.034	0.129	-0.061	0.202	-0.025	0.254	-0.084	0.217
45≤年龄≤60(对照组)	-0.019	0.084	0.087	0.094	-0.026	0.084	0.063	0.083
培训年限	0.007	0.006	0.151**	0.029	0.023**	0.007	0.261***	0.020
培训年限×培训年限	-0.00004	0.0003	-0.006***	-0.0007	0.0006**	0.0001	-0.003**	0.0001
受教育年限:0~9年	0.813**	0.224	1.397***	0.078	0.815***	0.213	1.886***	0.075
受教育年限:9年以上	0.306**	0.127	0.846***	0.075	0.412***	0.074	0.759***	0.066
单身	0.213**	0.058	0.124***	0.088	0.136***	0.057	0.190***	0.083
男性	0.077**	0.054	-0.626**	0.045	0.029	0.042	-0.618***	0.042
家庭成员总数	—	—	-0.187**	0.026	—	—	-0.169**	0.031
家庭学龄成员人数	—	—	0.187***	0.079	—	—	0.223***	0.058
家庭需要赡养的人数	—	—	0.031***	0.050	—	—	0.043***	0.051
共产党员	0.207***	0.040	—	—	0.202**	0.055	—	—

续表

指标变量	Probit 模型				Bi - Probit 模型			
	正规和非正规部门选择		再就业选择		正规和非正规部门选择		再就业选择	
	回归系数	S.E	回归系数	S.E	回归系数	S.E	回归系数	S.E
微型企业	0.181**	0.041	—	—	-0.215***	0.053	—	—
小型企业	-0.244**	0.047	—	—	-0.311**	0.041	—	—
中型企业	-0.808**	0.045	—	—	-0.313**	0.045	—	—
技术性人员	1.806***	0.083	—	—	1.369***	0.075	—	—
创造性人员	1.709**	0.067	—	—	1.264***	0.059	—	—
自由职业人员	1.778**	0.063	—	—	1.169***	0.054	—	—
安全型人员	0.892***	0.049	—	—	0.394**	0.215	—	—
其他人员	0.846**	0.251	—	—	0.235**	0.085	—	—
截距项	-2.816***	0.257	0.264***	0.206	-2.194***	0.237	0.209***	0.283
Pseudo R^2	0.3677	—	0.4180	—				
λ	0.0000	0.0000	—	—	0.7963	0.07406	—	—

注：*、**、***分别表示在0.1、0.05和0.01水平下是显著的。

从Probit模型和Bi - Probit模型的估计结果来看，基本上是一致的，不存在大的差别，然后对比分析一下两个模型的结果。

一般来说，观察组富有创造力，思维活跃更加胜任工作，而对照组年龄相对较大，在创造力和思维方面相对较弱。所以，对照组比观察组进入正规部门工作的概率更大，公共管理学上称之为Queuing效应。有关个体禀赋的变量，如培训年限和受教育年限都对社会救助群体的再就业行为选择产生正的较大程度的影响。相对已婚的社会救助再就业人员来说，单身再就业人员从事非正规再就业的比重更高。从社会救助群体再就业人员的再就业率来看，男性再就业人员的再就业率远高于女性，在正规部门就业的概率更大。我们得出了一个与寇恩惠、刘柏惠（2011）的研究很相似的结论，即女性受助群体再就业人员在正规部门的选择系数在Bi - Probit模型中不显著，在Probit模型中显著。

笔者认为最主要的原因是，在Bi - Probit模型中，再就业行为选择与正规部门和非正规部门的选择是非独立的。从概率系数来看，$\lambda = 0.7963$，并且通过了检验；但在Probit模型中，再就业行为选择与正规部门和非正规部门的选择不存在相互影响的状况，$\lambda = 0$。社会救助群体中，女性再就业人员的选择行为决策对其部门就业的选择决策产生了较大影响，使其正规部门与非正规部门选择的因子受到极大影响。

回归结果还显示，家庭成员中有学龄成员的人数越多，其家庭再就业人员的就业行为就越强烈。家庭中需要赡养的人数越多，其再就业意愿就越强烈，家庭人口总数对社会救助群体再就业人员再就业行为的影响是负向的。其主要原因在于，家庭人口数越多其收入来源会更多元化，这会在一定程度使家庭内部产生"搭便车"的行为，再加上政府所提供的社会救助金，个体再就业意愿会显著性下降。其余变量中，工作单位类型和职业类型等均较为显著地影响受助群体再就业人员对部门的选择，识别变量在部门的选择过程中表现出显著的非负性。

结果还显示，相关因子 $Cov(v_1, v_2)$ 是非零的，并且通过了显著性检验，这充分表明社会救助群体再就业行为选择和正规部门与非正规部门的选择是相关的。因此，对于相关系数 $Cov(v_1, v_2)$ 的非零假设便是第二个阶段要解决的问题。我们综合上述表达式来估计误差调整项，求得此调整项以后，可以计算出社会救助群体再就业人员的再就业工资方程，如表 3-8 所示。在所有影响社会救助群体再就业人员工资的变量中，受教育年限和培训年限的效应与通常的假设相一致，而培训年限的交叉项的边际效应是负的，这可以用人力资本理论来解释。

表 3-8 社会救助群体再就业工资收入的回归结果

指标变量	正规部门 回归系数	S.E	非正规部门 回归系数	S.E
培训年限	0.0251**	0.0063	0.03157**	0.0058
培训年限×培训年限	-0.0006	0.0001	-0.0007***	0.0002
受教育年限	0.0513***	0.0029	0.04632**	0.0056
男性	-0.0906***	0.0208	-0.0604***	0.0247
政治身份（党员=1）	0.05740**	0.0237	0.0507	0.0350
单身	0.0316	0.0271	0.0519	0.0283
微型企业	0.1854***	0.0254	0.1676***	0.0365
小型企业	0.2947***	0.0265	0.5125**	0.0612
中型企业	0.3561***	0.0384	0.6017***	0.0715
技术性人员	0.3165*	0.0385	0.1647***	0.0345

续表

指标变量	正规部门 回归系数	正规部门 S.E	非正规部门 回归系数	非正规部门 S.E
创造性人员	0.3346**	0.0354	0.1457**	0.0249
自由职业人员	0.2574*	0.0364	0.2647**	0.0364
安全型人员	0.1840**	0.0192	0.2510**	0.0541
其他人员	-0.409	0.0261	0.2734***	0.0570
$\xi_{Y,S}$	0.1547**	0.0627	-0.3740**	0.0591
$\xi_{D,P}$	-0.3142**	0.0604	-0.4527**	0.3416
截距项	0.4519	0.0841	1.1270	0.1876
R^2	0.4216		0.4007	

注：*、**、*** 分别表示在 0.1、0.05 和 0.01 水平下是显著的。

接下来，我们可以比较正规部门和非正规部门的再就业工资差距，可以看到，非正规部门的受教育年限的回报率要远大于正规部门人员的受教育回报率。这与 Heitmueller（2006）的估计结果是相同的。主要原因是很多正规部门的工资与资历挂钩，那么便存在论资排辈的问题；而非正规部门大多采用绩效工资的方式。从性别状况来看，无论是正规部门还是非正规部门，男性再就业人员的工资都显著高于女性再就业人员。但从男女的工资差异来看，非正规部门中男性与女性的工资差距更大。这说明女性再就业人员在非正规部门就业存在较大的被歧视问题。工作单位类型同样影响社会救助群体再就业工资，规模小的部门再就业人员获得的工资收入会低于规模相对较大的部门。从职业特征来看，正规部门的技术型再就业人员与管理型再就业人员之间的工资有25%的差距，而非正规部门这个差距达到了33%以上。这充分显示了非正规部门工资差距远大于正规部门。所以从上述指标分析来看，几乎所有正规部门和非正规部门的指标变量均显示出这样的趋势，非正规部门工资的集中趋势远没有正规部门的集中趋势明显。社会救助群体再就业行为选择的误差调整项 Y，与正规部门和非正规部门的误差调整项 D 的统计结果，均通过了检验，这进一步证实了在工资方程中引入误差调整项的必要性。

接下来，我们将测度样本选择性偏误是如何对正规部门和非正规部门工资产生影响的，根据 Oaxaca（1973）的分解方法，笔者通过把 OLS 估计系数及变量的均值与 Blinder-Oaxaca 分解方法相结合, 对其结果进行分解 (见表3-9)。Blinder-Oaxaca 分解结果不仅仅包括系数差异和禀赋差异, 还包括误差选择调整项差异。先前的研究一般采用最小二乘估计法, 把误差选择项作为不能被解释的部分来处理, 而通过 Bi-Probit 模型分解后, 这部分变成模型的内生变量部分, 但最终没有量化。我们通过 Blinder-Oaxaca 分解, 分解出误差选择项, 可以更清楚地了解到系数的差异部分, 进一步将其分解为三个部分: 个体禀赋部分、工资被歧视的部分以及可以被解释的部分。表3-9 显示, 如果采用最常用的 OLS 估计方法, 正规部门与非正规部门的工资系数差异占到了 62.70%, 可以被解释的部分占到了 37.30%。最右边一栏的 Bi-Probit 模型的分解结果显示, 正规部门与非正规部门的工资差异系数占到了 42.06%, 与最小二乘估计的可被解释部分差异不显著, 但系数差异变化非常显著, 其数值上升了 124.72%。然后进一步加入误差调整项, 我们可以看到系数差异有了一个较大的变化, 社会救助群体再就业行为的误差调整项禀赋差异为 15.69%。正规部门与非正规部门的误差调整项占 -68.38%, 而这个差距使得总的误差调整项为 -52.69%。工资差异的修正值为 0.7003, 远大于最小二乘估计的工资差距。因此, 如果仅仅采用最小二乘估计方法再就业工资就会被低估。社会救助群体再就业选择行为与其部门选择行为的误差项是相反的, 受助群体再就业行为误差调整项与正规和非正规部门的再就业工资差距具有正的效应, 而部门选择误差项具有负向效应。这种效应会进一步降低正规部门的再就业收入差距。若去掉误差调整项, 则不能被解释部分的贡献因子将得到大幅度提升, 那么这会使整个正规和非正规部门的工资差异拉大。

表3-9 Blinder-Oaxaca 工资方程分解结果

相关指标项	最小二乘估计模型	Bi-Probit 模型
$I_{fs} - I_{lfs}$	0.4356	0.4922
$Z_{fs}(\gamma_{fs} - \gamma_{lfs})$	0.2731 (0.6270)	0.6124 (1.2472)
$\gamma_{fs}(Z_{fs} - Z_{lfs})$	0.1625 (0.3730)	0.1740 (0.4206)
T 误差调整项	—	-0.3147 (-0.5269)

续表

相关指标项	最小二乘估计模型	Bi – Probit 模型
再就业选择误差调整项	—	0.0604 (0.1569)
正规部门和非正规部门误差调整项	—	-0.3158 (-0.6838)
工资差距的修正值	—	0.7003

注：括号里面的值为各个项占工资差异的比重。

五　小结与讨论

本研究重点分析了社会救助家庭再就业选择行为和部门选择行为的相关问题，并把这种相关性通过理论和实证加以分解。研究结果表明，社会救助家庭再就业选择行为和部门选择行为误差调整项，在正规和非正规部门的工资回归方程中均通过了显著性检验。所以不能忽略社会救助群体再就业人员的就业选择行为和其误差调整项，否则受助群体再就业人员工资方程的估计会产生较大的偏差。然后笔者采用了扩展的赫克曼选择模型，把误差调整项加以分离，估计了工资方程中的系数差异部分。通过与OLS估计方法做对比，社会救助家庭再就业工资差异中，受到社会歧视的部分增大。因此，按照通常的OLS估计方法，会忽视误差调整项，造成社会救助家庭再就业成员在非正规部门的工资受到歧视的部分被降低，这样会影响社会救助家庭成员的再就业积极性。如果歧视部分过大，受助群体再就业意愿会降低，转而完全依赖社会救助金生活，从而不利于积极的社会救助制度的实施，最终会滋生出发达国家的"福利依赖"问题。而Blinder – Oaxaca分解结果显示，非正规部门存在更为严重的工资歧视问题。所以，政府鼓励社会救助家庭再就业政策，不能仅仅从受助群体自身利益出发（如提供再就业指导和再就业培训等举措），还应该从其再就业部门的工资制定标准入手（如最低工资标准、同工同酬等举措）阻止歧视现象的发生。从而提高社会救助群体中有完全劳动能力或者部分劳动能力的成员的再就业意愿，这也是社会救助制度的最终目标。

第三节　开发式扶贫基金流向与受助群体再就业的联动性

一　中国开发式扶贫基金流向现状

中国农村地区自20世纪80年代实施开发式扶贫制度以来,其主体资金由地方政府支配。因此,地方政府日益成为影响贫困地区积极摆脱贫困的主体。在"效率优先、兼顾公平"的发展理念指导下,政府把提高GDP作为首要目标。再加上资本的趋利性,地方政府进入市场经济领域不可避免。因此,地方政府会直接干预生产、投资和流通等环节。最典型的干预方式就是为企业融资。而在广大的县域经济中,开发式扶贫基金作为一种最直接的融资来源而流向企业。在调查中发现,扶贫基金流向企业的占到了15.23%,到2010年这个比例达到了21.67%。

这种趋势变化并不能反映扶贫基金的流向产生了"瞄偏性",因为描述性统计不能告诉我们在扶贫基金流向的企业中,贫困员工群体是否占了绝大多数。我们将深入分析扶贫基金流向的企业性质,以揭示中国地方政府与企业关系的定位问题。

对于这方面的研究主要有以下几种。王凤翔、陈柳钦(2005)认为,扶贫基金并非流向所有的企业,企业所得到的补贴力度也并非完全一致。资金补贴必须符合两个条件:一是企业是产权明晰的;二是地方政府出于自身目的而追求利益最大化。邵敏、包群(2011)认为,地方政府补贴对象的决定行为更多地体现了扶持强者的特点,地方政府更倾向于选择市场竞争力较强的企业作为补贴对象。从已有的研究可以看出,中国地方政府对于开发式扶贫基金坚持"效率优先、兼顾公平"的产业导向原则,扶贫基金并非用于提高以贫困人口为主的企业人员的就业福利,而是用于企业技术创新、产业结构升级及市场开拓等方面。究竟享受开发式扶贫基金的是以贫困群体为主的企业还是其他企业,笔者将结合实地调研数据加以分析。通过这种分析,我们能够更清楚地了解中国地方政府对开发式扶贫基金的融资动机。

由此,我们将从开发式扶贫基金的流向企业及基金的流入额度,来研究地方政府对开发式扶贫基金的支配状况及企业行为。在研究的过程中由于样本会存在非一致性问题,我们不能简单地采用一般的回归方程估计方法，如最小二乘法容易产生选择偏误问题。为克服这种偏误的可能性，笔者将利用赫克曼选择模型对选择性偏误进行规避。

研究分析显示，地方政府所提供的开发式扶贫基金绝大部分流向了弱势群体或者以穷人为主的企业，但也有相悖的情况出现。有关扶贫基金流向企业的二元回归模型显示，从扶贫基金流向和比重来看，地方政府更倾向于把扶贫基金用于应用新技术和具有新产品开发功能的企业，很少用于具有较强就业弹性的企业。这在很大程度上体现了开发式扶贫基金功能"瞄偏性"的利益转移问题。而且，从扶贫基金的流向和补贴力度来看，地方政府基金流向锁定于国有企业和集体企业，而个体和私营企业受补贴的数量和补贴力度均远远低于国有企业和集体企业，但是，个体和私营企业恰恰是容纳就业的主要对象。从对中国农村划分的四个经济区域来看，中西部省份的政府补贴状况和补贴力度具有更好的"瞄准性"，扶贫基金能真正发挥其应有的功能，能够更合理地体现保护弱者的特性。但东部省份的政府补贴程度和补贴对象很大程度上出现了"瞄偏"现象，存在"利益转移"问题。

二 模型构建

我们将从扶贫基金对不同类型企业的补贴额度及力度来分析。为防止最小二乘估计法产生偏误性问题。我们利用赫克曼选择模型进行分析。具体操作过程如下。①采用 probit 二元回归模型来估计地方政府扶贫基金补贴企业的决定方程，也就是各种不同类型的企业能够获得扶贫基金资助的概率，从而获得逆 Milston 比率值；②将逆 Milston 比率值代入决定方程，并将其作为控制变量，估计决定方程的系数值。于是可以得到如下两个方程：

$$Z_i = \alpha x_i^T + \mu_i \quad (3.24)$$

$$S_i = \beta y_i^T + \sigma_i \quad (3.25)$$

式（3.24）为开发式扶贫基金补贴力度决定方程；式（3.25）为开发式扶贫基金流向企业的决定方程，μ_i 与 σ_i 均为随机扰动项，$(\mu_i, \sigma_i) \sim (0, \eta\xi)$，而且，由于随机扰动项中 σ_i 很难被识别，所以，我们假定方差为1，误差项 μ_i 与 σ_i 间相关系数为 η。如果相关系数 η 不为零，那么，式（3.24）和式（3.25）具有相关性。所以，不得不同时估计式（3.24）和式（3.25）两个回归方程。Z_i 和 S_i 满足下列条件：当 $S_i = 1$ 时，$Z_i > 0$；在其他的情况下，$Z_i = 0$。[①]

Schmidheiny（2007）认为，可以用两种方法来对式（3.24）进行估计，即 ML 估计和 Two-Step 估计方法。对于式（3.25），我们可以采用标准的二元选择模型：$\pi(S_i = 1) = \Psi(\alpha y_i^T + \sigma_i)$。在这里，$\Psi(\cdot)$ 为累积标准状态分布函数，由此可以得到逆 Milston 比率值。

$\overline{R_i} = \dfrac{\varphi(y_i\bar{\alpha})}{\Psi(y_i\bar{\alpha})}$，以 $\overline{R_i}$ 为控制变量带入式（3.24），可以得到：$\overline{Z_i} = \alpha x_i^T + \alpha_R \overline{R_i} + \mu_i'$，进一步有：

$$Exp(Z_i^T \mid S_i) = \alpha x_i^T + \alpha_R \overline{R_i} \qquad (3.26)$$

由式（3.24）、式（3.25）我们可以得到：

$$F_{it}^{poor} = \alpha x_{it-1}^T + \mu_{it} \qquad (3.27)$$

$$F_{it}^{sl} = \beta y_{it-1}^T + \sigma_{it} \qquad (3.28)$$

F_{it}^{poor} 为非负时，为 i 企业在 t 时期获得扶贫基金的资助力度，笔者将用"扶贫基金额"与"企业的固定资产"的比值来表示这种补贴力度，F_{it}^{sl} 为二元虚拟变量，可供选择的值为 0 和 1。企业 i 在 t 时期获得扶贫基金补贴时取值为 1，否则为 0。x_{it-1}^T 为地方政府对企业 i 的扶贫基金补贴力度；而 y_{it-1}^T 则表示地方政府扶贫基金补贴企业 i 的决定性变量。为防止方程两边各变量与误差项的共线性产生估计结果的偏差问题，笔者采用了邵敏、包群（2011）的做法，将方程各因子取一阶滞后项，因此，式（3.28）进一步变为：

$$F_{it}^{sl} = \beta y_{it-1}^T + \delta F_{it-1}^{sl} + \sigma_{it} \qquad (3.29)$$

从式（3.29）我们可以看出，其比式（3.28）仅仅多出一个一阶滞后项 F_{it-1}^{sl}，其余各变量均无变化。我们假定，企业 i 从地方政府获得的社会扶贫基金直接构成企业利润的一部分。政府对企业的补贴形式主要有以下几种：①财政拨款，即政府无偿拨给企业资金，明确规定拨款的用途；②财政贴息，即根据国家宏观经济形势和政策目标，对于承贷企业的贷款

[①] 当企业 i 获得补贴时 $s_i = 1$，企业 i 获得扶贫基金补贴；企业没有获得扶贫基金补贴时，$s_i = 0$，获得的补贴 $Z_i = 0$。

利息给予补贴；③税收返还；④无偿划拨非货币性资产，如行政划拨土地使用权、天然林等。

而开发式扶贫基金作为一种公益性发展基金，其投向企业的主要目标在于"保增长、保民生和保稳定"。具体体现在促进经济发展、稳定和扩大贫困人口就业上，如提供社会保障补贴、岗位补贴和培训补贴等。同时为促进区域经济发展，提高地区 GDP 水平，地方政府往往会对处于破产边缘的企业进行补贴，这也是地方政府补贴企业的重要方式。鉴于此，变量矢量 x_{it-1}^T 所包含的子变量如下。①扶贫企业虚拟变量，$PCC=0$ 或 1。$PCC=0$，表示一般企业；$PCC=1$，表示龙头企业。②企业产品流向虚拟变量，$CPF=0$ 或 1。$CPF=0$，表示企业产品内销；$CPF=1$，表示企业产品流向国外。③企业经营状况虚拟变量，$CSC=0$ 或 1。$CSC=0$，表示该企业处于赢利状态；$CSC=1$，表示该企业处于亏损状态。前面我们假定地方政府的扶贫基金补贴被列入企业的利润部分。我们用这时的利润来衡量企业的经营状况，利润大于0，表示该企业处于赢利状态，而利润小于或者等于0，则表示该企业处于亏损状态。一个地方的产业会对企业的发展起绝对性作用，地方政府会想尽办法来推动当地产业结构的优化和升级。因此，政府对企业进行补贴成为其支持产业发展最直接的形式。但这些补贴的方向在不同城市有不同的分布。我们可以分别加以定义，将行业类型分为以下几种（属于某一行业设为1，否则设为0）：劳动密集型行业哑变量，用 LA 表示，如服装、手工业类和电子制造业等；资本密集型行业哑变量，用 CA 表示，如银行业、证券业和重工业等；公用事业单位行业，用 PU 表示，如电力、煤气、供水等行业；高新技术行业，用 HI 表示，如电子信息工程、通信工程、生物技术、制药工程和高分子材料与工程等行业。

除此之外，笔者在经验回归分析中引入另外一些有关企业自身状况的相关变量。我们选择了两个相关变量：企业就业规模变量和企业全要素生产率变量。首先来看企业就业规模变量，将其取对数，地方政府把扶贫基金注入企业最根本和最主要的目的是提供公共服务和公共产品，其主要体现在扩大就业岗位、创造更多就业机会，并维持劳动力供求平稳上。因此，获得地方政府扶贫基金的多少与企业规模存在正相关关系。对于另一个变量——企业全要素生产率，我们仍采用对数的形式，在工具变量的选择方面，我们采用企业要素投入中的"中间投入部分"。然后，运用生产函数进行估计，采用半参数的估计方法，企业的全要素生产率可以通过企业的产出变量与要素投入变量加权合之差计算得出。生产函数中，各要素投入的回归系数可以作为权重。在经验分析模型中，加入了两个虚拟变量，分别为区域虚拟变量和时间虚拟变量。引入区域虚拟变量的主要目的是控制地方政府的公共支出行为差异对于扶贫基金企业补贴行为的影响，从而更为确切地分析地方政府对扶贫基金支配行为的省际差异。引入时间虚拟变量的目的是控制国家开发式扶贫政策的变动对地方政府补贴行为的影响。中国的开发式扶贫政策经历了四个阶段，四个阶段的扶贫政策有较大的变动性。如由最初的体制改革扶贫到大规模的开发式扶贫，再到攻坚阶段，以及小康水平创造阶段等。

三 描述性统计分析

研究数据主要来源于武汉大学社会保障研究中心2008年对全国31个省份的实地调研数据和南京财经大学2012年的调研数据。我们选择的对象是扶贫基金流向的企业占50%，未流向的企业占50%。中间剔除有缺省值的企业，并且选择在2008年到2012年8月处于经营状态的企业为研究样本。由于一阶滞后项的存在，笔者确定2008~2011年为研究的时间区间。变量涉及企业类型、所在区域、年总产值、销售额、企业所雇用人数、应付工资总额、总资产、固定资产值的年均余额和产品销售总额等指标。样本共4851个。2008年和2011年中国各省份企业受扶贫基金的补贴状况如表3-10所示。

表3-10 2008年与2011年中国各省份企业受扶贫基金补贴状况

区域	样本企业（个）	补贴状况哑变量值				补贴力度相关变量			
		2008年	2011年	差额	均值	2008年	2011年	差额	均值
全国	4851	0.154	0.169	0.015	0.162	0.047	0.038	-0.009	0.043
北京	217	0.089	0.162	0.073	0.126	0.068	0.037	-0.031	0.052
天津	201	0.081	0.110	0.029	0.096	0.071	0.041	-0.03	0.056
河北	165	0.116	0.131	0.015	0.124	0.058	0.037	-0.021	0.047
山西	96	0.151	0.239	0.088	0.195	0.069	0.059	-0.01	0.064
内蒙古	87	0.140	0.208	0.068	0.174	0.124	0.053	-0.071	0.088
辽宁	118	0.141	0.162	0.021	0.152	0.041	0.029	-0.012	0.035

续表

区域	样本企业（个）	补贴状况哑变量值 2008年	2011年	差额	均值	补贴力度相关变量 2008年	2011年	差额	均值
吉林	113	0.125	0.205	0.080	0.165	0.054	0.042	-0.012	0.048
黑龙江	264	0.164	0.234	0.070	0.199	0.060	0.078	0.018	0.069
上海	314	0.322	0.264	-0.058	0.293	0.025	0.021	-0.004	0.023
江苏	334	0.201	0.210	0.009	0.206	0.024	0.016	-0.008	0.020
浙江	275	0.200	0.251	0.051	0.226	0.028	0.010	-0.018	0.019
安徽	158	0.139	0.142	0.003	0.141	0.024	0.044	0.02	0.034
福建	251	0.132	0.146	0.014	0.139	0.018	0.013	-0.005	0.015
江西	108	0.134	0.142	0.008	0.138	0.084	0.031	-0.053	0.057
山东	274	0.092	0.108	0.016	0.100	0.027	0.028	0.001	0.027
河南	188	0.124	0.213	0.089	0.169	0.088	0.028	-0.06	0.058
湖北	193	0.127	0.206	0.079	0.167	0.050	0.030	-0.02	0.040
湖南	137	0.139	0.148	0.009	0.144	0.055	0.035	-0.02	0.045
广东	87	0.071	0.086	0.015	0.079	0.028	0.019	-0.009	0.023
广西	117	0.229	0.215	-0.014	0.172	0.081	0.060	-0.021	0.070
海南	75	0.601	0.705	0.104	0.653	0.061	0.029	-0.032	0.045
重庆	253	0.242	0.324	0.082	0.283	0.040	0.031	-0.009	0.035
四川	79	0.123	0.135	0.012	0.129	0.039	0.029	-0.01	0.034
贵州	105	0.126	0.134	0.008	0.130	0.049	0.060	0.011	0.054
云南	165	0.201	0.258	0.057	0.230	0.039	0.035	-0.004	0.037
西藏	79	0.124	0.149	0.025	0.137	0.027	0.024	-0.003	0.025
陕西	87	0.110	0.126	0.016	0.118	0.110	0.112	0.002	0.111
甘肃	64	0.101	0.387	0.286	0.244	0.048	0.401	0.353	0.224
青海	76	0.219	0.243	0.024	0.231	0.058	0.049	-0.009	0.053
宁夏	88	0.162	0.406	0.244	0.284	0.039	0.030	-0.009	0.034
新疆	83	0.153	0.411	0.258	0.282	0.050	0.045	-0.005	0.047

注：根据企业各相关指标数据整理而成。

从整个中国扶贫基金的补贴均值来看，2008年和2011年受补助的企业比例在上升，这是从广度意义上来讲的；而从深度意义上来看，扶贫基金补贴企业的力度呈现下降的趋势。我们再从横向的视角来看，2008~2011年绝大多数省份的扶贫基金补助比例呈现上升趋势，其中最为显著的3个省份分别为甘肃、新疆和宁夏。基本分布状况如图3-2~图3-4所示。

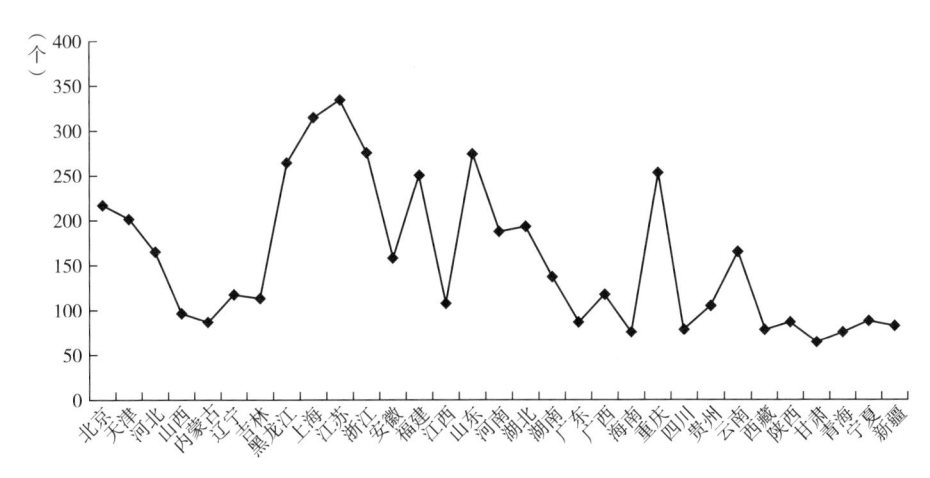

图3-2 各区域样本分布状况

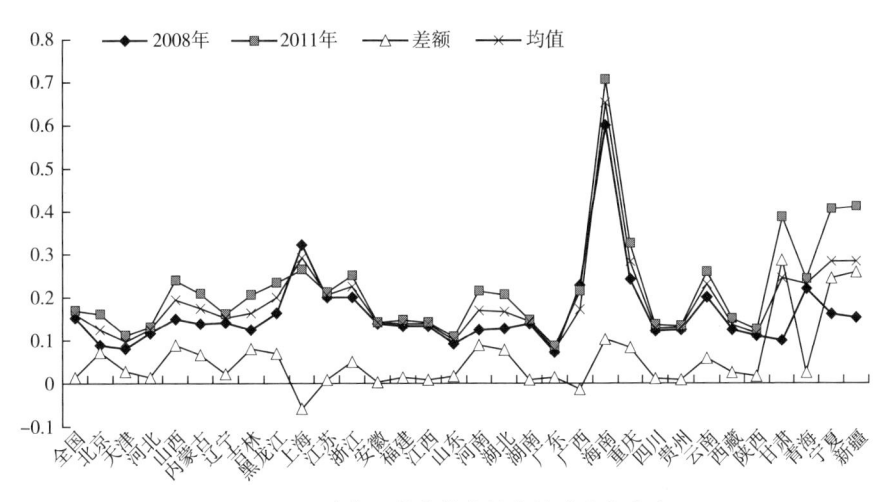

图3-3 政府开发式扶贫基金补贴企业分布

但也有呈现下降趋势的省份，其分布的省份分别为：上海、广西，而下降幅度最大的是上海市。从补贴力度来看，80.6%的企业受补贴力度处于下降趋势。这种变化趋势反映了地方政府分配扶贫基金时，更多采用"撒胡椒面"的方式来顾及多方利益，也反映了利益博弈的过程。

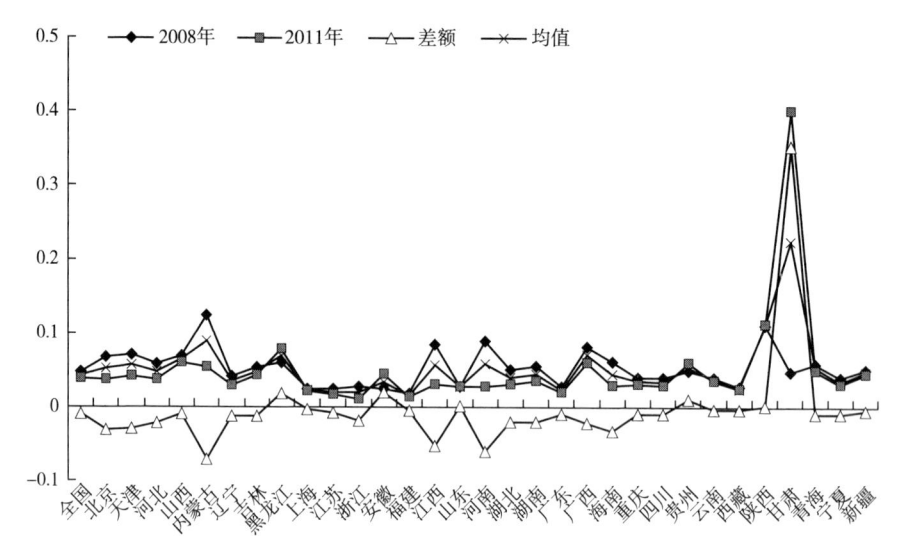

图3-4 政府开发式扶贫基金补贴企业力度分布

从样本所反映的数据来看,中国受扶贫基金补助的企业占总样本企业的比重为16.2%,但各省份2008~2011年政府扶贫基金的补贴存在较为显著的差异,我们通过均值检验可以看出来。

从四大区域的省份分布状况来看,在中西部地区的省份中,有近一半省份的企业受扶贫基金资助力度高于全国平均水平;而其余各省份虽低于全国平均水平但资助力度也较大。而在较发达的东部沿海省份中,只有北京、天津、河北、海南两地企业受政府扶贫基金补贴力度高于全国平均水平。所以,从扶贫基金资助企业的状况及资助力度来看,东部地区无论是受补助数量还是受补助力度均低于中西部地区的平均水平,政府的扶贫基金补助力度呈现明显的区域差异。而且企业受政府扶贫基金资助数量和资助力度均与区域经济发展水平呈现明显的负相关关系,也就是,经济水平越高的区域其范围内的企业受扶贫基金资助的可能性及资助力度越小。这显示了一个扶贫理念,即政府资助方式的"开发性"扶贫。

上述分析只是从宏观视角验证了政府扶贫基金的流向问题,但是目前中国不同区域所拥有的企业性质存在很大的异质性。这些差异是否会影响地方政府的补贴行为呢?下面我们将从微观层面进行经验分析。

四 模型的经验估计

(一) 经验分析结果

我们采用赫克曼 ML 估计法对式 (3.26) 和式 (3.27) 进行系数估计,与此同时,还利用最小二乘估计法,建立了 4 个模型,采用变量逐步进入的方法分别为模型 (1)、模型 (2)、模型 (3) 和模型 (4),估计结果如表 3-11 所示。

从检验模型似然比相应统计量所对应的 P 值可知,式 (3.25) 与式 (3.26) 在 0.01 水平上具有相关性。因此,我们接下来同时估计式 (3.26) 和式 (3.27)。我们比较模型 (1) ~ 模型 (4) 的回归结果,可以看到模型 (1) 与模型 (2) 的估计结果、模型 (2) 与模型 (3) 的估计结果均存在较大的差异性。这充分表明,如果我们去掉区域虚拟变量和时间虚拟变量,模型的回归系数会产生较大偏差。所以模型 (1) 和模型 (2) 均不适合。我们将以模型 (3) 作为经验分析的结果。

表 3-11 赫克曼选择模型的回归结果

指标变量	模型 (1) 资助力度 (3)	模型 (1) 基金流向 (4)	模型 (2) 资助力度 (3)	模型 (2) 基金流向 (4)	模型 (3) 资助力度 (3)	模型 (3) 基金流向 (4)	模型 (4) 最小二乘估计 (3)
PCC	0.018*** (0.0015)	0.184** (0.023)	-0.020*** (0.0024)	0.178** (0.020)	0.014*** (0.0025)	0.126*** (0.016)	0.014** (0.003)
cpf	-0.022** (0.003)	0.204** (0.0084)	-0.0015 (0.005)	0.134*** (0.0084)	-0.014** (0.013)	0.076** (0.014)	-0.017** (0.004)
npt	-0.0081** (0.005)	0.427** (0.022)	0.017*** (0.003)	0.304*** (0.028)	-0.007** (0.019)	0.280** (0.019)	0.0029** (0.005)
CSC	0.031*** (0.002)	0.009** (0.021)	-0.033** (0.003)	0.048** (0.002)	0.024** (0.001)	0.114** (0.002)	0.014** (0.004)
$\ln TFP$	—	—	0.004*** (0.002)	0.201** (0.004)	-0.031** (0.003)	0.137** (0.005)	-0.034*** (0.003)
Pul	0.047*** (0.005)	-0.076** (0.024)	-0.021** (0.003)	-0.121** (0.004)	0.061*** (0.002)	-0.084*** (0.014)	0.051** (0.024)
$Lnees$	—	—	-0.010*** (0.005)	0.072** (0.005)	0.003*** (0.001)	0.086** (0.006)	0.003** (0.001)
$Labthick$	-0.007** (0.001)	0.021*** (0.014)	-0.013** (0.001)	0.038*** (0.019)	-0.009** (0.001)	0.033** (0.011)	-0.0087** (0.004)

续表

指标变量	模型（1）资助力度（3）	模型（1）基金流向（4）	模型（2）资助力度（3）	模型（2）基金流向（4）	模型（3）资助力度（3）	模型（3）基金流向（4）	模型（4）最小二乘估计（3）
Capthick	-0.034*** (0.003)	0.048** (0.013)	0.218** (0.074)	0.049*** (0.007)	-0.091*** (0.001)	0.048** (0.015)	-0.0074** (0.005)
截距项	0.047*** (0.004)	-1.284** (0.020)	0	-2.178** (0.054)	0.149*** (0.008)	-2.591*** (0.057)	—
一阶滞后项	—	1.587*** (0.0074)	0.0023** (0.0031)	1.294** (0.0074)	—	1.682*** (0.0086)	
Trade	0	0	0	0	1	1	1
Region	0	0	—	0	1	1	1
似然比卡方值	—	21.87 (0.000)	2873	46.98 (0.000)	—	46.38 (0.000)	

注：①括号里面的值为待估指标变量系数的标准误差值，*、**、***分别代表0.1、0.05、0.01的显著性水平。

②PCC代表企业扶贫虚拟变量，cpf代表企业产品流向虚拟变量，npt代表不盈利，CSC代表企业经营状况虚拟变量，lnTFP代表全要素生产率的对数，Pul代表公共事业虚拟变量，lnees代表就业规模的对数，Labthick代表劳动密集型，Capthick代表资本密集型，Trade代表行业变量，Region代表区域变量。

根据表3-11，引入一个一阶滞后项、全要素生产率、就业规模及行业和区域变量后的回归结果显示，如果一个企业具有内资企业的属性，或者属于劳动密集型企业，或者处于不赢利状态，其回归结果均显著并且回归系数为非负的。因此，我们可以认为在其他条件不变的情况下，具有这些属性的企业能够获得地方政府更高力度的扶贫基金补贴。这在很大程度上体现了地方政府在提高就业水平方面所做的努力。但这些就业岗位是否以贫困群体为主要对象，仍不能说明。从另外两个指标所反映的状况来看，地方政府补贴非营利性企业或者内资企业的力度较大，这反映了地方政府为发展本地区域经济而采取的保护措施，并非一种市场行为。

在与企业相关的解释变量中，$\ln TFP$与PCC两指标变量的回归系数为负。这表明，在其他指标不变的情况下，受扶贫基金资助的企业中，非龙头企业与TFP较高的企业数量显著低于龙头企业及TFP较低的企业。

因此，结合表 3-11，我们可以看出，地方政府所补贴企业的类型主要是非扶贫龙头企业、内资企业、非营利性企业和 TFP 较低的企业，并且补贴力度也远高于其他类型企业。从市场经济的视角来看，这些企业在市场经济中的竞争力低于其他类型的企业。所以，从补贴企业的类型可以看出，地方政府的扶贫基金在补贴对象和补贴力度方面均显示了其应有的功能效应，系数均为负。而只有公用事业虚拟变量指标系数为正，并通过了检验。我们可以初步断定地方政府扶贫补贴的企业行为存在较为明显的样本选择性问题，即内资企业虚拟变量、非营利性企业及企业就业规模变量的系数是非负的，并通过了检验。这表明在其他情况不变的条件下，这三类企业获得地方政府扶贫基金的可能性更大，其他指标变量也通过了检验，且系数也显著为正。

其他类型的企业也能获得较大概率的扶贫基金补贴，从整个回归模型的结果来看，存在开发式扶贫基金所补贴的企业与当初的功能"相悖"的状况。接下来，我们采用另外一种方法来对结果进行重新解读，即利用最小二乘法重新估计，如表 3-11 中模型（4）所示。从估计结果可以看出，其与模型（3）并无显著性差异。

（二）开发式扶贫基金流向的四大经济区域差异

本部分笔者将把企业性质、赢利状况等变量作为控制变量来研究不同区域的企业受到扶贫基金资助的情况，研究东部省份是否比中西部省份补贴的企业更少及补贴的力度更低。根据式（3.27）中各省份哑变量的回归系数，将不同类型企业获得补贴的可能性进行估计和检验，在经验分析过程中，有一部分省份的哑变量没有通过检验。因此，笔者采用了邵敏、包群（2011）的做法将其概率值设定为零。在其他影响因素不变的情况下，我们在第（一）部分得出的结论仍然成立。东部省份企业获得扶贫基金补贴的概率及补贴力度均低于中西部省份。

同样，如果把地方政府的扶贫基金补贴力度作为控制变量，并采用 probit 回归模型，模型中各指标变量的回归系数即为政府扶贫基金对企业补贴力度的边际效应。这种边际效应也能很好地反映各省份的政府补贴力度，并得出同样的结论，即经济相对发达的东部省份企业受到补贴的力度和水平更高。

中国自 1978 年以来，在城乡"剪刀差"的经济发展模式影响下，农业补贴工业，中西部地区经济发展让位于东部地区经济发展。尽管1999年以来，中西部经济发展状态有所改变。但制度的"路径依赖"现象仍然非常明显。在这种背景下，为发展本地区经济，提高GDP，地方政府不得不采取适合本地状况的发展模式，倾向于把更多的扶贫基金提供给投资水平较高的企业或者给予它们更多的政策优惠。

通常所说的内资企业包括3个类型：国有企业、集体企业和私营企业。接下来，我们分别分析一下，地方政府对于不同类型企业的扶贫基金补贴力度差异，然后进一步考察不同区域的企业扶贫基金补贴力度是否存在所谓的"利益转移"问题。从结果来看，地方政府的扶贫基金"瞄偏性"主要倾向于下列企业，即内资企业、扶贫龙头企业、非营利性企业及TFP较低的企业。接下来我们对这四类企业进行分析。分析模型（4）的改变对模型（3）估计结果的敏感性。我们对模型（4）的解释变量做如下处理：引入一个解释变量、一个虚拟变量（行业）。其中，解释变量为劳动密集型企业变量（取其对数平方项）。用这两个变量来代替内资企业、扶贫龙头企业、非营利性企业及TFP较低的企业的四个特征哑变量。

1. 不同类型内资企业受扶贫基金资助的差异性分析

表3-12显示了不同类型内资企业受扶贫基金资助的估计结果，把其他变量作为控制变量后，开发式扶贫基金流向国有企业的概率及其补贴力度远高于其他类型企业。而从私营企业获得扶贫基金的可能性及补贴力度可以看出，所有制性质在很大程度上影响着开发式扶贫基金的流向及补贴企业性质的力度。地方政府具有补贴国有企业和集体企业的倾向。其背后的主要原因是地方政府仍然以发展经济提高GDP产出为核心目标。由于市场化的冲击，国有企业和集体企业的发展明显滞后于个体和私营企业。其投入—产出比仅为0.7473，其产品竞争力远低于相同类型的个体和私营企业。虽然其资本运营、技术创新、管理创新和制度创新等方面的水平低于个体和私营企业，但是，从就业容纳能力和维持当地社会稳定方面来看，开发式扶贫基金流向这种类型企业的社会职能效应远大于其本身的经济职能效应。从这个意义上来说，地方政府会把更多的扶贫基金投向内资企业中的国有企业和集体企业，而非个体和私营企业。所以扶贫基金的流向未能按照经济效率原则，基金的运用超过了当期的受益范围。这种状况被亚诺什·科尔奈称之为Soft Budget Constraint现象。

表 3-12　不同类型内资企业受扶贫基金资助的估计结果

被解释变量	国有企业	集体企业	个体和私营企业
扶贫基金流向	0.164*** (0.002)	0.004 (0.017)	0.176** (0.201)
扶贫基金补贴力度	0.034*** (0.001)	0.008*** (0.001)	0.0072*** (0.005)

注：括号里面的值为待估指标变量的系数的标准误差值，而 *、**、*** 分别代表 0.1、0.05、0.01 的显著性水平。

2. 四大经济区域的扶贫基金补贴概率与补贴力度

为更深入研究地方政府扶贫基金是否对内资企业的补贴更具倾向性，笔者引入了交叉项。这些虚拟变量分别为中西部区域与内资企业的交叉项和东部区域与内资企业的交叉项。然后，我们在交叉项中引入模型（3），再次对模型（3）进行估计。类似地，对于扶贫龙头企业、非营利性企业及 TFP 较强的企业的补贴概率及补贴力度的经验分析结果如表 3-13 所示。

表 3-13　四大经济区域政府扶贫基金的补贴力度差异性和
基金流向企业的决定方程结果

被解释变量	西部地区补贴力度	扶贫龙头企业	非营利性企业	TFP
西部经济区域	0.030*** (0.004)	-0.032** (0.007)	0.029** (0.001)	-0.049*** (0.002)
中部经济区域	0.024*** (0.003)	-0.025*** (0.007)	0.023** (0.001)	-0.026** (0.005)
东部经济区域	0.007** (0.005)	-0.007** (0.001)	0.0053** (0.001)	-0.021** (0.002)
企业规模交互项	0.022*** (0.003)	-0.012*** (0.002)	0.020** (0.001)	-0.031*** (0.004)
39 个行业哑变量	0.022*** (0.003)	-0.012*** (0.002)	0.020** (0.001)	-0.01** (0.004)

注：括号里面的值为待估指标变量系数的标准误差值，而 *、**、*** 分别代表 0.1、0.05、0.01 的显著性水平。

表 3-13 显示了扶贫基金补贴力度的决定方程中西部地区获得扶贫基金的补贴力度，以及扶贫龙头企业、非营利性企业、TFP 较强企业的联合估计因子。从表 3-13 中四大经济区域政府补贴力度的差异，可以看出，四大经济区域的政府扶贫基金的流向及对企业的补贴力度体现了扶贫基金的"扶持弱者"的功能，而从数据基变量的横向分布来看，四大经济区域

的 4 个相关变量的联合估计系数的差异是显著的。经济和社会发展程度相对较高的东部地区联合估计值最小，而西部经济区域联合估计系数值最大，中部区域处于中间值。这些结果表明，东部地区扶贫基金对企业的补贴概率及补贴力度体现出"扶持强者"的特征。这偏离了扶贫基金初始的功能。而中西部地区体现了扶贫基金应有的扶贫功能。

3. 赫克曼两阶段选择模型及结果分析

在第二部分分析中，我们了解到式（3.26）与式（3.27）之间最大的区别在于式（3.27）中含有 F_{it}^{sl} 的一阶滞后项 F_{it-1}^{sl}。接下来我们再对式（3.27）进行变形，并采用新的估计方法对其系数作估计。我们采用了赫克曼二阶段 ML 估计方法，改变式（3.27）中的解释变量对模型（3）进行重新估计。笔者在式（3.27）中加入企业就业规模变量的交互项。克服以往研究假定模型的线性问题，同时参照邵敏、包群（2001）的做法，用 39 个行业的哑变量来代替式（3.27）中的行业特征哑变量。估计的结果如表 3-13 下半部分所示（仅列出了 4 个关键性的变量）。

通过表 3-13 可以看到，上述两个变量替代原先变量后，式（3.26）中四个变量的结果没有显著性的不同。因此，可以认为，在第二、三部分的经验分析结果没有因为不同的解释变量而发生改变。第二行的相关数据，用企业规模交互项来代替起初变量后，式（3.27）中变量的补贴力度的回归系数为 -0.075，在 0.01 的水平上通过了检验，解释变量企业规模的交互项回归系数为 0.022，在 0.01 的水平上通过了检验，那么认为加入非线性项来估计企业规模对其获得扶贫基金补贴可能性的影响是合理的。所以，企业规模对企业获得补贴的可能性有显著的正向效应。这与模型（3）的估计结果是一致的。

五 结论

本章利用 2008~2011 年 4851 个企业时间序列数据，并从流入补贴企业的概率及补贴力度的视角对开发式扶贫基金作了经验分析。鉴于扶贫基金投入对象的差异性会导致企业补贴的不同，本章引入了赫克曼选择模型作经验分析，得出了采用不同解释变量状况下的差异化的结论。

首先，地方政府扶贫基金补贴概率及补贴力度显示了其应有的职能效应。在受补贴的企业中，地方政府重点扶持的企业类型是内资企业、扶贫龙头企业和 *TFP* 较低的企业。赫克曼选择模型的一阶段二元回归模型的估计结果显示，地方政府对非扶贫龙头企业、资本密集型企业和 TFP 较高的企业给予了更高的补贴概率和补贴力度，引发了"利益转移"问题。从政府的角度出发，其选择的企业补贴类型主要是内资企业、非营利性企业和劳动密集型企业。这充分体现了政府为提高本地经济水平、提升 GDP 而做出的行为。

其次，地方政府在选择补贴企业的类型时，更倾向于补贴内资企业，从内资企业的性质来看，其内部亦有差别。地方政府的扶贫基金流向及补贴力度均倾向于国有企业和集体企业，而流向个体和私营企业的可能性及补贴力度均较低。分区域来看，东部地区与中西部地区的补贴状况体现出"苦乐不均"的显著性差异。中西部地区更多地体现了扶贫基金应有的职能效应。而东部地区的地方政府对企业扶贫基金的支持概率和支持力度出现了"利益转移"的现象。

扶贫基金的功能不仅仅是发展当地经济、提高 GDP，还有一个重要的功能是为中低收入群体提供更多的就业岗位。但当地政府往往把这两种功能"一元化"，特别是在东部地区，更多以提高 GDP 为首要目标。那么，扶贫基金便更多地流向了一些 TFP 较高的企业、资本密集型企业。政府会对这些企业长期注入扶贫基金。所以，就产生了一个不可避免的问题，那就是软预算约束问题。

鉴于此，笔者认为要使开发式扶贫基金不产生"瞄偏"及"利益转移"问题，地方政府干预的重心应为劳动密集型企业，以中低收入群体为主的扶贫龙头企业。这样，才能提高中低收入者的平均收入，发挥开发式扶贫基金的原生性功能。

第四章 社会救助制度与再就业激活体系的联动性

第一节 社会救助制度与受助群体再就业行为及收入的互动性

一 受助群体再就业收入和社会救助金分配现状

随着中国社会救助制度的逐步建立、扩容和完善，社会救助制度的再就业效应得到一定程度提高，而受助群体再就业收入并没有得到显著性提高（与社会救助金相比较）。从近几年政府制定的促进再就业的政策来看，其在一定程度上能够提高受助群体再就业人员的再就业收入。但仍没有从整个中国宏观经济背景入手来洞察和完善社会救助制度的高级目标——促进再就业。

关于此问题，宏观经济学中的模型均采用总量分析方式或典型的个体分析模式作为基本工具分析社会救助制度的再就业效应。采用这两种分析模式的缺陷是，无法分析社会救助制度对异质性的社会救助群体再就业人员收入的影响与社会救助金差额状况。本书认为，Orcutt（1957）所建立的微观模拟模型能够较好地解决这一问题，Orcutt所采用的微观模拟模型中1957~2016年的数据日益丰富，特别是近20年的统计数据日益细化。海外学者均在本国现有统计数据的基础上，建立了差异化的微观模拟模型。并且这类模型的应用日益广泛，在许多领域中已经开始展开研究，如社会保障制度改革、社会福利制度改革、社会救助制度改革以及税费体制改革等。

一般来说，社会救助制度的变动对受助群体再就业人员会产生两种效应：一种是对受助群体再就业人员状况产生影响的"首轮效应"；另外一种是在首轮效应之后产生的"次轮效应"，也就是社会救助制度对受助群体再就业行为的影响。2000年以来，大量学者在微观模拟模型的基础之上，结合计量经济学的方法，将理性经济人对制度的行为反应一并加入算数微观模拟模型中,目的是对社会制度的实施效应做出更为准确的测度。由此,出现了两种微观模拟模型,其中之一就是就业供给行为微观模拟模型。其基本思路是,将就业供给模型与微观模拟模型相结合,研究福利制度改革和个人所得税改革后就业供给反应的财政和收入分配效应(Aaberge,2000;Creedy 和 Duncan,2005;Creedy,2002)。

另一种就是消费行为微观模拟模型,它是将消费需求模型与微观模拟模型相结合。主要是度量个人对间接税制度改革的消费行为,反映为制度改革的财政效应和收入分配效应。(Symons 和 Warren,1996;Creedy,2002;Liberati,2001;Kaplanoglcu 和 Newbery,2003)。鉴于理论方法和实证数据所限,中国学者对微观模拟模型的研究和创新相对西方学者来说仅仅处于起步阶段,主要是仅仅简单套用西方学者现有的微观模拟模型,评估收入政策改革和养老保险政策的作用效应(张世伟等,2008、2009)。这些简单运用仅仅是研究个体对制度变动的行为效应和当前状况的影响效应。因此,从这个意义上来说,它们仅属于算数微观模拟模型的简单运用。然而,很多社会制度对个体选择行为影响较大。如果不考虑个体的反应,会出现较大的偏差。所以,笔者对上述模型做了一个改进,并依据2014年7月南京财经大学社会调查资料中关于社会救助群体再就业的微观数据,研究受助群体再就业人员收入和社会救助金之差变动的再就业效应和收入分配效应。

二 受助群体再就业行为微观模拟理论分析

受助群体再就业行为微观模拟模型建立步骤如下。第一步,笔者在中国现有数据及现有软件工具的条件下,将受助群体对社会救助金的依赖性用该群体中有完全劳动能力或者部分劳动能力人员的供给数量的变化来表示。第二步,运用学术界较为认可的离散选择模式分析受助群体再就业供给选择模式。并且根据受助家庭差异化的特征分别建立两类模型,即受助家庭联合再就业供给与受助个体再就业供给微观模拟模型。第三步,受助群体在调整其救助金收入的基础上,在理性经济人假设条件下,做出改变再就业供给决策。这个模型能够较好地刻画在不同预算约束条件下,再就业供给改变状况。在受助群体再就业行为微观模拟模型的构建过程中,主要涉及经济结构的设定、参数估计和标准以及社会救助制度变动模拟三个过程。

按照张世伟等（2009）的做法，我们将微观模拟模型分为几个板块，依次为数据处理、静态时化、制度执行行为反应以及制度效应分析等板块（见图4-1）。

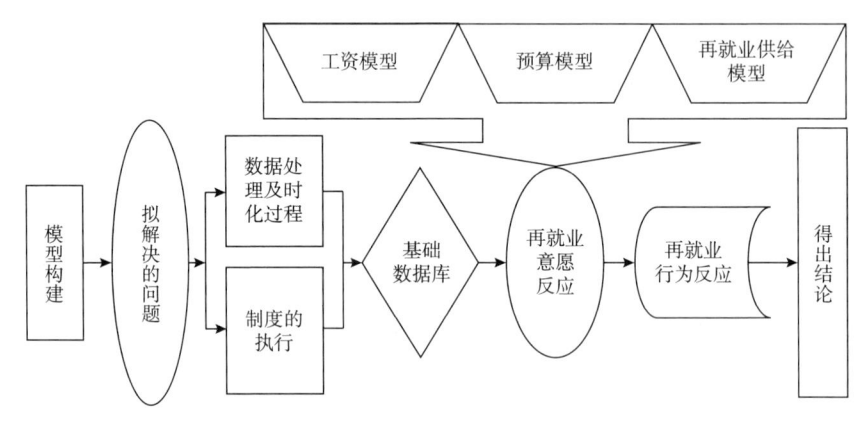

图4-1 受助群体再就业行为微观模拟模型的建模过程

数据处理是微观模拟模型对基期社会救助群体再就业收入进行调整，通过调整可以更好地满足制度动态变化模拟和经济规律变化的需求。静态时化主要是采用微观模拟模型中等级提升与重新赋权的方法，把数据处理板块的基期收入数据转化为当期再就业收入数据。制度的执行主要是指微观模拟模型中根据具体的社会救助群体实施再就业扶持的过程。最后是制度的效应分析，这种分析主要是根据特定的标准来衡量社会救助制度再就业扶持政策变动的效应过程。这种建模方式和建模过程展示了社会救助再就业扶持策略变动状况下受助群体再就业人员的行为决策变动。在行为微观模拟模型中，再就业行为反应模块实际上是一个再处理的过程，其再处理的对象是前面已经做过制度模拟和修正加工的微观数据。通过这一系列的流程我们可以获得有完全劳动能力或者部分劳动能力的受助群体的再就业行为的微观数据。从而形成本研究的基础数据，从图4-1中可以得到三个模型，分别为预算模型、工资模型和再就业供给模型（包括家庭再就业供给模型和个体再就业供给模型）。

1. 再就业人员预算约束

在通常的微观模拟模型中，个体行为反应经常被忽视。这一模型自身的缺陷使得受助群体再就业人员的预算约束具有单一性。所以，笔者将处理流程和对社会救助制度的模拟应用到社会救助金发放流程中去。相比较而言，行为微观模拟模型能更恰当地应用到社会救助制度对受助群体再就业行为的反应中去，并成为微观模拟模型的核心。再就业人员预算约束代表受助群体再就业人员支出的可能性水平，具体可表示为该群体所获得的初次分配和再分配收入的复合性作用。在这个复合作用中，影响再就业人员预算约束值的因素有社会救助制度、宏观经济指标、再就业人员自身禀赋以及其再就业行为等。预算约束决定了受助群体再就业人员的最大可支配收入，以及受助群体再就业人员效用最大化行为的选择。通过差异化决策条件可得到不同的预算约束线。笔者将宏观经济背景下受助群体再就业人员预算约束线做如下定义：

$$Z \leq Z_0 + iD + SA(i, D, Z_0; I; \delta), D \geq 0 \quad (4.1)$$

其中 Z_0 为社会救助制度的配套收入，i 为再就业工资率，I 为受助群体的属性，δ 为社会救助制度参数。D 为再就业供给时间，其影响受助群体再就业人员的就业行为决策，可通过被解释变量 Z 描绘出受助群体再就业人员再就业收入的预算约束线。但这仅仅是理论意义上的，实践中描绘出这一预算约束曲线几乎是不可能的，原因可以归结为三点。①受助群体再就业行为由其再就业收入预算约束的取值所决定，而解释变量的连续性使再就业供给很难测算相应的预算约束值。②由于受助群体状态的异质性以及社会救助制度的多重性，用一种函数计算式来测算预算约束值是很难做到精确的。③社会救助体系的非线性导致了预算约束的非线性，从而使得预算约束计算成本变得很大。鉴于此，我们可以看到连续性微观模拟模型所带来的困难。但可以采用离散选择微观模拟模型来规避上述三个问题。离散选择微观模拟模型使得再就业收入预算约束值转化成一个在差异化决策下受助群体再就业人员可支配收入的模拟模型。

2. 再就业工资率函数

有了再就业工资率函数，我们才能更加准确地测算受助个体的预算约束值。虽然目前中国社会救助制度的投入力度有限，但受助群体从配套制度中获得的补贴较多。所以，社会救助群体中，有完全劳动能力或者部分劳动能力的个体不能全部成为再就业人员。因此，很难完全获得再就业人员的再就业工资率。工资函数作为一个中间式其主要作用是预估受助群体再就业人员工资率。对于预期再就业工资率，我们可以进行分解，$E(i) = \pi(j = 1) \cdot E(ij = 1)$。其中，$E(i)$ 为再就业预期工资率，$\pi(j = 1)$ 为再就业概率，$E(ij=1)$ 为在再就业条件下的工资率。对 $E(i)$ 估计的方法主要是采用 Probit 模型和 Tobit 模型。但为了预测的方便，对于再就业的概率，笔者采用了 Probit 二元回归模型进行预测。对于另一部分，笔者采用截尾回归模型进行分别估计，再就业概率的 Probit 二元回归模型模式如下：

$$\pi(i=1) = \Psi(X^T\beta) \quad (4.2)$$

其中，$\Psi(\cdot)$ 为标准状态分布函数，X 为影响受助群体再就业人员个体属性矢量，受助群体再就业条件下工资率的截尾模型为：

$$\ln i = Z^T\alpha + \varepsilon \quad (4.3)$$

其中，Z 为影响受助群体再就业人员工资的个体属性矢量，由于再就业工资收入必须大于社会救助金收入。所以，我们选取的是再就业工资率 i 大于社会救助金收入的样本。① 模型可以写成明瑟收入方程的形式，则再就业条件下工资率预期函数表达式为：

$$E(\ln i \mid j=1) = Z^T\bar{\alpha} + \bar{\gamma}\xi(Z\bar{\alpha}/\bar{\gamma}) \quad (4.4)$$

其中，$\xi(\cdot) = \varphi(\cdot)/\Phi(\cdot)$，为 Millton 比率，其作用是对估计结果做修正，将式（4.2）、式（4.3）、式（4.4）合并后，可以得到受助群体再就业预期工资率：

$$E(\ln i) = \Phi(X^T\bar{\beta}) \times [Z\alpha^T - \bar{\gamma}\xi(Z\bar{\alpha}/\bar{\gamma})] \quad (4.5)$$

其中，$\bar{\beta}$ 和 $\bar{\alpha}$ 分别来自 Probit 模型和截尾回归模型。

3. 受助群体再就业供给模型

本模型以个人效用最大化和个体为理性经济人为研究前提，对受助群体再就业供给函数进行估计。离散选择微观模拟模型，将受助群体再就业行为选择集做离散化处理，用关键性的时间值来代替相邻区间的值。通过对这些关键点进行优化来求解最大效用的再就业供给行为。用 I 和 L 分别代表受助群体再就业人员工资和闲暇，则再就业人员在 $\bar{L}$ 的效用可以写为：

$$V_{\bar{L}} = V(I_{\bar{D}}, \bar{L}, Z)$$

满足：

---

① 只有这样，受助群体才会有再就业的可能，否则，其会完全依赖社会救助金生活。

$$I_{\bar{D}}^{-} \leq I_0 + i\bar{D} + SA(i, \overline{\bar{D}, I_0}, X, \delta) \tag{4.6}$$

其中，D 代表再就业时间，其计算值可以表示为 $D = T - L$[①]，假定对 $\bar{D}(\bar{L})$ 的离散选择设置为：$\bar{D} = \begin{cases} D_1, D \in (0, d_1] \\ D_2, D \in (d_1, d_2] \\ \cdots \\ D_{I-1}, D \in (d_{i-1}, d_i] \\ D_I, D \in (d_i, 24) \end{cases}$

再就业供给时间将在离散集中中进行取值，即 $\bar{D}$，其取值为 D_1，D_2，D_3，$\cdots$，D_I。从而可以得到闲暇的离散选择集 $\bar{L}$，其取值为 L_1，L_2，L_3，$\cdots$，L_I。两者均有 J 个备选方案，为得到明晰的结果。我们加入随机扰动项，将受助群体 i 的效用表示为：

$$V_i = V(X_i, L_i, Z) + \mu_i, i = 1, 2, \cdots, I \tag{4.7}$$

假设当 V_i 是效用最大化时，受助群体选择 i，则 i 的概率可表示为：

$$\pi[V_i > V_j, i \neq j] \tag{4.8}$$

式（4.8）可以用多元逻辑模型进行估计，现假定：

$$\ln \frac{\pi(i \mid Z)}{\pi(j \mid Z)} = G(Z) \tag{4.9}$$

再根据麦菲登条件 Logistic 模型，假定 $\mu_i \sim (0,1)$ 的正态分布，则分布函数的密度函数分别为 $G(\mu)$ 和 $g(\mu)$，那么，

$$\pi[V_i > V_j, i \neq j] = \pi[V(i) + \mu_i > V(j) + \mu_j] =$$
$$\pi[\mu_j < \mu_i + V(i) - V(j)] = \oint \prod_{i \neq j} G[\mu_i + V(i) - V(j)] \times g(\mu_i) d\mu_i =$$
$$e^{[V(Z_i, L_i, Z)]} / \sum_{j=1}^{I} e^{[V(I_j, L_j, Z)]} \tag{4.10}$$

在做实证分析时可将式（4.10）中的 V 设定为二次效用函数，

$$V(I, L) = \beta_{II} I^2 + \beta_{LL} L^2 + \beta_{IL} IL + \alpha_I I + \alpha_L L + eH \tag{4.11}$$

---

① T 表示可支配的个人时间。

其中，e 表示受助群体是否愿意从事再就业的行为，它是二分类变量（是 =1，否 =0）。H 是受助群体中有完全劳动能力或者部分劳动能力而不愿意从事再就业的人员对效用的影响；若其取正号则表示这部分群体有再就业意愿；若取负号则表示这部分群体无再就业意愿。

除这两种效应外，我们还对有再就业意愿和无再就业意愿之间的差异做深层次的量化处理。从式（4.11）可知，我们能够较为明确地观察其计量含义。由于社会救助群体再就业人员具有异质性，Z 可以通过引入参数 α_I 和 α_L 来表示，

$$\alpha_{I(L)} = \alpha_{I(L)}^0 + \alpha_{I(L)}^1 Z \tag{4.12}$$

进一步对其做 ML 估计，可得出 ML 的估计式：

$$\ln(L) = \sum_i \sum_j \mu_j \ln[\pi(\bar{L} = L_j)] = \frac{\sum_i \sum_j \mu_j \{\ln \mu_j \ln[e^{V(I_j, L_j, Z)}]\}}{\sum_k e^{[V(I_k, L_k, Z)]}} \tag{4.13}$$

其中，μ_j 表示社会救助群体再就业选择的虚拟变量（选择再就业 =1，否则 =0）。因此，可以通过式（4.13）对该函数求偏导，可得到相关参数，从而获得受助群体再就业人员的效用函数。

4. 社会救助家庭再就业供给模型

在社会救助制度的设计中，通常是以家庭为基本单位的，即受助人员会根据其整个家庭的总效用做出联合再就业决策。模型中，我们对家庭主要成员的再就业供给函数进行参数估计。设 I 表示社会救助家庭收入，L_m 和 L_f 各表示夫妻的闲暇，社会救助家庭的效用函数为：

$$V_{ij} = V(I_{ij}, L_i, L_j; Z) + \delta_{ij}, \quad (i, j = 1, 2, \cdots, J)$$

满足，

$$I_{ij} \leq I_f(D - L_i) - I_f(D - L_j) + I_0 + SA(I_0, I_k, L_i, \bar{I}_f, L_j; X; \delta) \tag{4.14}$$

假设 δ_{ij} 服从极值分布，则社会救助家庭中，夫妻选择 i 与 j 的概率为：

$$\pi(L_m = L_i, L_f = L_j) = \pi(V_{ij} > V_{kl}, k \neq i, l \neq j)$$
$$= \frac{e^{[V(I_{ij}, L_i, L_j; Z)]}}{\sum_i \sum_j e^{[V(I_{kl}, L_k, L_l; Z)]}} \tag{4.15}$$

利用二次直接效用函数，可得到结构模型为：

$$V(I, L_m, L_f) = \beta_{II}I^2 + \beta_{L_mL_m}L_m^2 + \beta_{L_fL_f}L_f^2 + \beta_{IL_f}IL_f + \beta_{IL_f}L_mL_f + \gamma_I I + \gamma_{L_f}L_f + e_m\lambda_m + e_f\lambda_f \tag{4.16}$$

$$\ln(L) = \sum_i \sum_j e_{ij} \ln \frac{e^{V(I_{ij}, L_i, L_j; Z)}}{\sum_i \sum_j e^{V(I_{kl}, I_k, L_i; Z)}} \tag{4.17}$$

其中，e_m 代表丈夫是否选择再就业（是 = 1，否 = 0），e_f 代表妻子是否选择再就业（是 = 1，否 = 0），常数项 λ_m 和 λ_f 分别代表丈夫和妻子参与再就业对于效用的影响，对于模型的差异性 Z，可以通过 α_I，α_{L_m} 以及 α_{L_f} 来体现，根据结构模型的对数似然函数，对其求偏导，可得到社会救助家庭的效用函数，这样就可以为社会救助家庭联合再就业供给提供模拟方案。

三 回归结果与分析

笔者应用社会救助家庭成员再就业行为微观模拟模型来研究中国社会救助制度变动的次轮效应。所在实证分析中，我们首先要确定最根本的再就业供给方案。笔者参照学术界关于工作时间选取的通常做法，以工作天数为基本标准，将社会救助家庭再就业人员的再就业时间供给 $\overline{D}$ 划分为以下区间：

$$\overline{D} = \begin{cases} 0, 选择完全依赖低保金生活, D \in (0, 0.06] \\ 0.15, 零零碎碎的工作, D \in (0.06, 0.18] \\ 0.24, 稳定经常性工作, D \in (0.18, 0.27] \\ 0.30, 稳定工作并兼职, D \in (0.27, 0.33] \\ 0.42, 稳定工作兼职加班, D \in (0.33, 4] \end{cases}$$

假定再就业人员一周最长工作时间为 4 天，在此假设条件下，休闲方案可以选择为 L_3。在此基础之上，通过工资理论，建立截尾模型和 Probit 二元回归模型，其中包含的解释变量如下，年龄（及交叉项）、受教育年限（及交叉项）、区域虚拟变量、性别、再就业状况、健康状况、婚姻状况、户籍状况。

表 4 - 1 显示了社会救助家庭再就业方程的参数估计结果，数据显示，社会救助家庭中男性成员从事再就业的比例更高，有过大病的家庭成员从事再就业的比率更低，未婚家庭成员的再就业率显著低于已婚成员。随着受教育程度不断提高，社会救助家庭成员的再就业概率与受教育程度呈现抛物线形（开口向上）趋势。这解释了受教育程度高的家庭成员摆脱贫困概率大的原因。

表 4-1 社会救助家庭中再就业方程参数估计

指标变量	因子	自变量	因子
年龄	0.2510 **	常州	0.7240 ***
年龄的交叉项	-0.0154 ***	南京	0.6122 **
性别	-0.5277 ***	无锡	0.4156 **
户籍	-1.7216 **	泰州	0.1220
受教育年限	-0.7490 ***	镇江	-0.3266 ***
受教育年限的交叉项	-0.5814 **	苏州	0.4571 **
健康状况	-1.2032 ***	宿迁	-0.4562 **
婚姻状况	0.7481 **	盐城	0.1024 *
常数项	3.0628 ***	淮安	0.2677 **
因变量	0.8875	调整的 R^2	0.5216
L.L.R	-2700.18	P 值	0.0000

注：① *、**、*** 分别表示在 0.1、0.05、0.01 水平下是显著的；② 采用的方法是 ML 估计。

表 4-1 还显示，再就业率高的社会救助家庭成员所在地区的经济和社会化程度远远高于再就业概率低的成员所在地区。表 4-2 显示了受助家庭再就业人员工资收入水平的估计结果，女性再就业人员收入要低于男性，城镇再就业人员收入要高于农村再就业人员，身体健康的再就业人员的收入要显著高于身体患过大病的再就业人员。因此，区域经济和社会化程度对受助群体再就业人员的收入具有显著性的正效应，受教育年限对再就业人员的影响效应与表 4-1 结果是一致的。

表 4-2 社会救助家庭再就业人员收入估计结果

指标变量	影响因子	自变量	影响因子
年龄	0.0420 ***	常州	-0.0754 **
年龄的交叉项	-0.0005 **	南京	0.0637 **
性别	-0.2043 ***	无锡	0.0224 ***
户籍	0.0714 ***	泰州	-0.0689 **
受教育年限	-0.1783 **	镇江	-0.718 **
受教育年限的交叉项	0.0575 ***	苏州	0.0491 **
健康状况	-0.4577 **	宿迁	-0.0928 **
再就业工资	-0.1053 ***	盐城	-0.0816 ***

第四章 社会救助制度与再就业激活体系的联动性

续表

指标变量	影响因子	自变量	影响因子
常数项	-4.1560***	—	—
R^2	0.5274	Mean因变量	3.0841
调整的 R^2	0.5219	F 值	519.070
L.L.R	-4986.88	P 值	0.0000

注：①*、**、***分别表示在0.1、0.05、0.01水平下是显著的；②使用的方法是 ML 估计。

根据劳动经济学的相关原理，笔者将再就业收入、闲暇、年龄及受教育年限作为社会救助家庭再就业供给决策的影响因素。表4-3显示了社会救助家庭再就业供给的离散选择模型的回归结果，根据估计结果，结合再就业人员的属性，在假设再就业人员是理性经济人的条件下，再就业人员会根据自身效用选择其再就业决策使得其闲暇和就业时间达到均衡状态。从同质效应的视角来看，随着闲暇时间延长，社会救助家庭成员的效用呈现"抛物线"趋势。从变动趋势来看，随着闲暇时间延长，再就业人员的效用不断提高；当达到最大值时，社会救助家庭成员再就业供给时间不断减少，转而更多依赖社会救助金。然而，目前中国社会救助金的有限性，会导致社会救助家庭整体效用下降。由于性别的差异，社会救助家庭成员再就业供给意愿和个体属性存在差异。所以，男性和女性再就业人员效用的变动趋势呈现完全相反的格局。男性再就业人员的效用呈现开口向上的抛物线趋势，而女性再就业人员效用呈现开口向下的抛物线形式。

表4-3 社会救助家庭再就业供给离散选择模型的回归结果

指标变量	男性再就业人员		女性再就业人员	
	同质效应	异质效应	同质效应	异质效应
常数项	6.1844E+01***	4.6217E+01***	5.9410E+01***	5.1642E+01***
R-Wage × R-Wage	2.0641E-08**	-3.9510E-07**	-1.3683E-07***	-5.1924E-07***
Leisure × Leisure	-1.6601E-03***	-1.5254E-03**	-2.5673E-03**	-2.8462E-03**
R-Wage × Leisure	5.1987E-05***	4.6879E-05**	4.6849E-05**	5.6985E-05***
R-Wage	1.6497E-03**	-8.1297E-03***	6.1576E-04**	-5.6974E-03***
R-Wage × H-Register	—	3.6472E-03***	—	4.1485E-03**
R-Wage × Age	—	-2.6575E-04***	—	-4.0987E-04**
R-Wage × Culture	—	2.5846E-03**	—	2.0646E-03**

续表

指标变量	男性再就业人员		女性再就业人员	
	同质效应	异质效应	同质效应	异质效应
$R - Wage \times Age^2$	—	$-2.6781E-03^{***}$	—	$2.1674E-03^{***}$
$R - Wage \times Culture^2$	—	$2.6174E-03^{**}$	—	$2.0647E-03^{**}$
Leisure	$1.3664E-01^{***}$	$3.1964E-01^{***}$	$2.6417E-01^{***}$	$3.1641E-01^{***}$
Leisure × H - Register	—	$5.6127E-02^{***}$	—	$5.7157E-02^{***}$
Leisure × Age	—	$-7.9543E-03^{**}$	—	$-7.8542E-03^{***}$
Leisure × Culture	—	$-7.6145E-02^{**}$	—	$-6.2455E-02^{***}$
Leisure × Age^2	—	$8.9654E-05^{***}$	—	$1.6514E-04^{**}$
Leisure × $Culture^2$	—	$1.3451E-02^{**}$	—	$9.6510E-03^{***}$
L.L.R	-1946.51	-1684.37	-1753.45	-1468.26

注：①*、**、***分别表示在0.1、0.05、0.01水平下是显著的；②使用的方法是ML估计。

表4-4显示了社会救助家庭再就业供给离散模型的回归结果，根据回归系数和社会救助家庭的差异性，可以看到，再就业收入与闲暇交叉系数为非负的。① 这充分表明再就业收入越高、获得的闲暇越多，给受助家庭带来的效用越大。接下来，我们利用微观模拟模型对差异化的社会救助制度再就业供给行为做出模拟。主要是利用差异化的再就业供给微观模拟模型对社会救助家庭再就业人员的供给状况做一个较为精确的测算。然后我们将这三种情况与实际再就业行为进行对比，验证微观模拟模型测算的准确性（见表4-5）。

表4-4 社会救助家庭再就业供给离散模型的回归结果

指标变量	同质效应	异质效应	指标变量	同质效应	异质效应
①的交互项	$2.6145E-08^{**}$	$-4.16525E-08^{**}$	②	$10.3581E-02^{***}$	$1.6414\ E-02^{**}$
②的交互项	$-2.67415E-03^{**}$	$-2.64145E-03^{***}$	②④的交互项	—	$3.6512\ E-02^{**}$
③的交互项	$-2.5417E-03^{***}$	$-2.7445E-03^{**}$	②⑤的交互项	—	$-7.0614\ E-03^{**}$
①②的交互项	$3.4186E-05^{**}$	$3.7514E-05^{**}$	②⑥的交互项	—	$1.3457\ E-03^{**}$
①③的交互项	$1.5264E-05^{**}$	$1.6578E-05^{**}$	②⑨的交互项	—	$-5.6584\ E-03^{***}$
②③的交互项	$1.6240\ E-03^{***}$	$1.2587\ E-03^{**}$	③	$1.8169\ E-01^{***}$	$1.9149\ E-01^{***}$
①	$1.2457\ E-03^{**}$	$-7.0041\ E-03^{***}$	③④的交互项	—	$4.6414\ E-02^{**}$
①④的交互项	—	$2.1741\ E-03^{**}$	③⑤的交互项	—	$-8.1595\ E-03^{**}$

---

① 再就业收入与男性闲暇的交叉系数，以及再就业收入与女性闲暇的交叉系数为非负的。

第四章 社会救助制度与再就业激活体系的联动性

续表

指标变量	同质效应	异质效应	指标变量	同质效应	异质效应
①⑤的交互项	—	-2.3459 E-04**	③⑦的交互项	—	6.8941 E-04***
①⑥的交互项	—	2.6171 E-05***	③⑧的交互项	—	-1.9641 E-02**
①⑨的交互项	—	1.3129 E-04**	⑩	4.6215 E+00**	5.0614 E+00**
①⑦的交互项	—	-2.6244 E-05***	⑪	4.8166 E+00**	-1.6165 E+00**
①⑧的交互项	—	1.6217 E-04***	L.L.R	-1547.33	-15443.28

注：①为再就业收入，②为男性闲暇，③为女性闲暇，④为户籍属性，⑤为需要赡养费人数，⑥为男性年龄，⑦为女性年龄，⑧为女性受教育程度，⑨为男性受教育程度，⑩为女性常数项，⑪为男性常数项；*、**、***分别表示在0.1、0.05、0.01水平下是显著的。

表4-5 社会救助家庭再就业供给模型的拟合状况

单位：%

相关指标		再就业时间（D）					总计
		未从事再就业	D=1	D=2	D=2.5	D=3	
社会救助家庭成员	实际值	49.17	7.08	21.4	19.17	3.18	100
	测算值	49.01	2.8	32.67	14.16	1.36	100
拟合准确率		30.28	0.84	17.24	18.06	0.71	67.13

表4-5显示了社会救助家庭成员在不同再就业状态下的实际分布与微观模拟分布状况的拟合准确度。从数据的百分比分布来看，兼职时间（D=3）和打零工（D=1）的密度很低，模型总体拟合度达到67.13%。这说明拟合优度较高，模型具有实用性。另外，笔者从收入分配（再就业）和再分配（领取社会救助金及配套收入）的视角对此模型的拟合优度进行了评估。结果显示，预测总体偏差在0.05水平范围内，说明该模型具有良好的拟合效果。

四 再就业保留工资制度改革效应的评估

再就业制度中的保留工资是劳动经济学理论的重要概念，它取决于个体的主观感受，保留工资一般高于社会救助金收入（包括配套收入），社会救助群体通过保留工资来确定自己的再就业决策，试图达到自身效用最大化。针对这种状况，目前中国实施的最低工资制度在很大程度上能够解决这个问题。这个制度的实施使得市场工资水平大于很大一部分受助群体再就业人员的保留工资水平，因而提升了其再就业意愿。这种主动就业摆脱贫困的救助形式,可以优化整个社会经济的收入分配格局。因而,不考虑受助人员对于保留工资的存在及最低工资制度改革的再就业供给的行为反应,会导致对社会救助制度的效能评估偏差的产生。

鉴于此,笔者以最低工资标准改革为研究前提,应用行为微观模拟模型来评估最低工资制度改革的分配效应。并且,研究最低工资制度改革对社会救助群体再就业收入的影响。实证结果如图4-2和表4-6所示,几乎所有拥有再就业人员的社会救助家庭都能从最低工资制度改革中受益。但随着社会救助家庭再就业收入的提高,社会救助家庭从最低工资制度改革中所得的收益在逐渐下降。最合理的解释是,最低工资制度所面向的对象是社会低收入阶层的弱势群体,他们才是真正的制度的受益者。如表4-7所示,最低工资制度改革(标准提高)使得社会救助家庭再就业收入提升了6.1611%,而Gini系数下降了1.2221%。社会救助家庭户数下降了9.7387%,Foster指数降低了0.8850%。这表明中国最低工资标准上升起到了提高社会救助家庭再就业率、提高再就业收入和降低贫困的正向效应。

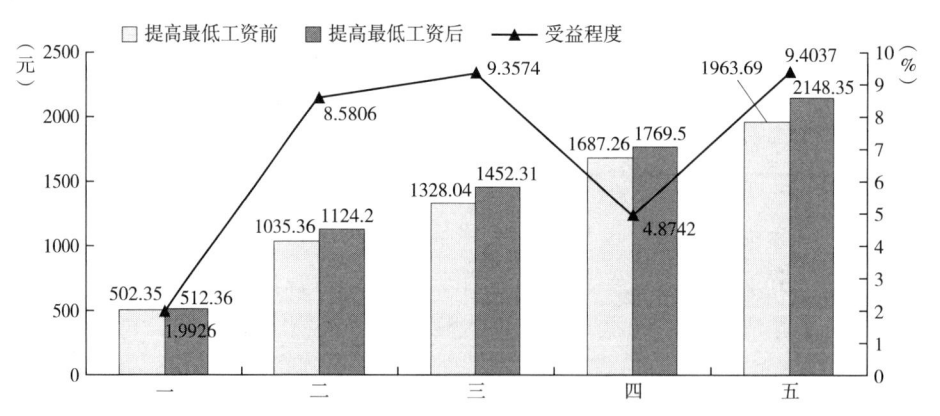

图4-2 最低工资制度改革对社会救助家庭(五等分)的收入分配效应

表4-6 最低工资制度改革对社会救助家庭(五等分)的收入分配效应

再就业收入	一	二	三	四	五
提高最低工资前(元)	502.35	1035.36	1328.04	1687.26	1963.69
提高最低工资后(元)	512.36	1124.20	1452.31	1769.50	2148.35
受益程度(%)	1.9926	8.5806	9.3574	4.8742	9.4037

表4-7 最低工资制度改革（标准提高）对社会救助家庭成员再就业收入的分配效应

最低工资制度	再就业收入	社会救助家庭户数	Foster 系数	Gini 系数
提高最低工资前再就业收入（元）	1896.26	0.1263	0.0791	0.4173
提高最低工资后再就业收入（元）	2013.09	0.1140	0.0784	0.4122
变化百分比（%）	6.1611	-9.7387	-0.8850	-1.2221

接下来，笔者利用再就业行为微观模拟模型评估最低工资制度改革的效应。结果显示，最低工资制度改革使得再就业概率和劳动参与率分别提高了0.7084和0.8244个百分点。这表明最低工资标准的提高能极大程度地提高受助群体再就业供给率，而男性再就业供给率增长幅度小于女性。主要原因是，男性再就业供给的工资弹性小于女性。这意味着很大一部分受助群体不能够实现充分就业。所以，我们必须对有完全劳动能力或者部分劳动能力的社会救助家庭成员进行再就业培训。

最低工资制度改革使得受助群体再就业供给增加，不同的社会救助家庭都或多或少从该制度中受益。如表4-8所示，从变化趋势上看，随着社会救助家庭收入的不断提高，其从最低工资制度改革中所获得的收益越来越少。所以，我们认为越贫困的群体从制度中获得的收益就越多，这会带来正面的效应，即再就业供给的增加。

最低工资制度改革的宏观经济分配效应见表4-9，我们可以看到，最低工资标准的提高会使得社会救助家庭再就业人员的再就业收入普遍得到提高，再就业收入的歧视性减弱，而受助群体通过再就业可以使其贫困得到缓解。其长期效应大于短期效应，这充分说明，重视社会救助家庭再就业供给行为反应将会起到很重要的作用。

表4-8 最低工资制度改革五等分组的短期收入分配效应

受助家庭五等分组	指标明细	一	二	三	四	五
家庭人均收入（元）	提高最低工资前	617.20	1124.23	1648.57	1875.09	2106.58
	提高最低工资后	660.44	1187.56	1688.60	1897.84	2125.75
变化百分比（%）		7.01	5.63	2.43	1.21	0.91

表4-9 最低工资制度改革的宏观长期收入分配效应

最低工资制度	再就业户均收入	Gini 系数	贫困率	Foster 系数
提高最低工资前再就业收入（元）	1957.39	0.4034	0.0918	0.0764
提高最低工资后再就业收入（元）	2066.50	0.3988	0.0874	0.0707
变化百分比（%）	5.5743	-1.1403	-4.7930	-7.4607

五 最低工资制度改革的敏感性分析

最低工资制度改革方式应与经济和社会发展水平相适应，根据2010年中国社会救助制度的相关数据，笔者应用微观模拟模型对最低工资制度改革做了敏感性分析。研究假定最低工资制度改革分为几种层进改革形势，最低工资标准按逐步提升的方式展开。类似洛伦兹曲线的方式，我们按照 [0.1, 0.2]，[0.2, 0.3]，[0.3, 0.4]，…，[0.8, 1] 的划分方式来看最低工资标准对于受助群体再就业供给的影响（如图4-3）。图4-3显示，随着最低工资标准的上升，社会救助家庭再就业人员的再就业供给不断上升，这与劳动经济学理论相吻合。

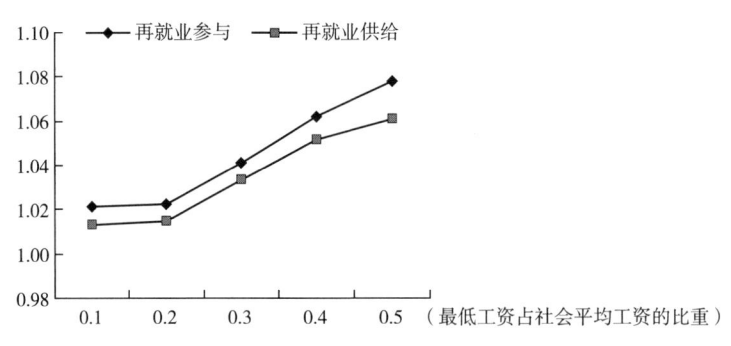

图4-3 最低工资标准提高的再就业供给效应

最低工资制度在很大程度上对社会救助家庭成员再就业行为的影响强于其对再就业供给的影响效应。主要原因是，最低工资标准提高能够促使社会救助家庭成员中无再就业意愿的人口转化为有再就业意愿的人口。数据显示，当最低工资提高20个百分点时出现了转折，说明最低工资标准提高20个百分点以上时，再就业供给迅速增加。连续调整最低工资标准对社会救助家庭收入分配的影响状况如图4-4所示。

从图4-4的报告我们可以看出，社会救助群体是最低工资制度改革

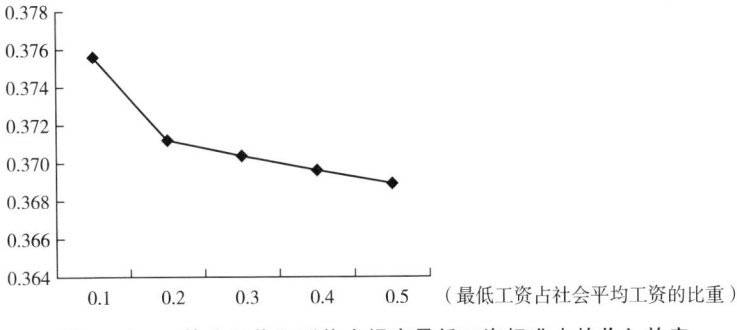

图 4-4　五等分组收入群体在提高最低工资标准中的收入效应

目前和远期的再就业供给效应的利益既得群体；并且这种利益的获得随着最低工资标准提高程度而呈现加速上升的趋势，而对中高收入群体的影响不明显。这从另一方面也表明制度"瞄偏"的可能性极小。也表明最低工资制度的实施对象是贫困再就业群体。从图 4-5 可以看出，在三条变化曲线中最低收入组变化程度远大于中间收入组和最高收入组。而且从数据的变化趋势来看，当最低工资标准提高在 20% 以内时三个群体分组成员从该制度中获得的收益变化程度不大；当最低工资标准提高 20% 以上时，这种分离趋势更加明显。主要原因是当最低工资标准超过 20% 时，其再就业收入超过了其保留工资。所以，其再就业选择行为加强。这种增强同时也提升了其收入。

接下来我们分析一下，最低工资制度改革对收入分配格局的影响效应和减贫效果。测算结果如图 4-5 和图 4-6 所示，随着最低工资标准的不断提高，社会救助家庭与非社会救助家庭的 Gini 系数和 Foster 指数呈现迅速下降的趋势。在最低工资标准提升到 20% 时，Gini 系数和 Foster 指数呈现明显的变缓趋势。这为政策的制定提供了较好的依据，也就是最低工资标准增加 20% 是投入—产出的 DEA 高效率点。这个高效率点能够起到增加受助群体再就业供给、再就业收入以及减贫的效应。

六　结论与进一步讨论

社会救助制度及最低工资制度的改革在很大程度上不仅仅影响受助群体的即期状态，还会对其再就业行为产生极其重要的长远影响。鉴于此，笔者构建了一个社会救助群体再就业行为的微观模拟模型，分析了社会救助制度变动的再就业供给和再就业收入分配效应，利用再就业行为微观模

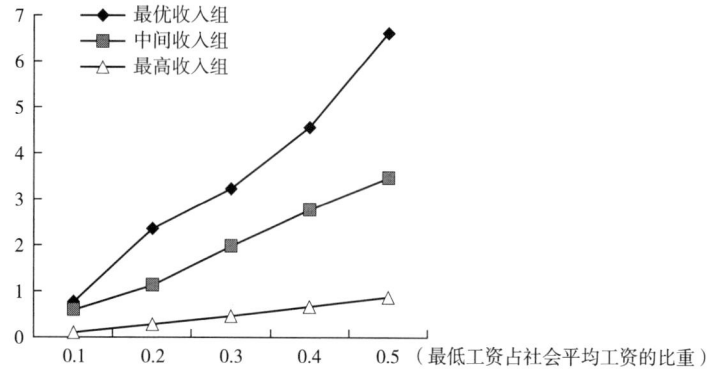

图 4-5 提高最低工资标准的收入分配格局影响效应

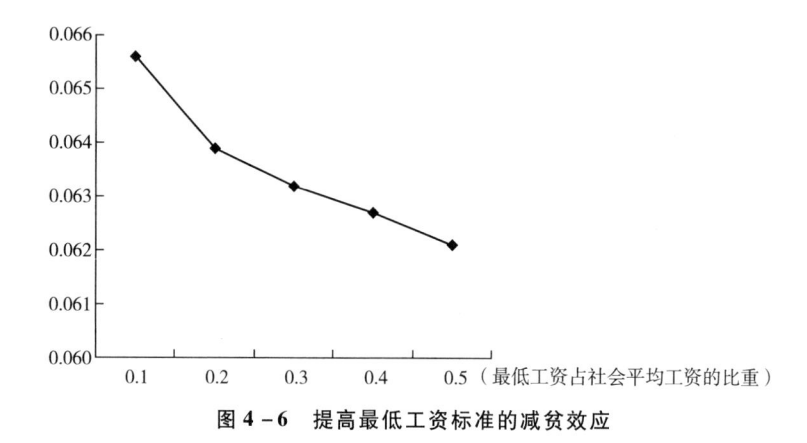

图 4-6 提高最低工资标准的减贫效应

拟模型对最低工资制度的改革问题做了敏感性分析。

实证研究结果表明，最低工资标准提高能够在很大程度上促进社会救助家庭再就业人员实施再就业决策，其再就业收入得到明显的增加。从而能够使得社会救助群体逐步摆脱"贫困的恶性循环"。达到缩小社会救助群体和非社会救助群体之间的收入差距的目标。

虽然中国政府几次提高了最低工资标准，但目前从工资的绝对数来看仍然较低。从课题组所做的访谈来看，近65.8%的受助群体再就业人员认为最低工资标准仍然低于其保留工资。由于目前中国实施了以最低生活保障制度为核心的社会救助体系，这个体系中包含了社会救助制度的配套项目，这使得再就业人员的保留工资高于最低工资标准。而且由于社会救助制度在绝大多数项目上具有"被动"性，缺乏对受助群体再就业的激励机制。所以，政府应该实施积极的再就业激励措施，改善再就业人员的再就业环境，从而促进有完全劳动能力或者部分劳动能力的受助群体积极从事再就业，这样才是缩小收入差距与减少贫困发生率的关键途径。

第二节 社会救助群体的再就业决策行为发生机制

一 社会救助收入与受助群体再就业收入的基本关系

社会救助收入与受助群体再就业收入始终是一种此消彼长的动态变化关系。中国自1999年在城镇全面实施以最低生活保障为核心项目的社会救助制度以来，已经实现了"应保尽保"的效果，2007年也在农村地区实施了这一制度。从制度运行的投入—产出状况来看，存在许多缺乏DEA效率的状况，从初步的研究成果来看，原因主要在于"保不应保"与"救助依赖"并存。从税收学的角度来看，目前社会救助制度的进入—退出机制实施100%的个人所得税扣除（王增文，2009）。而从理性经济人的视角来看，社会救助制度对待受助群体再就业人员总的救助理念是持续提高其自身收入（除完全失去劳动能力的群体外）。因此，社会救助群体的再就业行为往往以受助家庭的综合决策为主。

已有理论和实证研究发现，社会救助家庭的再就业决策可以用来分析居民再就业行为问题。研究均从以下两个方面展开。第一，假设社会救助家庭成员间具有差异化的效用函数，建立集体模型进行分析。Malathy 和 Duraisamy（2002）、Chiappori（1992）等学者用博弈论的研究方法分析生产、消费和再就业行为，该问题的研究范围由此不断由微观层次向宏观层次延拓；第二，假认社会救助家庭成员具有共同效用函数，建立单一模型展开论述。Huffman（1991，2001）、Alain de Janvry（1991）、Ahituv 和 Kimhi（2006）等学者，均分析了在差异化的外部制度环境下的再就业问题。在这方面，黄世贤（2009）认为，目前农村公共服务配套还存在一定的不完善状况，要完善政策执行机制，防止再就业政策在执行过程中的"缺位""越位""错位"问题。在再就业收入方面，杨灿明（2010）认为，拥有良好的健康状况和较高的教育水平的受助家庭成员能获得较高的收入回报，农村劳动力外出务工为家庭带来了较高的收入。这些研究的视角均是在劳动迁移新经济学模型的基础上展开的。这是他们对不同群体再就业决策行为研究的主要贡献。

笔者将会从社会救助群体再就业决策行为发生机制的视角来分析这一问题，即社会救助家庭内部再就业决策机制和外生动态再就业决策机制。第一，将社会救助家庭按照特定的收入水平划分为三种类型。综合考察以往国内外关于社会救助群体的再就业问题的研究，提出了与之不同的研究方法和研究视角。第二，从受助群体家庭内部和不同受助家庭类型的动态转换视角，分析了三种类型社会救助再就业决策的转化机制。第三，把获取经济收入的能力作为划分社会救助家庭再就业类型和就业决策行为的基本标准。目前绝大多数学者把拥有财富的多少作为判断是否为救助对象的标准，笔者认为这固然重要，但最重要的是获取经济收入的能力，这一点阿玛蒂亚·森早已证明。因此，为了深入研究社会救助群体再就业决策行为的发生机制，我们以社会救助群体的收入增长为研究出发点，在此基础上对三种类型社会救助群体的再就业决策发生机制做深入研究。

本节下面的研究分为三个部分，首先，对社会救助家庭内部再就业决策行为及发生机制进行分析；其次，在动态收入约束下分析社会救助家庭的再就业决策机制；最后，给出本节的研究结论。

二 社会救助群体再就业决策的内生机制

劳动经济学中的家庭劳动供给决策认为，在经济个体单身的情况下，其劳动决策行为由个体自主决定，自主选择劳动—闲暇模型，而一旦结婚组成家庭，家庭就业决策行为更多受家庭成员的约束和影响，受助家庭的再就业决策亦是如此。所以，研究社会救助家庭的再就业决策机制，需要分析其家庭再就业决策的内生机制。在受助群体是理性经济人假设前提条件下，我们将社会救助家庭细分为三种基本类型：生存型、难关型和发展型。[①]

（一）生存型社会救助家庭的再就业决策

生存型社会救助家庭中有绝大部分是完全失去或基本失去劳动能力、经济地位较低和基本生活难以为继的家庭，部分是有劳动能力的家庭。这

[①] 三种不同类型的社会救助群体的资源禀赋和所处的外部环境状况迥异，但按照福利经济学假设，他们都是以效用最大化为前提，在经济状况不同的条件下，受助群体的效用最大化行为表现出的再就业导向不尽相同。三种类型的社会救助家庭对经济收入最大化的经济行为表现出差异化的状况，因此，我们的研究做了分层划分。

种类型的社会救助家庭以满足生存为追求,其再就业决策中暗含一个最基本的生存约束条件,这使得其基本消费支出仅仅满足基本生存的需求。因此,生存型社会救助家庭的再就业收入效应远大于替代效应。

为研究方便和不失一般性,生存型社会救助家庭的再就业分布状况如图 4-7 所示。存在一条生存预算约束线,受助家庭所需的最低生存收入由单位时间收入与劳动时间的乘积所决定,这一乘积是个常数。横轴表示家庭再就业时间和闲暇,纵轴表示受助家庭单位时间的收入。对于有完全劳动能力或部分劳动能力的受助家庭,由于存在生存约束,受助家庭收入处于低水平,这一类型家庭的再就业行为与闲暇会存在两种强度不同的效应:一种是受助群体再就业的替代效应大于收入效应,这一规律与传统家庭劳动供给规律相同;另一种是受助群体再就业的替代效应小于收入效应。对于前一种效应,替代效应占优的主要原因是这部分群体有完全劳动能力或者部分劳动能力,其更希望通过再就业来脱离贫困。所以受助家庭生存收入预算约束使社会救助家庭的收入提高以使其再就业的边际激励远强于闲暇的需求。对于这部分群体,制度设计应更加注重适应性。

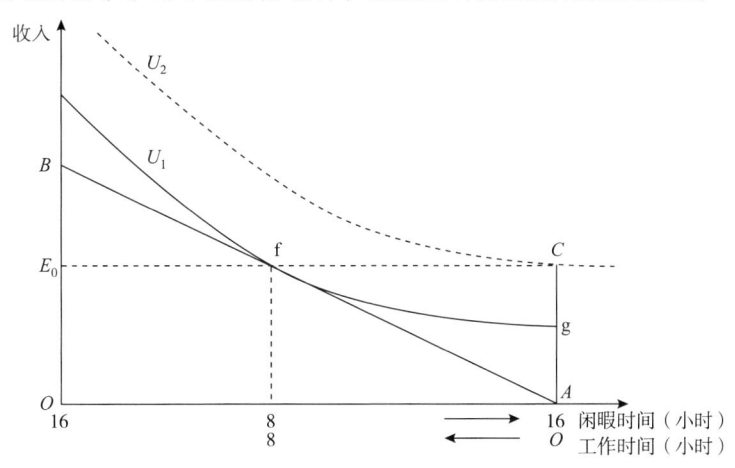

图 4-7 生存型社会救助家庭的再就业决策机制

对于完全失去劳动能力的受助家庭,同样由于存在生存约束,其收入处于低水平,这一类型家庭的再就业行为与闲暇只存在一种效应占主导,即再就业的替代效应大于收入效应。图 4-7 所示的 AC 段这个"钉子"造成了受助家庭再就业人员工作动机的负向激励问题。原因有两点:第一,处于 C 点(不工作点)的再就业人员重新工作时,发现其收入大幅度下降，这一计划造成的替代效应显然妨碍受助家庭再就业人员工作；第二，受助家庭再就业人员在 C 点比在 f 点（受助前的工资与闲暇的组合）境况更好，因为其处于无差异曲线 U_2 而非 U_1 上，这样，再就业人员不工作时的境况比工作时更好，产生了收入效应，阻碍受助家庭人员重返工作岗位。所以，略低于 Ag 的社会救助金既能保证效用损失最低，又能促使受助家庭人员尽快返回工作岗位。而收入效应占优的这部分家庭，一方面是由其本身的结构造成的，如家庭中多数是老弱病残，该家庭不得不依赖社会救助金生活；另一部分可能是由制度本身所致。

首先是享受社会救助前收入与享受社会救助金后收入之间的关系。享受社会救助金前的收入越高，受助家庭再就业行为就愈强烈，这时替代效应就会远远超过收入效应；反之，收入效应就强于替代效应。其次社会救助收入与受助家庭再就业收入之间的关系。社会救助金收入与再就业收入之间差距较小，则受助群体再就业持续时间会较短，即会很快放弃再就业，再次滑落到社会救助家庭的行列。这时，收入效应会远大于替代效应；当再就业收入远大于社会救助金收入时，受助家庭再就业持续时间会很长，并且会逐渐脱离贫困。

（二）难关型社会救助家庭的再就业决策行为

难关型社会救助家庭是指在社会救助群体中处于中等经济地位的家庭。他们没有基本的生存压力，注重家庭劳动力的配置。这部分受助家庭主要由于受到暂时性的自然或者社会方面的冲击而陷入贫困。[①] 在这种状况下的社会救助家庭几乎无一例外追求未来家庭整体收入增长这种更高层次的目标，其收益主要是在未来。即他们需要在追求再就业收入整体增长的同时，追求未来收入的提高。我们假定社会救助制度的设计存在两种状况：一种是受助群体再就业后，取消其社会救助金及配套项目（如医疗救助、教育救助及住房救助）；二是只是取消其社会救助金，而保留配套项目。

（三）发展型社会救助家庭再就业决策行为

发展型社会救助家庭指在社会群体中属于相对贫困的家庭，处于相对

---

① 如洪水、地震和飓风等自然因素，如经济危机等经济因素，还有部分家庭由于子女教育、住房和医疗等问题而处于暂时性贫困。

较高的经济地位。这部分群体一方面不存在生存压力，但经济状况相对社会平均经济状况来看较差；另一方面，这部分群体均有完全劳动能力或部分劳动能力。其所表现出的特征是家庭整体收入缓慢增长、社会经济地位不断提高。在这种状况下，社会救助家庭往往倾向于收入不断提高这种更高层次的目标，需要进一步扩大收入来源。与难关型社会救助家庭相同的特征是提高自身整体收入仍然是这类家庭的基本目标。他们在对收入尤其是高收入的追求上比生存型社会救助家庭和难关型社会救助家庭动机更强，这类受助家庭逐渐开始对原始资金进行积累，通过再就业，他们能够跳跃性地由被动地获得经济补偿或享受配套项目的状态，转变为通过享受再就业培训、金融贷款和税收优惠等再就业扶持政策实现再次就业。

处于难关型和发展型社会救助之间的边际状态时，通常受助家庭迅速增加的消费需求和社会救助收入之间会存在不均衡的状况。一方面，受助家庭消费需求快速增长；另一方面，再就业并没有带来收入的实质性提高。[①] 所以，受助家庭消费需求与再就业收入存在短期不一致的状况。这使得相对于生存型和难关型社会救助家庭而言，发展型社会救助家庭需要从再就业中实现跨越。能否跨越的关键在于其收入是否能够在发展型社会救助的基础上摆脱贫困恶性循环的临界点。

由图 4-7 可知，对于处于相对较高再就业阶段的发展型社会救助家庭而言，收入效应对受助家庭再就业行为的影响远远弱于替代效应。而此时的再就业收入若能跨越难关型的社会救助收入临界点，则由于惯性的缘故，这种类型的社会救助家庭仍会在一段时间内保持再就业收入的替代效应占优的状态。在这之后随着受助家庭收入水平的提高，其日均工作时间和闲暇时间的约束则趋于均衡。所以，可以得出结论：社会救助家庭成员为追求自身利益最大化，再就业收入提高所带来的经济效用和非经济效用的边际收入大于领取社会救助金收入的闲暇带来的效用，满足这一结论的受助家庭成员是有完全劳动能力或者部分劳动能力的群体。

三 社会救助家庭再就业决策的外生机制

社会救助再就业决策及行为产生于受助家庭内部，但外生性因素也会

---

① 由于社会救助家庭从配套项目中获得的隐性收入远大于此。

在较大程度上对其产生影响。笔者将在上述受助家庭内生机制的研究之上，将受助家庭看作一个统一决策单位，而将其置于整个经济社会环境中，研究受助家庭的外生微观因子对受助家庭再就业决策行为的影响。在影响受助家庭再就业行为的外生性因素中，首先，我们来研究各种经济和社会交互行为的影响，假定受助家庭在经济社会中的交往群体是相对稳定的。其次，假设受助家庭 i 与其邻居朋友能相互沟通和交流。受助家庭从其邻居朋友那里可以获得就业信息并相互分享，假设在状态 $\vec{e}$ 中 i 的一期收益是其与每个邻居朋友博弈后获得收益的总和，记为：

$$h_i(e) = \sum_{j=1}^{N} \xi_{ij} v(\vec{e_i}, \vec{e_j}) \tag{4.18}$$

其中，ξ_{ij} 表示受助家庭与其邻居朋友相互作用的强度；$\vec{e}$ 为受助群体再就业选择的状态，$\vec{e_i}$ 和 $\vec{e_j}$ 则分别表示相互作用的受助家庭再就业选择的状态向量。式（4.18）刻画了一种空间博弈，若对每个受助家庭 i 和每一个再就业选择状态向量 $\vec{e}$，下式成立：

$$\sum_{j=1}^{N} \xi_{ij} v(\vec{e_i}, \vec{e_j}) \geqslant \sum_{j=1}^{N} \xi_{ij} v(\vec{e}, \vec{e_j}) \tag{4.19}$$

那么，状态向量 $\vec{e}$ 为上述空间博弈的一个纳什均衡。

由于纳什均衡的结果，受助家庭再就业选择行为存在动态变化，故可进一步假设受助家庭的再就业状态是 $\vec{e_t}$，在 $t+1$ 期存在随机选择的如下几种情形。

（一）在救助金中获得的效用逐期降低

根据上述社会救助家庭静态博弈的结果，社会救助家庭 $t+1$ 期再就业选择会在 t 期的结果上产生变化，在 i 和 j 互动作用强度不变的情况下，各受助家庭 i 与周围受助家庭 j 的博弈收益在 t 期和 $t+1$ 期的对比结果是：

$$\sum_{j=1}^{N} \xi_{ijt} v(\vec{e_{ti}}, \vec{e_{jt}}) < \sum_{j=1}^{N} \xi_{ij(t+1)} v(\vec{e_{i,t+1}}, \vec{e_{j,t+1}}) \tag{4.20}$$

由于相对于在 t 期而言，$t+1$ 期效用并没有增加，所以社会救助家庭 i 存在一个再就业状态的调整使其满足：

第四章 社会救助制度与再就业激活体系的联动性

$$\sum_{j=1}^{N} \xi_{ijt} v(\overrightarrow{e_{ti}}, \overrightarrow{e_{jt}}) \leqslant \sum_{j=1}^{N} \xi_{ijt} v(\overrightarrow{e_{i,t+1}} + \Delta \overrightarrow{e_{i,t+1}}, \overrightarrow{e_{j,t+1}}) \tag{4.21}$$

对于受助家庭再就业状态的边际调整会如何影响 t 期博弈效用的增量，可用式（4.22）表达：

$$\frac{\partial U_{i,t}}{\partial \Delta e_{i,t}} = \frac{\partial v_{i,t}}{\partial \Delta x_{i,t}} \times \frac{\partial U_{i,t}}{\partial v_{i,t}} \tag{4.22}$$

式（4.22）表明社会救助家庭在 t 和 $t+1$ 期再就业状态调整的边际效应可分解。首先，这种状态的调整使得受助家庭效用发生变化；其次，这种家庭效用的变化将影响受助家庭参与周围受助家庭博弈收益的相对变化。

笔者假定受助家庭决定再就业时，通常会结合其自身家庭禀赋及外部因素来综合衡量。受助家庭再就业后会产生两种效应：受助家庭效用效应和互动博弈效应。家庭效用效应会使受助家庭的再就业决策行为发生变化。① 三种类型的社会救助在再就业配置上呈现差异化的特征。此外，从受助家庭间的博弈视角来看，效用增减会产生社会救助家庭博弈收益。这一效应正好与由式（4.21）造成的互动博弈结果相抵消。这会使得再就业状态的调整在很大程度上减少个体时间的博弈收益。社会救助家庭若与其他受助家庭比较后发现自身经济地位在下降，则该家庭中有劳动能力者会努力调整自身再就业行为，以提高家庭经济地位。但这取决于受助家庭对再就业类型、岗位的选择及对自身相对经济地位的认定。因此，社会救助家庭产生由被动救助变成脱贫型自我发展的意愿，归根到底是由于其感到经济地位落后于同类群体。

（二）社会救助家庭各期效用均相等

根据静态博弈的均衡理论，我们认为社会救助家庭的收益状况相对较为稳定，在 i 和 j 家庭相互作用强度没有发生变化的状况下，不同的社会救助家庭间的博弈收益在 t 和 $t+1$ 期相等。

$$\sum_{j=1}^{N} \xi_{ijt} v(\overrightarrow{e_{ti}}, \overrightarrow{e_{jt}}) = \sum_{j=1}^{N} \xi_{ij(t+1)} v(\overrightarrow{e_{i,t+1}}, \overrightarrow{e_{j,t+1}}) \tag{4.23}$$

---

① 如社会救助家庭可能从生存型和难关型过渡为发展型。

式（4.23）表明受助家庭 i 处于长期稳定状态，这个状态就是社会救助家庭再就业决策的最大边缘性约束条件，这种情形下的博弈收益较为稳定。

（三）社会救助家庭的效用逐期递增

根据静态博弈均衡理论，社会救助家庭在 $t+1$ 期的再就业行为决策会在 t 期的基础上加强，在受助家庭间相互作用强度恒定的状况下，社会救助家庭间的博弈收益在 t 期和 $t+1$ 期的反差是：

$$\sum_{j=1}^{N} \xi_{ijt} v(\vec{e_{ti}}, \vec{e_{jt}}) > \sum_{j=1}^{N} \xi_{ij(t+1)} v(\vec{e_{i,t+1}}, \vec{e_{j,t+1}}) \qquad (4.24)$$

这使得受助家庭博弈结果占优的状态得以长期保持相对稳定，也就是受助家庭原有空间博弈均衡状态在相当长的时间内形成对其再就业选择的均衡路径，这一路径的持续状态根源于对受助家庭再就业效用决策判断的相对优势，因为受助家庭再就业人员一旦获得经济地位的相对提高，就会增加其家庭效用，则该受助家庭的经济地位的改善信息会被广泛传播到其他受助家庭。其他的受助家庭在再就业行为上则会做出反应，这种反应对受助家庭保持再就业会起到积极的促进作用。

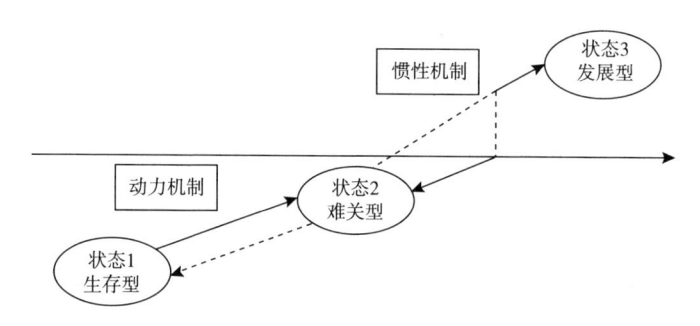

图 4-8　社会救助家庭间互动博弈再就业过程的转换状态

如图 4-8 所示，从状态 1 过渡到状态 2 的过程中，这种转变的动态机制便是社会救助家庭对其再就业状态的"调整"和"跨越"机制。伴随着受助家庭相对经济地位的提高，其与其他受助家庭的互动博弈效用有所提高，进而逐步变换到状态 2。状态 2 本质上是一种临界状态，"调整"与"追赶"变为惯性动力，也就是受助家庭处于特定纳什均衡状态下，倾向于维持这种收益状态,而不涉及其他状态变动。此时,受助家庭博弈效用的获得并非依赖于调整动力机制,而是保持"路径依赖"惯性。其选择再就业调整基本上是随社会救助群体状况变化的。因此,在逐渐变化的过程中,受助家庭将在很长的一段时间内形成对再就业选择的路径依赖,直至有外生性因素冲破这种惯性,使得这种相对经济地位发生变化。

四 结论与进一步讨论

受助家庭的再就业决策行为变化取决于收入增长状况,不同的经济状况也决定了差异化的社会救助家庭再就业决策行为,笔者在研究受助家庭内生再就业决策行为后发现,在不同的社会经济背景下,受助家庭理性再就业决策的外部表现不完全一致。由于差别性的经济状况和行为特征,我们将受助家庭的类型分为生存型受助家庭、难关型受助家庭和发展型受助家庭。这几种类型的受助家庭显示出差异化的家庭内生再就业决策行为机制。

(1) 生存型社会救助家庭的再就业决策行为有两种效应,同时分两类家庭:完全失去劳动能力的家庭其替代效应要小于收入效应,而对于有劳动能力和技能的家庭其替代效应大于收入效应。

(2) 对于难关型社会救助家庭,自然灾害、教育、医疗等原因使其收入效应大于替代效应,而当受助家庭渡过难关后,其再就业收入发生了变化,替代效应会逐步大于收入效应。此时,受助家庭脱贫意愿和趋势会越来越强。

(3) 发展型受助家庭为追求更高效用水平,通常将其家庭成员的再就业培训、收入相对较高的劳动及有限的、可及性的资本相结合获取比社会救助收入更高的可支配收入。

本研究在对社会救助家庭再就业决策的外生机制进行研究发现,社会救助家庭外生再就业决策行为机制的形成取决于社会救助家庭与其他受助家庭的动态博弈。随着受助家庭相对经济收入的提高,其与其他受助家庭的动态博弈收益就会提高,在其家庭总体效用获取中,其再就业行为方式由被动型救助和"暂时追赶",变成永久的再就业惯性机制。

第三节 再就业收入:冲破贫困"路径依赖"的现实选择

一 受助家庭与非受助家庭成员再就业机会的差异现状

2016年中国贫困线为年人均3000~4000元。由于生产资料价格和部分日常消费品价格过快上涨，城乡居民生产生活支出增加，其生活水平整体提升，而社会救助标准并未同比例提高。如果按人均每天2美元收入的联合国标准，中国仍有4500多万赤贫人口。[①] 这表明虽然中国GDP已跃居世界第二位（2017年的数据），取得了举世瞩目的经济成就，却仍是一个发展中国家，并且目前制度覆盖的主要群体是老弱病残人员。针对目前中国社会救助标准的状况，权衡（2005）的研究结果显示：尽管几乎所有国家的不同阶层之间居民收入差距在某种程度上逐步拉大，但是不能完全证明这会给整个社会带来不和谐不稳定的因素。

都阳、John Giles（2006）研究显示，对于领取失业保险金的父母，其子女接受高等教育的比例比一般家庭要低三成，他认为影响贫困家庭子女收入的因素主要在再就业收入和再就业机会方面。而从人力资本投资的视角来看，由于贫困的恶性循环问题，受助家庭收入和社会成本均处于匮乏的状态，因此其子女在收入机会获得方面缺乏公平性。

鉴于获取家庭住户资料的局限性，我们选取社会救助家庭和非社会救助家庭成员的就业机会和就业收入进行研究。[②] 主要集中于研究受助家庭与非受助家庭成员再就业机会的差异及再就业收入间的差异，探寻中国处于贫困状态的社会救助家庭走出贫困恶性循环之路；利用南京财经大学社会救助课题组2015年对中国6省份社会救助家庭的调查资料，刻画社会救助家庭与非社会救助家庭之间就业机会的平等性问题；利用小时工资这一变量来考察社会救助家庭成员和非社会救助家庭成员在再就业收入方面的差距；在此基础之上，利用两部分模型预测社会救助家庭组和非社会救助家庭组的就业收入差距。

二　数据描述

研究采用的数据来源于南京财经大学社会救助课题组对中国6省份低收入群体的问卷调查，样本涉及北京、上海、天津、山东、湖北和江苏等

[①] 国务院扶贫办新闻发言人：《2016年全国农村贫困人口减少1240万人》，中青在线，http://news.cyol.com/content/2017-02/28/content_15675029.htm，2017年8月28日。

[②] 一般来说，社会救助家庭绝大多数属于长期贫困类型而非暂时性贫困类型。而家庭再就业人员的收入水平是决定受助家庭能否摆脱救助依赖和脱离贫困恶性循环的一个至关重要的因素。

的 2386 户家庭。① 湖北省相对于山东和江苏两省，属于相对落后的省份，行业分布差距也显著小于这两个发达省份，其小时工资和年可支配收入相对较低，社会救助家庭与非社会救助家庭之间的收入差距没有山东和江苏那么大，如表 4-10 所示。

表 4-10 三个省份社会救助家庭再就业人员年可支配收入与小时收入的分布状况

单位：元

项目	江苏 年可支配收入	江苏 小时工资	山东 年可支配收入	山东 小时工资	湖北 年可支配收入	湖北 小时工资	总计 年可支配收入	总计 小时工资
非社会救助家庭	1465.58	8.89	1351.02	8.46	834.60	5.33	1100.02	7.38
社会救助家庭	879.36	3.42	784.35	2.90	465.08	3.17	682.37	3.17
总　　计	1257.19	8.33	1108.63	7.97	810.00	5.11	1000.55	7.01
假设检验值	81.67***	68.48***	69.41***	65.30***	55.24***	59.44***	184.23***	197.36***

注：*、**和***分别表示在 0.1、0.05 和 0.01 水平下是显著的。

图 4-9 显示，社会救助家庭成员的再就业收入分布图的峰值具有明显的左偏趋势，且其峰值明显高于非社会救助家庭成员的峰值。从收入分布的集中趋势来看，社会救助家庭成员的分布集中程度更高。它们的重叠部分占到了 32.47%，也就是社会救助家庭中仅有 1/3 成员的最高收入超过非社会救助家庭 1/3 成员的最低收入。② 所以，社会救助家庭成员的再就业收入与非社会救助家庭成员出现了"断层"现象。③ 所以上述分析结果只是一种中观层次的比较分析。在下面的讨论中笔者将把工作时间考虑

---

① 两次调查均涉及了贫困家庭成员的个体特征、家庭特征、社会关系及与其收入息息相关的社会救助及就业状况等指标。社会救助家庭样本占了 33.27%，非社会救助家庭占了 66.73%，而且社会救助家庭人员就业状况与非社会救助家庭人员就业状况的差异性非常明显。同等学力的社会救助家庭与非社会救助家庭子女的失业率，前者是 49.65%，而后者仅为 27.35%。从已经就业的 50.35% 的社会救助家庭和 72.67% 的非社会救助家庭来看，前者获得的收入远大于后者。

② 所用的是 Epannechnikov 核，两种类型家庭成员工资收入分布的 K-S 检验的 D 值为 0.604，P 值为 0。

③ 社会救助家庭成员的年可支配收入仅有 1/3 可以与非社会救助家庭成员在同一层次。而社会救助家庭成员的收入分布多集中于更高层次。

进去，将小时工资收入做单位化处理。① 进一步考察家庭成员的就业率始终低于非社会救助家庭成员的深层原因。至于两者的对比性分布，将放在第四部分进行分析。

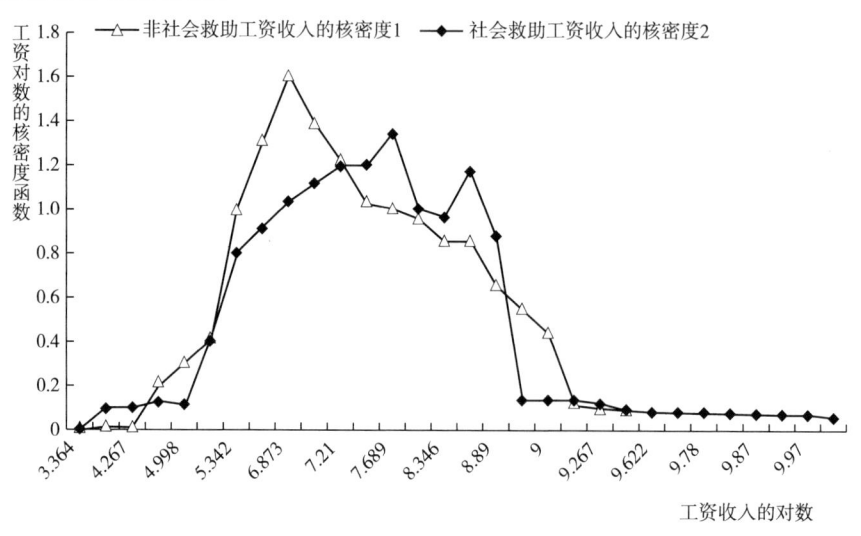

图 4-9 社会救助家庭与非社会救助家庭成员工资收入对数的核密度函数分布

三 影响工资率水平的实证分析

在第二部分中，笔者主要从宏观层面来分析影响两个群体在就业层次和就业收入方面的差异性，由于这种差异除了受群体性因素影响外，还受个体因素及其他诸多因素的影响。因此，为了深入了解这种差异性，笔者引入了微观变量②，小时工资收入的标准明瑟计量方程为式（4.25）：

$$\ln(\overline{Income}) = \alpha_0 + \alpha_1 Train + \alpha_2 Worksen + \alpha_3 Oth + \eta \quad (4.25)$$

其中，$\overline{Income}$ 代表小时平均工资，$Train$ 代表所接受的技能培训状况，

---

① 笔者将结合较为前沿的分位数回归和审查分位数回归对不同类型家庭的就业问题建立明瑟方程，并进行检验，以探寻其再就业收入差距的深层次因素。
② 笔者做了如下的处理，将年工作天数乘以工作小时数，将年可支配工资收入分解成小时工资收入，从而消除年工资可支配收入的不可比性，使其更具实际意义。然后引入明瑟方程分别列出社会救助家庭与非社会救助家庭成员的小时工资表达式，最后结合 Blinder - Oaxaca 分解，探寻在工资收入断层方面家庭禀赋所起的效应，并研究社会救助家庭对于其成员收入的负面影响程度。

Worksen 代表工作年限，*Oth* 代表其余与被解释变量可能相关的控制变量[①]，α_0 代表常数项，α_i 代表回归系数（$i=1,2,3$），η 代表不可预测的误差项。式（4.25）的 Blinder - Oaxaca 分解要估算社会救助家庭与非社会救助家庭成员的收入，将两类家庭的预测工资收入分解为四个部分。总差异包括家庭禀赋差异、卫生保健差异、各系数差异和不定项[②]。

对于卫生保健指标笔者采取与 Strauss 和 Thomas（1998）类似的方法[③]。从社会救助家庭与非社会救助家庭成员的 BMI 核密度分布函数来看，其变化趋势总体上具有一致性。相对于非社会救助家庭，社会救助家庭有一个略微向左的峰值偏移，通过检验[④]，其分布状况见图 4 - 10[⑤]。这个结果若从社会救助家庭本身的特征方面分析能得到很好的解释，由于受助家庭多数是处于绝对贫困的家庭，这一点有别于发达国家，因而社会救助行动应该具有持久性。[⑥]

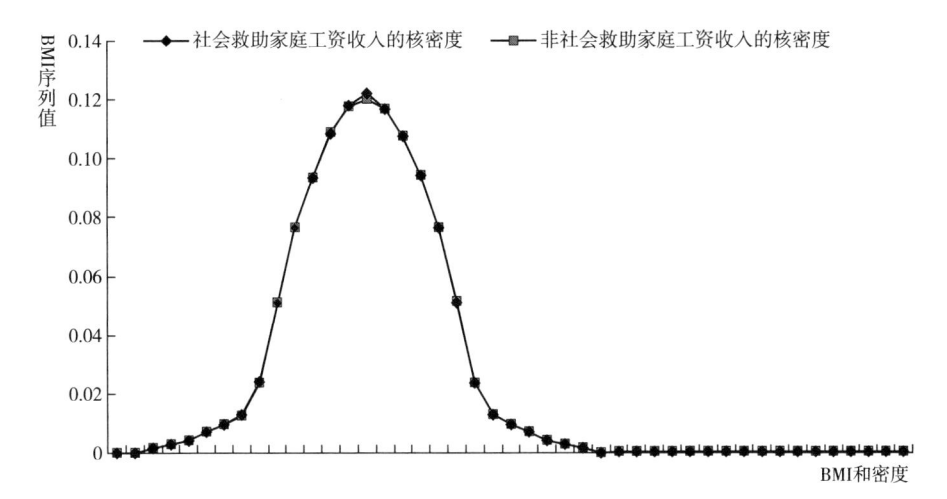

图 4 - 10　社会救助家庭与非社会救助家庭成员的工资收入 BMI 分布

---

① 如年龄、性别、党派、民族等二分类或多分类变量。
② 即禀赋和卫生保健之外较难解释的差异，表示社会救助家庭始终处于贫困恶性循环圈中时对于其家庭成员再就业收入的影响。
③ 使用 BMI 核密度函数来刻画，控制不同家庭营养及健康类别，为更好地对核密度函数进行分析，笔者加入了二次项。
④ 这种峰值偏移的 K - S 检验的 D 值为 0.793，P 值为 0。
⑤ 所用的是 Epannechnikov 核，两种类型家庭工资收入分布 K - S 检验的 D 值为 0.886，P 值为 0。BMI 核密度函数是以百分比的形式引入方程的，这只是为了更方便说明问题，并不影响估计结论的准确性。
⑥ 持久性贫困理论很好地解释了上述结果。

式（4.25）的统计结果见表4-11。社会救助家庭组预计的再就业小时工资约为非社会救助家庭组小时工资的1/3。[①] 我们把式（4.25）变形可得[②]：

$$\overline{Income} = \exp(\alpha_0 + \alpha_1 Train + \alpha_2 Worksen + \alpha_3 Oth + \eta) \quad (4.26)$$

表4-11 两种不同类型家庭组的计量结果

自变量	非社会救助家庭 回归系数	均值	估计值	社会救助家庭 回归系数	均值	估计值
年龄	0.005	43.590	0.239	0.002	45.970	0.031
工作年限	0.003	87.691	0.184	0.002	42.683	0.067
培训状况						
简单培训	0.379	0.035	0.024	1.687	0.256	0.257
初等技能培训	0.647	0.284	0.096	1.359	0.591	0.488
中等技能培训	1.257	0.395	0.281	1.984	0.039	0.097
高等技能培训	0.493	0.284	0.255	1.995	0.028	0.036
性别						
男性	0.667	0.442	0.064	0.008	0.491	0.083
区域						
中部	-0.576	0.207	-0.055	0.348	0.027	0.054
东部	0.016	0.483	0.006	0.031	0.505	0.069
民族	-0.204	0.166	-0.034	0.010	0.359	0.066
BMI	0.095	26.970	2.054	0.243	24.399	4.064
$BMI^2/100$	-0.219	5.673	-0.689	-0.522	5.663	-2.305
常数项	-0.932	2.069	-0.958	-3.000	2.069	-3.060
估计值 a	—	1.257	—	—	0.453	—
估计值 b	—	3.463	5.83***	—	1.92	2.11***

注：区域变量中，选取西部为参照组；培训状况变量中，选择无任何培训为参照组；性别变量中选女性为参照组；民族变量中，选汉族为参照组；另外，*** 表示经过弥散化校正的估计值；估计值 a 表示取对数值，估计值 b 表示实际值（单位：元）。

[①] 社会救助家庭组预计的再就业小时工资为1.92元，而非社会救助家庭组的这个数字为5.83元。

[②] 两边取以 e 为底的对数。

实证结果见表4-12①，家庭禀赋特征能够解释两类家庭工资收入差距的52.2%；而个体特征和其他控制变量能够解释工资收入差距的46.5%。这个结果充分说明了社会救助家庭成员的家庭禀赋特征是影响其再就业收入的决定性因素。阿玛蒂亚·森把贫困分为政治贫困、社会贫困等不同类型。而社会贫困最主要的就是社会关系的欠缺。社会关系网对于个体再就业机会及再就业收入会产生极大的影响。中国作为一个发展中国家，由于信息化和市场化程度较低，社会关系网会起到比发达国家更重要的作用。而社会救助家庭处于物质贫乏的边缘，正是这种状况导致了其处于不利的局面，即社会关系网不能建立起来，其家庭成员再就业机会和就业收入始终处于底层"边缘"状态。

表4-12 两种不同类型家庭组的小时工资收入差异 Blinder-Oaxaca 分解结果

自变量	贡献	禀赋贡献	系数贡献	贡献解释	贡献解释系数
年龄	19.8	0.6	18.3	模型的解释部分（T）	-138.2
工作年限	10.3	8.4	2.6		
培训状况				个体禀赋解释部分（I）	16.8
简单培训	-11.9	-3.8	-11.5		
初等技能培训	-55.5	-11.4	-46.3	回归系数解释部分（R）	-177.9
中等技能培训	-27.6	3.5	-26.8		
高等技能培训	16.6	15.5	-1.6	未能解释的常数项部分（C）	221.3
性别					
男性	1.6	0.8	0.9	总差异部分（TD = I + R + C）	83.1
区域变量					
中部	-5.7	0.9	-6.1	家庭特征差异部分（D = R + C）	43.4
东部	-0.7	-0.6	-0.9		
民族	-6.0	3.1	-9.2	能解释部分所占比例（I/TD）	20.2%
BMI	-135.1	3.2	-161		
$BMI^2/100$	56	-3.4	63.7	家庭特征差异部分所占比例（D/TD）	52.2%
总　计	-138.2	16.8	-177.9		

注：所列系数为负说明小时工资收入向社会救助再就业群体倾斜，为正说明向非社会救助再就业群体倾斜。

---

① 由式（4.26）可看出，由于式（4.25）的被解释变量是对数形式，真正的预测值应该是式（4.26），所以式（4.25）会产生实际预测值被人为低估的状况。鉴于此，笔者对所做出的结果进行校正，主要采用的方法即是 Blinder-Oaxaca 分解。

从统计结果上看，个体禀赋特征解释了两对照组工资收入差距原因的 20.2%。禀赋差异主要体现在工作年限和受教育年限两个方面，非社会救助家庭成员在这方面处于优势。所以，在一些产业链低端的工作中，学历和技能要求较低，初高中及同等学力的受教育程度群体中，社会救助家庭成员的边际收益率显著高于非社会救助家庭成员。而在高等教育回报率方面，前者要显著低于后者。从行业分布状况来看，社会救助家庭成员从事正规部门①的正规再就业比率仅占到了 9.07%，从事非正规就业部门的正规就业占到了 3.44%；② 并且"非正规就业"与"受教育年限"存在显著性负相关效应，社会救助家庭成员几乎全部与"体力劳动"相关联。

这种正规就业与非正规就业行业分布的显著性差异，造成了社会救助家庭成员收入一方面稳定性较差，另一方面工资收入较低。我们需要测算这样的一个期望③：$\mathrm{Exp}\,(\overline{\ln Income} \mid work = 1)$，$work = 1$ 表示处于再就业状态。由第二部分和第三部分的分析可知，由于社会救助家庭和非社会救助家庭成员的就业率存在的较大差别，很容易会出现选择性偏误问题。在这种状况下，可以采用 Blinder – Oaxaca 分解的框架来分析。④ 我们将在第四部分中采用两部分模型进行预测。

四 两家庭组成员的预期收入的测算

在这一部分，我们使用月工资收入的预估值进行比较，⑤ 可较好地解决对照组的就业概率不一致的问题。笔者将主要结合选择模型及两部分模

---

① 在这里，笔者认为，"私营、个体以外的"，算是"正规部门"。因为在国有、集体所有的企事业单位就业的人员，其工作稳定性相对于民营、私营和个体单位要高一些。
② 而非社会救助家庭成员的这两个比例分别为 34.76% 和 19.25%。
③ 我们预计的小时工资函数限于处于工作状态的社会救助家庭成员。
④ 笔者将使用广义 Tobit 模型和 Heckman 模型来校正这种选择性偏误。但这种校正同时会存在另外一个问题，那就是必须选择适当的变量来识别处于就业状态的两群体的相关向量变量。所以理论上虽然可行，但现实中会存在很大的不可操作性。
⑤ 在第三部分笔者通过分别估计社会救助家庭组成员和非社会救助家庭组成员小时工资函数，得出前者仅是后者收入的 1/3。笔者在第二部分已经提出，我们估算的结果并不能准确表示两种不同类型家庭就业工资收入。第三部分提到可以用小时工资收入来解释这个问题，但利用小时工资收入比较必须基于两组均在就业基础上的条件期望。而且由于两组就业性质和日工作时间的差异性，这种估计不能仅仅将小时工资收入简单地照搬使用。

型进行分析。一般选择 SSM 模型来校正。回归方程可以表示为：

$$\ln(Income) = \alpha_2 X_2 + \alpha_1 X_1 \delta_2 + \delta_1 \geqslant 0 \qquad (4.27)$$

式（4.27）的回归方程可以称之为 Selection 方程，估计社会救助家庭和非社会救助家庭获得就业机会的概率。使用 SSM 模型校正 Selection error 要求。X_1 至少应该包含一个指标仅仅对其就业产生影响，并且 δ_1 和 δ_2 的联合分布是正态的。所以选择 SSM 模型的最大难题在于，若两解释变量重合，则回归结果会产生很大的偏误。所以为解决这一难题，我们在采用了两部分模型估计年可支配工资收入时①，分别为社会救助家庭组和非社会救助家庭组建立回归方程进行估计。如果工资收入方程和再就业回归方程不存在结构性的跳跃点，则可进行联合估计。我们做了联合估计和分开估计两种回归并分列进行了稳健性检验②（见表 4–13）。

表 4–13　社会救助家庭组与非社会救助家庭组月可支配工资收入的 **2PM** 模型回归结果

类别	社会救助家庭组（1）			非社会救助家庭组（2）			（1）+（2）		
	Probit 估计	Lim. E	OLS 估计	Probit 估计	Lim. E	OLS 估计	Probit 估计	Lim. E	OLS 估计
自变量	b/se	dfdx/se	b/se	b/se	dfdx/se	b/se	b/se	dfdx/se	b/se
常数项	-2.940** (0.657)	—	6.687** (0.741)	-2.689** (0.693)	—	4.038** (1.590)	-3.064 (0.389)	—	3.916** (0.758)
年龄	0.066** (0.007)	0.027 (0.003)	0.020*** (0.005)	0.031** (0.006)	0.012 (0.002)	-0.020 (0.008)	0.031*** (0.004)	0.015 (0.003)	0.014** (0.004)
培训状况									
简单培训	0.402 (0.400)	0.254 (0.208)	(0.362) (0.216)	1.181*** (0.518)	0.357 (0.248)	0.876** (0.157)	0.638** (0.356)	0.353 (0.082)	0.404** (0.211)
初等技能培训	0.577** (0.354)	0.217 (0.086)	0.418* (0.184)	1.142*** (0.510)	0.416 (0.204)	0.894*** (0.087)	0.698** (0.316)	0.423 (0.067)	0.529** (0.204)
自变量	b/se	dfdx/se	b/se	b/se	dfdx/se	b/se	b/se	dfdx/se	b/se

---

① 具体操作步骤为：（1）建立一个就业机会概率的二元 Probit 回归模型；（2）建立年可支配工资收入对数的最小二乘回归方法。两部分模型的拟合不需要考虑 SSM 模型的两个苛刻的假设条件。

② 邹检验统计结果表明，截距与斜率回归结果相等的联合检验 P 值为 0.063，斜率相等的联合检验 P 值为 0.133。鉴于这个检验结果，可以同时进行联合估计和分开估计。

续表

类别	社会救助家庭组（1）			非社会救助家庭组（2）			（1）+（2）		
	Probit 估计	Lim. E	OLS 估计	Probit 估计	Lim. E	OLS 估计	Probit 估计	Lim. E	OLS 估计
中等技能培训	0.687** (0.305)	0.358 (0.087)	0.366** (0.259)	1.588*** (0.361)	0.589 (0.263)	0.927*** (0.206)	0.948** (0.357)	0.686 (0.078)	0.528** (0.269)
高等技能培训	1.389** (0.366)	0.667 (0.059)	0.758*** (0.257)	0.998** (0.610)	0.418** (0.192)	1.087*** (0.154)	1.469** (0.358)	0.510 (0.042)	0.681*** (0.217)
性别									
男性	0.548*** (0.058)	0.186 (0.025)	0.289*** (0.031)	0.290** (0.075)	-0.135 (0.035)	0.052 (0.079)	0.581*** (0.024)	-0.167 (0.026)	0.202*** (0.030)
区域									
中部	0.204** (0.085)	0.058 (0.019)	-0.302*** (0.026)	-0.186 (0.052)	0.208 (0.157)	0.058 (0.088)	0.056 (0.049)	0.038 (0.013)	-0.340*** (0.041)
东部	0.622** (0.047)	0.200 (0.034)	-0.03 (0.018)	0.903*** (0.153)	0.416 (0.033)	0.127 (0.112)	0.743*** (0.049)	0.318 (0.031)	0.015 (0.042)
民族	-0.121 (0.080)	-0.040 (0.029)	-0.213** (0.044)	-0.151 (0.147)	-0.028 (0.039)	0.036 (0.055)	-0.051 (0.076)	-0.025 (0.037)	-0.054*** (0.048)
BMI	0.052 (0.055)	0.024 (0.019)	0.061 (0.048)	0.071 (0.049)	0.028 (0.035)	0.105 (0.209)	0.058 (0.016)	0.034 (0.028)	0.057 (0.024)
$BMI^2/100$	-0.079 (0.105)	-0.308 (0.026)	-0.059 (0.240)	-0.141 (0.240)	-0.041 (0.038)	0.306 (0.341)	-0.086 (0.058)	-0.061 (0.030)	-0.151 (0.085)
社会救助家庭组	—	—	—	—	—	—	-0.457** (0.053)	-0.219 (0.037)	-0.688*** (0.053)
对数极大似然值	-1765.211	—	—	-783.603	—	—	-2839.273	—	—
Ch^2-Test	398.209**	—	—	186.328**	—	—	782.366***	—	—
Sample	2120	—	1243	954	—	288	2189	—	1959
调整的 R^2	—	—	0.197	—	—	0.020	—	—	0.313
PscudoR²	0.087	—	—	0.150	—	—	0.136	—	—
F	—	—	60.287***	—	—	52.685**	—	—	88.366**

注：①*、**、***分别表示在0.1、0.05和0.01水平下是显著的；括号里面t值所列标准差均是怀特稳健的；②区域变量中，选取西部为参照组；培训状况变量中，选择无任何培训为参照组；性别变量中选女性为参照组；民族变量中，选汉族为参照组。

第四章　社会救助制度与再就业激活体系的联动性

统计结果表明，在 Probit 二元回归方程中，两对照组家庭的"年龄"指标的影响具有正向效应，之所以显著，笔者认为，主要是因为年龄越大的人接受的培训次数就越多，同时受教育年限就越长，因此，年龄指标隐含更多的是工作经验的回报问题。在反映个体特征的重要指标中[1]，性别差异在社会救助家庭成员中不显著。而联合估计的结果表明，与非社会救助家庭成员的就业机会和就业工资收入相比，社会救助家庭成员再就业机会概率要低33%，年可支配收入要低近40%，这充分证明了第三部分的结论。

两部分回归模型具有较强的预测功能，在综合考虑再就业概率的条件下，测算出预测值。[2] 非社会救助家庭成员平均年可支配收入预计为8834元[3]，社会救助家庭成员的预测值仅为2736元[4]，约为前者的1/3。西部省份的社会救助家庭收入期望值仅相当于东部省份的80%左右，东部省份内部各社会救助成员间，年可支配收入差别也较大。如果我们假设两类家庭成员从20岁开始工作到60岁退休，这个目标期间为40年，在这40年内，我们利用线性外推的方法，测得这种差距在16万元~20万元之间。[5] 两类家庭对照组成员的年可支配收入分布的重合区域的占比分别为32.56%与33.4%[6]，无显著性差别。因此，在综合考察了就业机会的条件下，大概有33%的社会救助的家庭能够走出"贫困恶性循环"的怪圈。[7] 总的来说，非社会救助家庭成员就业的可支配收入比社会救助家庭成员可支配收入多出1/3。[8] 而且仅只有33%的社会救助成员能够脱离贫

---

[1] 联合估计和分开估计均表明男性在就业概率方面比女性高出13%~17%，而在工资收入方面女性比男性低了近18%。
[2] 鉴于篇幅关系，对于这部分统计结果，我们没有以表格的形式列出。
[3] 分别估计为8956.28元。
[4] 分别估计为3073元。
[5] 从年可支配收入期望值的分布状况可以看出，到底有多大比重的社会救助家庭成员的年可支配收入能够超越非社会救助家庭成员的年可支配收入。
[6] 分别估计与联合估计。
[7] 这与作者测算的大约城市赤贫阶层能够有35%的人群流出本收入阶层的估计结果较为一致。
[8] 如果把就业的机会考虑在内，不考虑通货膨胀指数和CPI指数，一个社会救助家庭成员一生获得的就业收入比一个非社会救助家庭成员一生获得的就业收入要少16万~20万元。若按照家庭来算（假如家庭只有3口人），家庭在目标期间累计收入差距将达到30万~60万元。

困恶性循环的怪圈。①

五 评述与结论

我们利用中国6省份的社会救助家庭与非社会救助家庭的微观数据测量了两类家庭之间的就业机会与工资差异。测算结果显示,家庭禀赋特征造成了两类家庭小时工资差异的65%,社会救助家庭成员的小时工资对非社会救助家庭同龄人的替代率为39%。社会救助家庭成员初等教育回报率高于非社会救助家庭成员,而高等教育对两类家庭的回报率则相反。

假定其他因素不变,笔者利用两部分模型进行了预测,结果显示,非社会救助家庭成员就业机会要高于社会救助家庭。②而且预期收入的分布显示,仅有33%的社会救助家庭成员能够摆脱贫困恶性循环怪圈,从工作到退休的这一个目标区间来看,一个非社会救助家庭的再就业收入工资要比一个社会救助家庭高30万~60万元。③

社会的收入差距不断加大,公平与效率的矛盾日益突出,不平等的就业机会与收入分配格局在逐渐形成。经济水平的差异会导致社会分层,而社会分层会进一步加剧贫困家庭的社会性贫困,使其成员难以公平地获得就业机会。所以,此乃由起点和过程的不公平,导致结果的不公平。笔者研究发现,西部社会救助家庭陷入贫困循环圈的比重达到70%。社会救助家庭的成员在低水平的"救助"下,其再就业率、再就业行业及再就业工资收入,均处于劣势。所以我们在看待"贫困状态"时,观念应该要随着经济和社会发展程度动态的变化而变化,不应过度看中绝对贫困的救助,更应该从权力贫困、政治贫困等视角入手,制定相应的再分配政策。④

从这个意义上来看,社会救助制度和再就业制度应是相互促进的。一方面,社会救助制度应该以促进受助家庭成员的再就业为核心目标;

---

① 由于本部分所考察的仅仅是年可支配收入并且为工资可支配收入,没有考察到社会保障中延期计划收入和职工的福利津贴等,因此,在这个意义上笔者测算的收入差距仅仅是收入的很少一部分。
② 家庭成员近1/3,加入就业概率后,两类家庭年可支配收入被扩大到3倍。
③ 在分析社会救助群体与非社会救助群体的年可支配收入差距时,笔者使用了二部分模型估计其结果,而且结果的检验也是稳健的。
④ 阿玛蒂亚·森曾指出,贫困不仅仅是收入或消费水平低,而更重要的是缺乏获取收入的资本能力。

另一方面，只有受助家庭成员走上了再就业道路才能保证社会救助制度健康、良性的发展。对中国社会救助制度的研究显示，社会救助家庭成员目前正处于再就业机会和收入不公平的困境。政府应在重视再分配领域的同时，兼顾给予贫困家庭子女公平的就业机会。实际上，社会救助只是摆脱贫困的手段，而不是最终目的，最终目的是通过社会救助制度，使有完全劳动能力或者部分劳动能力的受助群体走上工作岗位，自食其力。

第五章　社会救助配套政策与再就业激活体系的联动性

第一节　就业合同对受助群体再就业行为及收入的影响效应

一　中国就业现状

目前中国正面临"就业难"与"用工荒"并存的格局，这种局面同时伴随着低工资的状况，这投射出中国目前结构性失业的危机。而社会救助群体作为社会上的弱势群体，其再就业问题会比非受助群体更加严重。笔者把其再就业形式分为两种，一种是正规再就业，另一种就是非正规再就业。[①] 就业合同所起到的作用一方面是要求用人单位采取积极态度履行法律职责；另一方面是对受助群体再就业人员收入产生显著性的保障作用。我们将考虑就业市场中有哪些重要因素会影响就业合同的效能。

关于就业合同问题国内外有关学者从不同视角做了研究，在就业合同签订率方面，2004年抽样调查结果表明（总报告组，2006），边缘群体[②]就业合同签订率仅为12.5%。据本课题组的调查，长江三角洲受助群体再就业人员的就业合同签订率仅有6.3%。Dominique 等（2001）对 1988～1992 年 1000 家法国公司的数据进行了检验，这一系列面板数据展示了在不同类型的就业合同下任用和离职的员工数量。研究发现在不定期就业合同下，单位解聘职工的成本远远高于雇用成本。而在中国用人单位解聘受助群体再就业人员的成本趋近于零。一个影响就业合同签订的重要组织是工会。在中国，工会的力量和权责远远小于欧美等发达国家。在工会力量

---

① 正规再就业多数是与雇主签订再就业合同；而非正规再就业主要包括小时工、临时工等非固定形式而且没有签订任何就业合同的就业方式。
② 包括农民工和贫困群体等。

研究方面，Ayala等（2002）采用经济合作与发展组织的数据，研究发现集体谈判降低了工作替代率和失业率。Torib（2005）对西班牙的就业市场做了实证研究，发现集体谈判覆盖该国68%的就业人员。工会可以降低失业率，又常常为了保持与企业的博弈能力而签订集体短期合约。而中国的情况恰恰相反，刘林平等（2007）通过对珠江三角洲进城务工人员进行问卷调查，发现合同对该群体收入的影响并不显著。刘辉等（2007）对杭州市进城务工人员进行的专项调查显示，近60%的进城务工人员未签订就业合同。[①] 学者在就业合同对就业人员收入影响的显著性方面存在很大的分歧。孙丽君等（2008）以实地调查资料为基础，探讨了劳动关系和谐性与企业绩效的互动问题。研究认为：企业与员工签订就业合同会达到双赢的效果，能提高企业业绩，也能增加员工收入。而刘林平等（2007）通过对珠江三角洲进城务工人员的调查问卷进行分析，发现合同对于该群体收入的影响并不显著。陈祎、刘阳阳（2010）认为《劳动合同法》的颁布对于进城务工人员收入有影响，但这仅仅是合同法本身，而不是签订劳动合同这一行为，因为存在有法不依的情况。所以，上述学者只是从问题的某个方面展开研究，有的仅限于理论分析，有的即便有实证分析也由于样本所限，只能研究问题的一个方面，鉴于此，笔者从两方面来研究受助群体再就业人员签订就业合同的问题，以及就业合同对其再就业收入的影响。

二 签订就业合同所产生的效应

为研究签订就业合同所产生的效应，我们利用信息经济学的相关理论进行阐述。

（一）用人单位与受助群体再就业人员签订就业合同的经济学分析

受助群体的再就业行为可分为两种情况，一种是不努力找工作。另一种是努力找工作。若努力程度为 a，则其产出为 h，不努力的概率为 π，对其再就业的产出为 h；而 $1-\pi$ 概率得到的产出为 0。为简化研究，笔者假定，一类单位重视再就业群体的利益，设为 δ_1；另一类单位以利润最

[①] 在第二和第三部分的研究中，笔者将解释为何先前学者的研究中就业合同的影响不显著。

大化目标，设为 δ_2。并且假设存在信息不对称问题，签订正规劳动合同行为记为 γ_1，不签订劳动合同行为记为 γ_2。[①]

假定再就业人员关于单位类型的先验概率均为 0.5，关于单位是否与受助群体再就业人员签订劳动合同的选择问题，类型为 δ_1 的单位会选择 γ_1 行动的概率为 $\pi(\gamma_1 | \delta_1) = \pi(\gamma_2 | \delta_2) = 1$。单位的这一行为给受助群体发出信息，受助群体觉察到单位的行为后，单位类型的后验概率为 $\pi(\delta_1 | \gamma_1) = \pi(\delta_2 | \gamma_2) = 1$，那么受助群体努力工作的前提条件就是：$I \geq a + I_0 + \frac{a}{\pi}(\frac{\alpha}{s} + d)$。其中 I 表示工资，I_0 代表保留工资[②]，α 为离开就业岗位的概率，d 代表贴现率，s 代表失业率。针对受助群体再就业人员的这一抉择，用人单位的反应是，用人单位采取 γ_1 行动时，受助群体再就业人员努力工作的前提是：$I_1 \geq a + I_0 + \frac{a}{\pi}(\frac{\alpha}{s} + d_1)$。用人单位采取 γ_2 行动时，受助群体再就业人员努力工作的前提是：$I_2 \geq a + I_0 + \frac{a}{\pi}(\frac{\alpha}{s} + d_2)$。通常来说，受助群体了解到用人单位关心自身收益后，会更加努力工作，其投入—产出效率会得到极大的提高。故用人单位雇用再就业人员的数目为 N，选择行为 γ_1 时，用人单位的生产函数为 $y_1(N,O)$。O 代表受助群体再就业人员的人力资本存量（知识、技能等）；选择 γ_2 行动时，用人单位的生产函数为 $y_2(N,O)$。据上述分析可得，$y_1(N,O) > y_2(N,O)$。用人单位与受助群体再就业人员签订就业合同的前提是：$y_1(N,O) - NI_1(O) > y_2(N,O) - NI_2(O)$。显然，技能越高的再就业人员努力与不努力的生产率及产出差别很大：$\frac{\partial[y_1(N,O) - y_2(N,O)]}{\partial O} > 0$。

分析表明，随着受助群体再就业人员技能水平的提高，其创造的价值和产出也在增加，但其工资的增长幅度远小于用人单位产出增长幅度：$\frac{\partial[I_1(1,O) - I_2(1,O)]}{\partial O} > \frac{\partial[I_1(O) - I_2(O)]}{\partial O}$。假定用人单位的生产对于

---

① 当用人单位采取行动后，它预估受助群体将根据本身行为选择对该类型的判别，选择一个效益最大化的行动策略。类似地，再就业的受助群体了解单位选择是既定类型状况下的效用最大化策略，故笔者使用 Bayes 法则修正对单位类型的判断，并遵循收益最大化原则来抉择。

② 也就是如果市场工资尚未达到处于劳动力水平之外的人对其边际闲暇小时价值的判断，受助群体宁愿不工作，也不愿意接受水平达不到自己认为的最低薪酬要求工作。

受助群体再就业人员具有规模报酬不变性，则受助群体再就业人员技能的提升会增强用人单位与其签订就业合同的意愿。①

（二）就业合同对于受助群体再就业群体收入的影响

经济学的契约理论认为，劳动力市场中的雇主和雇员之间的关系可被看作一种契约关系。② 如果受助群体的再就业人员没有与用人单位签订就业合同，那么两者间的博弈过程就会达成隐性合约。③ 假定用人单位给再就业人员的工资为 I，那么，受助群体有两种选择：要么接受这个工作，要么拒绝这个工资。④ 而用人单位也有两种选择：守约或者毁约。⑤ 博弈是无限次重复的，并且按照一般经验，用人单位毁约将会给自身的声誉带来累积性的负面效应。假定贴现率为 d，d 越大，表示用人单位越重视眼前利益，忽视长远收益。那么两者能达成合约的前提条件是：$\dfrac{y_2(O) - I}{d} \geq y_2(O)$。进一步有，$I_2^M = (1 - d) y_2(O) \geq I > I_0$。

上述情况仅展示了受助群体再就业人员的工资变动范围。⑥ 在此区间内的任何值都是由双方在劳动市场中的相互博弈而得到的均衡值，⑦ 故在不签订就业合同状况下的博弈工资为：$I_2 = I_0 + \dfrac{v_2}{v_2 + 1} I_2^M$。⑧ 则受助群体再

---

① 满足 $\dfrac{\partial \pi \left[y_1(N, O) - N I_2(O) - y_2(N, O) + N I_2(O) \right]}{\partial O} > 0$。

② 契约有以下几种实施方式：自我实施、相互实施及他方实施。自我实施是一种"隐性合同"，他方实施是一种"显性合同"，本书签订就业合同指的是隐性合同的显性化过程。

③ 隐性合约理论是为解释劳动力市场工资刚性和非自愿失业等现象而发展起来的一种理论，以风险偏好不对称和完全信息（企业风险中性、厌恶风险）为假设条件。

④ 若再就业人员拒绝了工资为 I 的工作，只能得到社会救助收入，其水平为 I_0，并且有 $I_0 < I$；若再就业人员接受了 I 的工资，其为用人单位增加 $y_2(O)$ 的产出，用人单位新增产出为 $y_2(O) - I$。

⑤ 如果用人单位选择守约，则其最终新增产出为 $y_2(O) - I$，再就业人员最终收益为 I；如果用人单位选择毁约，那么其行为是自身利益最大化的策略。这时用人单位的最终收益为 $y_2(O)$。

⑥ I_0 展示了享受社会救助时的收入，而 $(1 - d) y_2(O)$ 展示了用人单位能够给出的最高工资，超过这一极值企业的劳动市场行为便是用脚投票。

⑦ 分别用 HI_2^s 和 HI_2^d 表示用人单位与受助群体再就业人员的博弈结果。

⑧ $v_2 = \dfrac{HI_2^s}{HI_2^d}$，$v_2$ 代表受助群体再就业人员的相对博弈能力。

就业人员在劳动力市场中相对博弈能力加强时，其工资也会相应提高。因此受助群体的再就业人员一旦签订就业合同，其博弈能力会进一步增强。①

如果双方签订了明确的就业合同使博弈能够继续进行，用人单位违约时，付出的违约成本用 m 表示。那么用人单位遵守合同的前提应为：$y_1(O) - m \leq \frac{y_1(O) - I}{d}$。由上述模型，可知 $y_2(O) < y_1(O)$。② 因此经过讨价还价后，最终两方达成的协议工资为：$I_1 = I_0 + \frac{v_1}{v_1 + 1} I_1^M$。③

所以，签订就业合同的受助群体再就业人员的工资收入会在极大程度上得到提高，进一步可以得到：$I_1 - I_2 = \frac{v_1}{v_1 + 1} \{(1-d)[y_1(O) - y_2(O) + dm] + \frac{v_1 - v_2}{(1+v_1)(1+v_2)}\} I_1^M$。

根据上述博弈结果，笔者将利用计量经济学模型来做实证检验，具体如下：①用人单位是否更倾向与文化程度更高、受过更多培训的群体签订就业合同？②签订正规就业合同后的再就业人员的工资收入能否显著增长？

三　基本计量模型

笔者所采用的数据来自 2014 年南京财经大学针对中国社会保障制度展开的问卷调查，问卷样本 1274 个。调查所涉及的受助群体再就业人员来自中国的各个省份，样本较为集中的是江苏、浙江、山东和上海，其所占比例分别为：18.68%、21.67%、29.24% 和 16.35%。本书研究所涉及的二分类变量如表 5-1 所示。

---

① 即满足：$v_1 = \frac{HI_1^s}{HI_1^d} > v_2 = \frac{HI_2^s}{HI_2^d}$。

② 整理可得：$I \in [I_0, (1-d)y_1(O) + dm]$。

③ 进一步得到：$I_1 - I_2 = \frac{v_1}{v_1 + 1} I_1^M - \frac{v_2}{v_2 + 1} I_2^M > 0$。

表 5-1 二分类变量的描述统计

变量指标	变量解释	占比（%）
正规就业	是（签订劳动合同）= 1	17.13
	否（未签订劳动合同）= 0	82.87
性别	男性 = 1	72.33
	女性 = 0	27.67
婚姻状况	已婚 = 1	68.92
	单身 = 0	31.08
共产党员	是 = 1	7.64
	否 = 0	92.36
单位性质	国有或集体单位 = 1	8.07
	民营及其他单位 = 0	91.93
第二产业	是 = 1	21.80
	否 = 0	78.20
第三产业	是 = 1	69.45
	否 = 0	30.55

注：假定受助群体再就业人员均受雇于他人。

由上述分析可知，受助群体再就业人员收入的提高可分为以下几个方面。首先，受助群体再就业人员签订劳动合同后会更加努力地工作来提高收入，这是一种间接效应。其次，用人单位解雇成本增大，从这个意义上来说，这为受助群体再就业人员提供了更多的经济保障。最后是相对博弈的结果，也就是签订就业合同在一定程度上保证了受助群体再就业人员在博弈过程中处于相对强势的地位，从而使其在工作岗位上获得更多的可支配收入。此外，可支配收入变化状况很大程度上取决于签订就业合同后，用人单位解雇成本的变化及双方博弈力量的对比。这种力量的对比，其结果较为明显，[1] 受助群体再就业人员与用人单位签订再就业合同的正规就业对其收入的影响效应远大于其他非社会救助群体。

---

[1] 原因在于：①受助群体再就业人员这类弱势群体，其再就业市场几乎成为卖方市场，其他方面的损失微乎其微。这主要是由于资本的强势及该群体的弱势所致。那么，用人单位用资本代替劳动的可能性极大；②由于目前中国就业市场供大于求的供求格局，而受助群体再就业人员又是弱势群体那么其讨价还价的能力极弱。如果没有针对该群体的再就业保护措施和政策，最终会沦落为完全由用人单位主导。

从表 5-1 看出，受助群体再就业人员签订就业合同的比重仅仅为 17.13%，这说明绝大多数是未签订就业合同的非正规就业。[①] 这主要是由受助群体的个体性质决定的。接下来，我们看一下变量的统计数据（见表 5-2）。

表 5-2　变量的描述统计

解释变量	变量解释	正规就业（签订合同）均值	方差	非正规就业（未签订合同）均值	方差	总计均值	方差
年龄（岁）	周岁	41.66	10.23	39.28	13.19	40.47	9.79
收入（元）	月毛收入	1987.28	244.65	1767.69	781.06	1834.67	951.33
工作时间（小时）	周工作时数	282.00	70.12	285.66	74.19	282.68	67.59
受教育状况（年）	受教育年限	10.71	2.85	8.60	1.80	10.05	3.10
再就业经历（次）	再就业次数	4.79	4.02	4.79	4.83	4.79	4.67
培训状况（次）	培训次数	0.97	1.65	0.60	1.27	0.71	1.62
赡养状况（人）	赡养人数	0.52	0.63	0.49	0.70	0.50	8.44

注：此表格中的收入涵盖了显性和隐性的收入，如工资、奖金、津贴、加班费和节假日福利等；不同类型就业的年份距离 2008 年的时间，我们精确到月。

表 5-2 显示，签订就业合同的（正规再就业）人员获得的收入总体上高于未签订就业合同的人员。从月工资收入来看，前者均高于后者。并且从工作时长上来看，未签订就业合同的（非正规就业）人员远高于签订就业合同的再就业人员。签订就业合同的受助群体再就业人员多数是自身条件占优的群体，如其所接受的教育年限远比未签订就业合同的（非正规再就业）人员要长。从家庭赡养人数来看，签订就业合同的再就业人员多于未签订就业合同的人员。因此，可以断定就业合同能够显著性地提升受助群体的再就业收入。[②] 此外，在年龄方面，受助群体再就业人员平均年龄为 40.47 岁，这表明该群体多数为"上有老下有小"的"夹层"群体。在接下来的实证检验模型中笔者将检验上述模型所提出的

---

① 再就业人员中，男性比例达到了 72.33%，远远超过女性，且受助群体再就业人员已婚比例较高。
② 至于如何影响，笔者将采用二元选择模型来解决。

假设,① 实证结果见表5-3。

表5-3 影响用人单位和受助群体再就业人员签订就业合同的实证结果（样本 $N=1274$）

类别	Logistic 模型		Probit 模型	
常数项	-0.8950**	-0.6441**	-1.3812***	-0.9548**
	(-2.9550)	(-1.7530)	(-3.1001)	(-1.8736)
受教育状况	0.0811***	0.0809***	0.0370***	0.0318***
	(2.694)	(1.968)	(2.487)	(1.963)
性别	0.1850***	0.0681***	0.3856***	0.1584***
	(1.6852)	(0.6830)	(1.6982)	(0.6830)
婚姻状况	-0.3574	-1.1953	-0.1689	-0.3641
	(-0.9853)	(-1.5461)	(-0.9543)	(-1.8852)
党派	0.2056	0.2573	0.2609	0.2900
	(0.6530)	(0.5673)	(0.5501)	(0.6307)
培训状况	0.0864**	0.0792***	0.1681**	0.1556***
	(3.1250)	(2.6413)	(3.0020)	(2.5178)
赡养状况	-0.0157	0.0072	-0.0184	0.0354
	(-0.1742)	(0.1641)	(-0.1652)	(0.1637)
国有(事业)单位	—	0.0568***	—	0.9682**
		(2.9650)		(3.6833)
民营企业	—	0.2561	—	0.4511
		(1.7620)		(1.6003)
第二产业	—	-0.2350	—	-0.3629
		(-1.3402)		(-1.2500)
第三产业	—	-0.3827***	—	-0.7826**
		(-2.8510)		(-2.004)
R^2	0.03670	0.06823	0.03670	0.06823

注：*、**、***分别表示在0.1、0.05和0.01水平下是显著的；括号里面t值所列标准差均是怀特稳健的。

从受助群体再就业人员个体特性的Logistic二元回归模型的结果来看，受教育状况变量对其有显著性的影响，也就是在1%的显著水平下通过了检验，表明受教育程度较高的群体与用人单位签订就业合同的概率较大，这符合舒尔茨的人力资本投资理论。我们可以得出，教育状况对受助群体

---

① Logistic与Probit模型主要是检验影响用人单位和受助群体再就业人员签订就业合同的关键性因素。

再就业人员而言具有复合型效应：一方面提高再就业人员从事正规就业的概率；另一方面增加收入。这个结论跟陈祎、刘阳阳（2010）的研究有类似之处，但对象有差别，他们研究的对象是进城务工人员。另一个显著性的变量是性别，男性从事正规就业的概率远高于女性，收入亦是如此。培训状况指标变量在5%水平下是显著的，说明受助群体再就业人员所接受的培训对于其从事正规再就业并无显著性正效应。[1]

引入工作特征变量后，可以看到，企业性质对受助群体再就业人员从事正规再就业的影响是有差异的。国有（事业）单位对再就业人员从事正规就业有显著性的影响，而在民营企业工作的受助群体再就业人员更难从事正规就业。这与企业的用工制度有关。在民营企业就业的受助群体中[2]，仅有39.28%的人员成为正规再就业人员；而国有（事业）单位高达73.12%，其他类型的单位如外资（合资）单位也仅占20.1%。在产业变量中，第三产业对其从事正规再就业的影响效应是负向的，表明第三产业中再就业人员与用人单位签订就业合同的人员概率显著性地低于第二产业。这主要是由第三产业人员的流动性决定的。

如下模型可检验签订就业合同对受助群体再就业人员工资收入的影响[3]：

$$ln(I) = \beta_0 + \gamma_1 \cdot Edu + \gamma_2 \cdot Exp + \gamma_3 Exp \cdot Exp + \delta \cdot H + \eta \quad (5.1)$$

按照中国目前的就业形势和就业人员的个体特征，工作经验会影响受助群体再就业方式及收入，所以，需将工作经验变量单独考虑：

$$ln(MONTNIN) = \beta_0 + \gamma_1 \cdot Edu + \gamma_2 \cdot (O - Exp) + \gamma_3 \cdot EM \cdot Exp + \gamma_4 \cdot Manuf \cdot Exp + \eta \quad (5.2)$$

表5-4显示了收入方程的估计结果，可以看到，受教育状况和工作经验变量系数是正的。[4] 工作经验平方项系数均为负，这表明工作经验的收益会随时间的延长而呈现缩减趋势。

---

[1] Probit亦能得出与上述结论相一致的结论。
[2] 鉴于篇幅所限，此处结果没有以表格的形式列出，如需要，请与作者联系，邮箱为wzwlm922@163.com。
[3] 其中，Edu表示受教育状况，Exp表示工作经验，H表示二分类变量（如是否签订合同、性别、婚姻状况、党派和工作单位等）。
[4] 工作经验系数远远大于其他系数，也验证了其是一个重要的决定收入的因素。

表 5-4 受助群体再就业人员工资收入方程 OLS 估计结果

类别	模型 1	模型 2	模型 3	模型 4	模型 5	模型 6	模型 7
	\multicolumn{5}{c}{Lnmin}	Lnhin	
截距项 (Intercept)	7.868** (93.15)	7.364** (92.36)	7.548** (71.69)	7.025** (93.66)	72.90** (73.34)	0.927** (11.38)	1.657** (13.57)
教育状况 (Edu)	0.0680** (8.611)	0.0589** (7.368)	0.0581** (7.349)	0.0680** (9.035)	0.0502** (7.383)	0.0516** (7.719)	0.0671** (8.174)
先前就业经历 (O-Exp)	0.0254** (3.984)	0.0081** (1.276)	0.0001** (0.500)	0.0186** (4.287)	0.0049** (0.677)	0.0263** (4.002)	-0.0081 (-0.251)
工作经验变量 (Emp-Exp)	0.0725*** (9.821)	0.0689*** (7.396)	0.0587*** (6.426)	0.0547*** (5.748)	0.0348*** (5.647)	0.0428*** (5.271)	0.0204*** (3.046)
工作经验平方 项系数 (Emp-Exp^2)	-0.0025** (-5.012)	-0.0020** (-4.628)	-0.0014** (-4.381)	-0.0029** (-4.687)	-0.0021** (5.087)	0.0413** (4.850)	0.0184** (2.761)
性别 (Gender)	0.2457*** (6.024)	0.2552*** (5.394)	—	—	0.2467*** (6.846)	—	0.2843*** (5.297)
婚姻 (Matrimony)	0.1520*** (4.686)	0.1034*** (3.154)	—	—	0.0941*** (2.145)	—	0.0081*** (3.450)
培训 (Trainning)	0.0254** (1.937)	0.0254** (1.683)	—	—	0.0298*** (2.003)	—	0.0311** (1.923)
赡养 (Supp-cond)	0.3576** (4.068)	—	—	—	0.2546*** (3.054)	—	0.2731** (2.043)
第二产业 (Secon-prod)	-0.0244 (-0.349)	—	—	—	-0.1564* (-1.653)	—	-0.2650 (-1.673)
第三产业 (Third-prod)	-0.0256 (-0.300)	—	—	—	-0.0892 (-1.640)	—	-0.2071** (-1.5328)
就业合同 (Emp-contract)	—	—	—	0.2040*** (5.127)	0.1223*** (3.826)	0.3117*** (6.381)	0.1649*** (12.983)
样本量 (Specimen)	1189	1189	1189	936	936	904	904
$\bar{R}^2$	0.206	0.214	0.198	0.167	0.235	0.178	0.134

注：*、**、*** 分别表示在 0.1、0.05 和 0.01 水平下是显著的，括号里面 t 值所列标准差均是怀特稳健的。

接下来,我们将研究个体特征因素对受助群体再就业人员收入的影响①,统计结果表明,性别对受助群体再就业人员的工资收入具有显著性的影响效应。再就业群体中,女性月工资收入比男性群体低近20%,而婚姻状况对工资收入的影响效果是不显著的。一个最有可能的原因是受助群体再就业人员中多属中老年群体,所以绝大多数属于已婚群体。然后,我们考察受助群体再就业人员的工作单位性质对其收入的影响。② 统计结果显示,受助群体再就业人员在国有单位与民营单位的收入明显低于在其他属性的单位。主要原因是他们所在的工作岗位属于非正规就业部门,而非正规就业部门与正规就业部门的收入,特别是在隐性收入和福利方面,差别很大的。其他变量不具有显著性,但工作经验在5%的水平上通过了检验。这同时表明对于受助群体再就业人员而言,工作经验比其他经验更为重要。

我们在回归模型中加入就业合同这一虚拟变量。发现先前的回归系数均无显著性的改变,而正规就业对其收入的影响是显著的,正规再就业收入将提高15.41%。而个体特征变量与工作特征变量对回归结果无显著性的影响。从检验结果来看,正规就业对收入有显著性的正向激励效应。

四 总结与讨论

笔者研究的初衷是探讨签订就业合同的正规再就业对受助群体再就业市场的影响效应。理论分析结果显示,用人单位与受助群体再就业人员签订就业合同的概率与其本身的技能状况有紧密联系。受教育程度越高、接受培训次数越多的受助群体再就业人员从事正规再就业的概率就越大。而且,从事正规就业的再就业人员收入会有显著性的提高。二元回归模型的结果显示,受教育程度和接受培训的次数能够显著影响受助群体再就业人员签订就业合同的概率。在正规就业对工资收入的影响分析中,笔者发现,从事正规就业的受助群体再就业人员比从事非正规就业人员的工资高出389.10元。从事正规再就业人员的自身属性也强于从事非正规再就业的人员。

理论和实证研究均显示,是否签订就业合同这种行为对受助群体再就

---

① 这些主要包括性别、婚姻、党派、培训状况、赡养状况。
② 这些特征变量主要包括单位属性和产业属性。

业人员影响最大的是贫困群体中处于优势地位的那一部分成员。最主要的原因是对于教育程度较高和培训次数较多的成员，用人单位更愿意与其签订就业合同，并且签订就业合同后还能提升他们对该职位的忠诚度。这无论从公平还是效率的角度而言都是良性的互动，使得用人单位和再就业人员同时实现了帕累托改进。但对于受教育程度低和接受培训次数少的那部分再就业人员而言，虽然理论模型和实证模型表明，在签订劳动合同这一前提条件下，受助群体再就业收入会有较大的提高，但这部分群体从事正规再就业的概率非常低。如果政府通过法律等强制性手段促使用人单位和该群体签订正规就业合同，用人单位会采取"逆向选择"行动。特别是中国民营企业中部分亏损的中小企业会减少这部分群体的用工数量。从长远来看，这部分弱势群体仍会走上失业的道路。

通过上述分析我们同时得出结论，签订劳动合同必须有配套举措，那就是加强对受助群体再就业人员的教育培训和专业化的职业培训，这样才能使其再就业行为的落实达到可持续。因此，要使得就业合同能够签订以及使得合同长期可持续发挥效力，就不得不对受助群体再就业人员进行教育和专业化的技能培训从而实现用人单位、政府和受助群体再就业人员达到"三赢"效果。

第二节 社会网络对受助群体再就业收入的影响效应

一 社会关系网络的就业功能

中国自改革开放以来，整个经济和社会在不断发展，农村居民收入的不平等性也在一定程度上不断扩大，农村居民的基尼系数从 1978 年的 0.25 上升到 2007 年的 0.39，再到 2016 年的 0.465，超过国际公认警戒线 0.4。因此，对农村居民收入不平等的原因的探究具有现实性和紧迫性。研究的因素主要集中于以下三种因素：人力资本、物质资本和政治资本。(Morduch 和 Sicular, 2000; Walder, 2002; 高梦滔和姚洋, 2006)；我们常常提到"关系"(relation)一词，但中国学者对收入不平等的研究忽视了这个很重要的因素——社会关系网络。在社会学中被称为 social network，即社会网络。它在初次分配中占有极其重要的地位。社会网络对于缓解贫困和增加收入具有重要的作用。"社会关系网络"这一概念最初是由 Jacobos（1961）提出的。他认为"网络是一个非替代性社会资本"。目前很大一部分研究开始从社会关系网络的视角来研究其对就业和收入的影响。从现有文献来看，社会关系网络能够促进就业水平提升（Munshi 和 Rosenzweig，2006）；能提高居民的收入水平（Narayan 和 Pritchett，1997），还能降低社会救助群体再就业家庭的贫困概率、返贫概率，帮助受助群体获得小额贷款（Grootaert，2001；Bastelaer，2000；张爽等，2007）。而2000年以来的研究结果显示，社会关系网络能够很大程度上提高农村受助群体外出务工的概率，从而提高就业概率（Bian，2001；Li and Zhang，2003）。为了更加深入地研究收入不平等的细微差异，部分学者开始采用收入分解的方法来研究，主要是半参数和非参数方法（Dinardo 等，1996）。但上述文献均没考虑社会关系网络对于受助群体再就业人员收入差距的贡献因子大小，和这种贡献因子在不同经济水平和社会化程度的地区的差异性。然而对于不同的就业主体而言，他们所处区域的社会和经济环境导致的社会网络的不同形式会对就业行为及就业收入产生影响。

这会衍生出两个方面的问题：①社会关系网对于就业收入的贡献在经济水平和社会化程度不同的区域有哪些差异？②社会关系网络对于就业收入差异的影响因子有多大？这两个问题都涉及资本的流向。本书中所研究的是社会网络导致资本是否"亲穷"而不是"亲富"的问题。在反贫困理论中，多数学者都过度强调社会资本反贫困的作用，导致较大社会资本的"瞄偏"现象，即导致社会资本的"亲富"性问题。根据福利经济学中庇古的效用理论，虽然社会资本能同时提高受助群体与非受助群体的收入，但富人占有的资本更多，最终导致两者收入差距更大，使得社会资本对非受助群体更有利。从不同区域的两个群体的收入差距来看，东部沿海省份经济水平和社会化水平更高，资本回报率更高。所以，两个群体的收入差距更大。为解决以上两个问题，笔者采用了 Shorrocks（1999）所采用的 Shapley Value 分解法。

可以看到，社会关系网络对不同群体收入差距的影响因子高达17.4% ~ 19.6%。在所有影响因素中，属于关键性因素。在社会化和经济水平程度较低的中西部地区，社会关系网络对受助群体再就业收入的影响系数远远低于东部沿海地区。这说明随着社会和经济发展进步，社会网络资本对于不同群体就业收入差异的贡献因子在增大。这个结果对于我们了解社会关系网络与经济社会结构的关系及未来这种结构的转型都是必要的。

中国农村自20世纪70年代末实行家庭联产承包责任制以来，伴随着整个经济的市场化转型，农村内部的收入差距不断加大。不断扩大的农户内部收入差距也会带来一些负面效应，比如加剧农村贫困问题（Wan 和 Zhang，2006）、削弱农户收入的增长（Jalan 和 Ravallion，2001）。因此，深入探究中国农村收入差距不断扩大的原因具有非常强的现实性和紧迫性。

近年来，对于中国农户收入不平等的原因的研究已经取得了大量的成果。这些研究主要考察的是收入决定要素中的物质资本、政治资本和人力资本因素。比如在物质资本方面，许庆等（2008）发现家庭联产承包责任制所引起的土地细碎化是农户间收入差距扩大的一个原因。对于政治资本，Morduch 和 Sicular（2000）发现党员和干部等政治因素对于农户收入具有正的效应，另外，通过对收入进行分解，他们还发现，这些因素对于农村家庭收入不平等的贡献为正。Walder（2002）也发现党员和干部对于农户收入有正的影响。另外，大量的文献通过分析中国农村农户收入差距发现：教育作为最主要的人力资本变量对于收入差距具有重要的影响（Wang，2006；高梦滔和姚洋，2006）。但是长期以来，对于在中国农村社会中扮演重要角色的社会网络对于收入差距的贡献被学界忽视。社会资本这一概念自 Jacobs（1961）比较早地正式提出以来，到20世纪90年代已经受到普遍的关注和重视。目前，关于社会资本最著名的定义是由 Putnam 等（1993）提出的："社会资本是指社会组织的特征，如网络、信任和规范，它们可以通过促进、协调的行动来提高经济效率。"学界一般认为，社会资本具有多种表现形式，但是其中最重要的便是社会网络，并且它具有很强的经济效应，因此目前大多研究从社会网络的角度来研究社会资本。已有的文献发现，社会网络能有效地增加居民的收入（Narayan 和 Pritchett，1997），促进就业（Montgomery，1991；Munshi and Rosenzweig，2006）。特别对于穷人而言，它不仅能够降低贫困的概率（Grootaert，1999，2001；张爽等，2007），而且能够作为非正式保险机制帮助穷人获得信贷（Grootaert，1999；Bastelaer，2000）。更重要的是，Grootaert（1999，2001）通过使用 Quantile 方法发现，社会资本的回报随着不同组别收入的提高而降低，特别是最低收入群体（10%）的回报比最高收入群体（90%）高两倍，因此他认为社会资本是"穷人的资本"。但是，我们认为如果仅仅基于低收入组群的社会资本的边际回报大于高收入组群就定义它是"穷人的资本",可能略显仓促,理由主要基于两点:①他仅仅对社会资本的回报在不同收入分位人群中的差别做了比较,但是没有计算社会资本对于收入差距指标的贡献;②我们认为,社会资本是否"穷人的资本"不能仅仅看它所带来的回报,还应该考察穷人是否拥有更多的社会资本,而Grootaert(2001)研究发现,社会资本在群体中的分布与收入存在正相关关系,即越富有的人群所拥有的社会资本越高,因此我们认为这本身就说明了它可能对高收入人群也很有利。

基于对以上文献的认识,本研究将以社会资本中最重要的表现形式——社会网络为研究对象,试图更深入地理解社会资本是否完全是"穷人的资本"。另外,上面的文献更多的是关注市场化程度很高的国家,比如美国,又或者是如坦桑尼亚乡村等经济发展较落后的地域。相比之下,中国是一个处于转型和发展中的大国,各个地区的市场化程度和经济发展水平的差异都很大,这恰恰为研究者提供了一个很好的研究素材,既可以将社会网络对收入差距的贡献作跨地区的比较,又可以避免在跨国比较研究中面临的数据不可比的问题。

社会关系网络的重要性在中国是一个可以被经验感知的事实,当然,也被经验研究证实。近来的文献发现,社会关系网络不仅能够显著提高农村居民外出务工的概率(Li和Zhang,2003),而且在转型期过程中还能促进城市劳动力的就业(Bian,2001)。另外,社会资本的不平等在何种程度上导致社会群体间的收入不平等也引起了学界关注。Lin(2001)从资本视角认为,社会资本不平等对于收入不平等的影响主要通过两个过程,即资本欠缺(Capital Deficit)和回报欠缺(Return Deficit)。资本欠缺主要是指投资和机会的不同导致不同群体拥有不同质量和数量的资本,回报欠缺是指群体间动员策略、行动努力或制度性反应不同而引起一定量的社会资本对于不同的个体产生不同的回报,Lin通过对中国城市居民有关数据进行分析,发现男性收入相对于女性收入更高是因为不仅男性更容易获得更多的社会资本,而且男性和女性间即便在拥有相似的社会资本时,男性社会资本的回报也比女性更高。但是,Lin的分解方法只能用于按某个外生变量划分的不同群体的比较,而不能对不同因素对于收入差距的影响同时进行分解和比较。

与这些文献相比,本书将运用中国农村调查数据,对于社会网络如何影响收入,及其对收入差距的贡献进行评估。与社会关系网络的作用本身相比，这一作用在市场发育和经济发展过程中如何变化是一个更为有趣也更具挑战性的问题。社会资本作为一种非正式制度的作用，体现在它与以市场为基础的交换和分配体系的相互补充或者相互替代上（Stiglitz，2000）。此外，Stiglitz（2000）还认为，社会资本的作用与市场化发展水平呈倒 U 形的关系，当经济刚开始发展时，由于市场不完备且政府职能不健全，社会网络能够发挥资源分配的作用，但是随着市场的不断发展和深化，这些社会网络会遭受冲击和破坏，最终被某种"社会共识"取代。近年来，已经有实证文献关注市场化转型过程中社会资本对于家庭收入的影响。Munshi 和 Rosenzweig（2006）发现，在印度市场化过程中，以种姓为基础的社会网络使得不同种姓间女性收入的趋同要远远高于男性，这主要是由于低种姓群体内的男性受该种姓社会网络影响较大，更容易获得低收入的工作，而女性受种姓内的社会网络影响较小，通过选择英语教育而获得更高的收入，因此他认为以种姓为基础的社会网络在印度市场化过程中依然起着重要作用。Knight 和 Yueh（2002）通过对中国的城市调查数据研究发现，社会资本不仅给劳动者在劳动力市场上带来正的回报，而且通过对数据进行分类研究，他们发现这种回报在私有部门高于国有部门，由于私有部门一直被认为是代表市场化方向的，因此他们预期，随着中国市场化程度的不断加深，社会资本对于收入的影响将会加强。张爽等（2007）对中国农村的贫困问题进行研究后得出了相反的结论，他们发现社会资本作为一种非市场化力量对于减少贫困的作用会随市场化进程而减弱，特别是家庭层面的社会网络的作用。Lu 等（2008）发现，在市场化的过程中，随着非农就业的增加和外出务工人数的增多，中国农村社会运用社会资本来抵抗自然灾害对消费冲击的功能减弱了。与这些文献类似，本书将通过比较不同市场化程度和发展水平的地区，检验社会网络对于收入差距的贡献是如何变化的。

从收入差距的分解方法来看，已有的文献对于收入差距的研究主要集中于从实证角度分析收入不平等的决定因素，总的来看主要有三个方向：用半参数和非参数方法来分析收入差距的决定因素、基于人群特征对收入差距的分解以及基于收入决定方程的分解。半参数和非参数方法的最大优势是能够尽可能少地对模型的函数进行假定，从而减少模型设定误差，但是很多研究都认为如果要得到更直接有效的结果，就必须对模型进行更多的设定（Morduch 和 Sicular，2002）。通过人群特征对收入差距的原因进行分解的方法，主要依据研究者的目标变量（比如男性和女性）对总体样本进行分组，然后再估计组内（男性内部和女性内部）收入差距和组间（男性和女性之间）收入差距，以分析该目标因素对于收入差距的影响。Morduch 和 Sicular（2002）指出这种方法主要存在三个缺陷：第一，这种方法无法对一些连续变量的贡献作分解，比如年龄等，而这些变量对于收入差距的影响非常重要；第二，当需要对某几个目标变量进行考察时，人群的分组数量将会呈几何级数上涨，此时这种方法将变得非常难以处理；第三，使用这种方法无法处理当用来解释收入差距的变量（即用来分组的目标变量）部分地由收入所决定的情况。换句话说，这种方法无法处理解释变量和被解释变量之间的联立内生性问题，因为这种方法先验地认为目标变量是外生变量，当对样本进行分组后该变量并不记入收入决定方程。近年来比较流行的方法是基于收入决定方程对收入差距进行分解，这种方法最早由 Oaxaca（1973）提出，但是不同的学者对基于收入决定方程的分解方法不尽相同。Morduch 和 Sicular（2002）先依据线性回归估计出各个变量对于收入的影响系数，然后再将收入差距指标写成各个部分收入的加权和，从而计算出各个变量对于收入差距的影响；Fields 和 Yoo（2000）提出的分解方法是将变量对于收入差距的贡献归结为回归估计系数、变量标准差、变量与总收入的相关系数三者的乘积与总收入标准差的比率。Wan（2004）指出，上述分解方法的回归方程会产生残差和常数项，而这些残差和常数项在进行分解的时候没有得到处理和解释，比如在 Morduch 和 Sicular（2002）的分解结果中，常数项和残差对于 Theil2T 指数的 85% 部分和 Gini 系数的 40% 部分都没有能够进行处理。另外，Wan 还指出 Morduch 和 Sicular（2002）以及 Fields 和 Yoo（2000）的分解方法都严格地受到方程形式设定和收入差距指数选择的限制。相比之下，本书采用 Shorrocks（1999）提出的夏普里值分解法，并结合 Wan（2004）所提出的方法对收入差距进行分解，这种方法的好处在于它适用于任何收入决定函数和任何度量收入差距的指标，并且能够很好地处理常数项和残差项对收入差距的贡献问题。目前运用该方法对收入进行分解的有万广华等（2005）、Wan（2004）、Wan 等（2007）、许庆等（2008）等，但是这些文献都没有考虑社会网络对于收入差距的贡献，以及这种贡献在市场化水平不同的地区的差异。

第五章　社会救助配套政策与再就业激活体系的联动性

简要地总结一下，研究主要在两个方面有新的贡献：第一，较早地通过分解方法考察了社会网络对于收入差距的贡献，并使用了最新发展的基于回归的夏普里值分解法；第二，利用了中国数据在地区间差异较大的优势，考察了社会网络对于中国农村居民收入差距贡献在地区间的差异。

二　描述性统计

笔者所采用的数据来源于南京财经大学2014年中国20省份调查数据库，涵盖了3528个受助家庭和非受助家庭在2013年的相关资料，样本在各省份之间均匀分布。由于笔者要研究经济水平和社会化程度不同的地区的社会关系网络对于不同群体再就业收入的影响，所以对不同家庭数据和各区域经济水平和社会化数据进行测算，具体如图5-1所示。① 经济水平和社会化指数的计算方式主要基于几个有关经济水平和社会化的指标变量。② 下一步，我们将测算经济水平和社会化程度如何影响社会关系网络对两类群体再就业收入差距的影响因子。

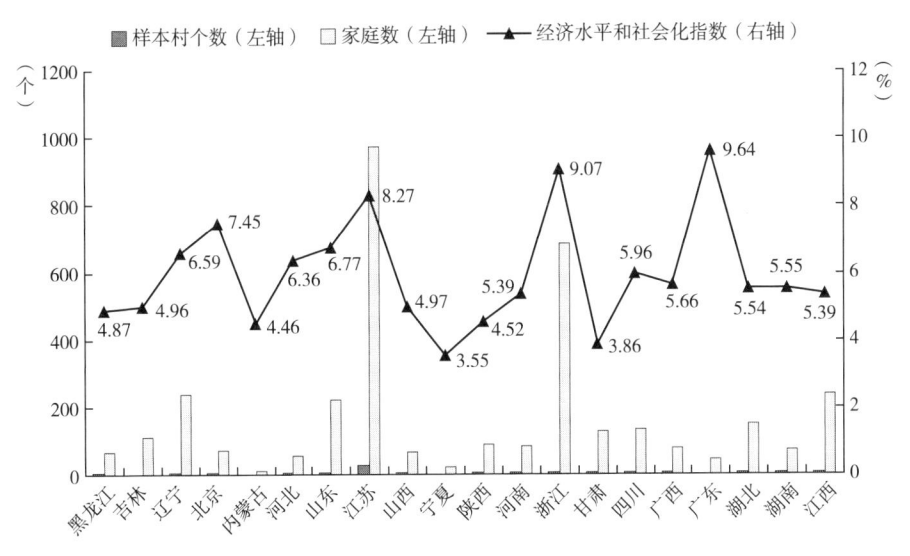

图5-1　样本分布状况及所在区域经济水平和社会化指数

---

① 笔者所采用的各省份间经济水平和社会化程度判断方法源于樊纲等编写的《中国市场化指数》。
② 这些变量包括：市场中介组织的发育程度和法律制度环境、个体和私营经济的发展、市场和政府的关系、产品市场的发育程度、要素市场的发育程度。

模型中自变量和因变量的名称和定义如表 5-5 所示，笔者控制了现有文献中影响受助群体再就业人员的相关变量（Wan，2004；Walder，2002），这些变量包括家庭劳动力特征、土地资本、个体特征、政治身份以及地域等虚拟变量。变量的计算方法与 Wan（2004），Walder（2002），赵剑治、陆铭（2010）方法也基本一致。此外还有社会网络型变量。

表 5-5 变量特征及解释

变量类别	变量明细	变量解释
RN：社会关系网络	亲朋好友数	与政府和企业关系密切的亲朋好友数
	人情世故支出比重	婚丧嫁娶支出占日常支出的比重
LC：受助家庭特征	受助家庭人口数	家庭的总人口数
	受助家庭劳动力数目	家庭中劳动力数目
	男性劳动力	家庭劳动力中男性的比重
	女性劳动力	家庭劳动力中女性的比重
PC：物质资本	人均物质资本	包括住房、家电家具设施等
IV：个体特征	年龄	家庭劳动力平均年龄
	受教育年限	家庭劳动力平均受教育年限
	受教育年限×受教育年限	家庭劳动力平均受教育年限交互项
PI：政治身份	共产党员	家庭中共产党员比重
固定效应	区域虚拟变量	区域的固定效应
被解释变量	再就业收入对数	家庭人均再就业收入的对数

从中国的现状来看，一个家庭的关系网在很大程度上指的是亲朋好友关系（赵剑治、陆铭，2010）。林南、俞弘强（2003）认为，社会关系网络具有三个方面的特点：广泛性、达高性和异质性。基于这些特点，笔者对家庭关系网络采用了两个解释变量：亲朋好友数和人情世故支出比重。笔者之所以采用人情世故支出比重作为社会关系网络指标主要有两方面原因：一方面，这些社会关系交际支出具有平稳性和持续性；另一方面，笔者使用婚丧嫁娶支出占日常支出的比重这个指标，从而很好地解决内生性问题。由于受助家庭社会关系交往支出绝对额远大于受助家庭，引入婚丧嫁娶占日常支出的比重可以在很大程度上避免这个问题。

社会学家认为，社会关系网络可以分为垂直社会网络和水平社会网络。[①] 笔者所研究的社会关系网络主要是垂直社会关系网络。由于社会救助群体在再就业过程中，更多的是投亲靠友。这种帮助是单向的，一般来说，受助群体再就业人员多数靠的是垂直关系网络。

表5-6显示了3528个家庭数据的描述性统计结果。将3528个家庭样本按区域进行划分，目的是在做再就业收入差距分解中划分经济水平和社会化程度不同的区域，从而研究其差异。可以看出，区域间存在显著性的差异，具体表现在以下几个方面。中西部地区受助群体再就业人员收入显著低于东部地区。而且，再就业收入在中西部地区的方差显著低于东部地区。这表明东部地区社会救助再就业人员收入与非受助群体再就业人员收入差距更大，不均现象更加严重。中西部家庭样本中，纵向关系网络跟东部地区受助家庭的纵向关系网络数无显著性差别，但标准差却比东部地区大，说明中西部地区比东部地区更不均。在物质资本方面，笔者发现，中西部地区无论是均值还是方差均低于东部地区。

基础数据也显示，上述分布状况产生的主要原因是中西部中小企业密度小于东部省份。从受助家庭特征变量来看，中西部地区受助家庭的劳动规模（按人均数目计算）大于东部地区，这与通常的结论相一致；在个体特征方面，东、西部地区的再就业人员差别较大。中西部地区受教育年限小于东部地区的再就业人员。而且，再就业人员年龄的标准差方面也存在较大差异，可能的解释是东部地区受助家庭更加注重人力资本投资。

表5-6 相关变量的描述性统计结果

变量类别	变量解释	全国样本 Mean	全国样本 S.E	中西部样本 Mean	中西部样本 S.E	东部样本 Mean	东部样本 S.E
RN：社会关系网络	亲朋好友数	2.56	3.27	2.31	3.56	2.54	3.08
	人情世故支出比重	0.55	0.31	0.63	0.28	0.55	0.30

---

① 垂直社会网络指的是社会和经济地位不平等的群体间的网络，最典型的特征就是等级性和依附性；水平社会网络指的是在经济和社会地位上处于相同水平的关系网络，典型的特征是互助性和互惠性。

续表

变量类别	变量解释	全国样本 Mean	S.E	中西部样本 Mean	S.E	东部样本 Mean	S.E
LC：受助家庭特征	受助家庭人口数	3.74	1.44	4.35	1.51	3.91	1.29
	受助家庭劳动力数目	0.75	0.30	0.82	0.25	0.78	0.30
	女性劳动力占比	0.41	0.47	0.67	0.54	0.70	0.35
PC：物质资本	人均物质资本	0.29	0.48	0.38	0.39	0.43	0.48
IV：个体特征	年龄	59.37	87.26	53.65	97.65	51.65	71.36
	受教育年限	6.98	5.01	7.03	5.09	8.09	5.21
	受教育年限的交互项	73.65	135.27	77.34	119.87	84.37	110.66
政治身份	共产党员	0.07	0.20	0.07	0.24	0.08	0.24
被解释变量	再就业收入对数	6.93	1.23	8.34	0.87	7.92	1.27

三 再就业收入决定理论与实证模型

我们借助对受助群体再就业人员工资收入差距进行分解，具体操作方法为，设定一个再就业收入的决定回归方程，通过这个方程测算出各解释变量的影响因子，然后将再就业收入差距的测算指标分配到式子两边，这样可进一步测算出不同的解释变量对收入对数的贡献因子，模型如下：

$$\ln W_{ij} = \alpha_0 + \alpha_1 RN_{ij} + \alpha_2 LC_{ij} + \alpha_3 PC_{ij} + \alpha_4 IV + \alpha_5 PI + \alpha_6 FE_{ij} + \varepsilon \quad (5.3)$$

式（5.3）中，i 表示所在家庭，j 表示所在区域，被解释变量再就业收入取常用对数；其余变量在表 5-5 中均有交代。

笔者使用的式子是半对数回归模型。这种模型能够较好地克服最小二乘回归中对残差项的苛刻要求（正态分布要求），而且能够克服常数项对再就业收入问题的重大影响。① 表 5-7 是笔者对样本家庭的统计结果，模型（1）是基准方程，模型（2）是加入社会关系网络后的方程，通过比较发现，两模型的结果在 0.05 的水平上的解释变量均通过了检验。

---

① 因为该模型能够将常数项转化为一个常数乘积项，对再就业收入的影响因子在统计学意义上是不显著的。

表 5-7 受助群体再就业人员收入决定方程的回归结果

变量类别	变量名称	模型（1）回归因子	S.E	模型（2）回归因子	S.E
RN：社会关系网络	亲朋好友数	—	—	0.066***	0.023
	人情世故支出比重	—	—	0.484**	0.148
IV：个体特征	年龄	0.0002	0.008	0.0002	0.0005
	受教育年限	0.245**	0.043	0.241***	0.035
	受教育年限的交互项	-0.004***	0.0004	-0.004**	0.0008
PC：物质资本	人均物质资本	0.556***	0.026	0.055**	0.021
LC：受助家庭特征	家庭人口数	0.043	0.034	0.038***	0.033
	受助家庭劳动力数目	0.906**	0.204	0.803**	0.249
	女性劳动力占比	0.367	0.093	0.311	0.076
PI：政治身份	共产党员	0.481**	0.226	0.243	0.241
固定效应	区域虚拟变量	▲	▲	▲	▲
截距项	常数项	7.004***	0.319	7.828***	0.375
拟合变量	$\overline{R^2}$	0.62		0.74	
观测变量	样本值	3528		3528	

注：①*、**、***分别表示在0.1、0.01、0.05的水平下是显著的；②▲控制了区域虚拟变量后的样本。

由于我们考察社会关系网络对再就业收入的影响因子，所以模型（2）中加入了社会关系网络变量后，其他解释变量的影响系数及系数检验均未发生显著性的改变。而且两变量在0.05的水平下通过了检验。从调整的 R^2 系数来看，式（5.3）的 R^2 值比模型（1）的 R^2 值相对增加了19.35%。数据的显著性变化表明了在两类不同的家庭中，社会关系网络对再就业收入具有显著性的影响。通过测算显示，受助家庭的亲朋好友数（纵向社会关系网络）每增加1个百分点，其社会救助家庭工资性收入便增加8%～9%。从社会救助家庭的角度出发，其人情世故支出比重每增加1个百分点，社会救助家庭的工资性收入将增加 0.53 个百分点，说明这两变量的影响效应较大。① 一般来说，社会关系网络的发挥效应具体表现形式会体现在物质资本、教育资本和政治资本等方面，这些往往是相互联系甚至相互加强的，所以，笔者对其分别控制来分析不同的资本形式的贡献率。

家庭人口数在模型（1）中的统计结果并不显著，受助家庭劳动力数目在 0.01 水平下通过了检验，与先前的假设相一致。而且，在社会救助家庭中，女性再就业人员的比重未通过显著性检验。这也表明，在受助家庭中男性再就业人员对家庭的影响起主导作用。结果显示，男性再就业人员占比每提高 1 个百分点，家庭收入便提高 4.15 个百分点。从物质资本的统计数据来看，物质资本对家庭人均收入也具有显著性的影响效应。这与现有研究结果相一致（Morduch，2002）。从个体特征来看，再就业人员人均年龄②没有通过显著性检验，主要原因可能是工作技能与年龄并无显著性联系。而对于受教育年限这一变量，统计结果显示，模型（2）中在 0.05 的水平下是显著的。而且受教育年限的交互项同样也通过了显著性检验。这充分表明受教育程度对受助家庭的收入具有非常重要的促进效应。从数据的分布来看，这种效应具有边际递减性。对于政治身份的变量回归结果，通过模型（1）我们可以看到家庭有共产党员的比重在 0.01 的水平下通过了检验。而将这个指标变量放入模型（2），没有通过显著性检验。从统计结果上来看，政治身份（是否为共产党员）对社会救助家庭成员就业收入具有积极的影响作用，但我们认为拥有党员身份的受助群体再就业人员拥有更多的社会关系网络，这两者存在较强的共线性。经过共线性检验两者的相关系数为 0.23。笔者采用了赵剑治、陆铭（2010）的研究方法，即控制了家庭背景的固定效应，采用类似的做法得出，政治身份与社会关系网络的相关系数仅为 0.093。

四 受助家庭再就业人员收入差距的分解

Oaxaca（1973）对收入差距的形成因素做了较为细致的分析，他认为某因素对收入差距影响的大小是基于两方面的。一方面是该因素自身是如

---

① 在这里，我们参照了 Wooldridge（2003）的做法，占比效应的测算值用公式计算得来。
② 这个指标主要用来衡量受助家庭再就业人员的工作经验。

第五章 社会救助配套政策与再就业激活体系的联动性

何分布的,在假设该因素与收入的相关因子固定的条件下,它的分布越远离均匀分布,它对受助群体再就业人员收入的影响就越大。另一方面,该因素与受助群体再就业人员收入差距的相关系数是否存在偏效应。在其他因素不变的状况下,相关系数越大,该因素对再就业收入的影响就越大,并且,对不同性别的劳动力市场中的收入差距的分解分析证明了这个结论。

对于受助家庭再就业人员收入差距的分解,笔者采用了 Shorrocks (1999) 所提出的 Shapley Value 分解方法:取再就业收入的决定方程的某一解释变量的均值,将均值与剩余解释变量均值代入再就业收入函数式,计算出再就业收入数据与不平等指数。然后把再就业收入差距作为该解释变量的影响因子。若该解释变量取均值后,再就业收入差距增大了,则说明该变量可缩小受助家庭与非受助家庭人员间的收入差距。在利用 Shapley Value 分解方法时,笔者同时采用了 Java 程序软件来处理。然后,使用受助群体再就业人员收入的指数对数作为被解释变量和解释变量的回归方程。具体方程如下:

$$W_{ij} = e^{\alpha_0} \cdot e^{(\alpha_1 RN_{ij} + \alpha_2 LC_{ij} + \alpha_3 PC_{ij} + \alpha_4 IC_{ij} + \alpha_5 PS_{ij} + \alpha_6 FE_{ij})} \cdot e^{\varepsilon} \quad (5.4)$$

在式 (5.4) 中, e^{α_0} 为常数项,从方程中去掉并不会影响结果,对于误差项 ε 的影响,我们借鉴了 Wan (2002) 的做法,测算了再就业收入 W 的差距指标与假设 ε 为零时的再就业收入差距之间的不平等程度,和误差项 ε 对于受助群体再就业人员收入差距的影响。然后,得到残差 ε 的影响效应后,再就业收入的差距与残差项所引起的再就业收入差距之差就是再就业收入方程中解释变量的影响因子大小。然后,笔者采用了常用的测算收入差距的系数——基尼 (Gini) 系数、阿特金森 (Atkinson) 指数和广义熵 (GE) 指数,具体如表 5-8 所示。

表 5-8 社会救助家庭再就业成员收入差距与被解释因子的大小

区域变量	差距系数	影响因子 总因子	影响因子 解释变量	解释量/总因子 (%)
东部省份	基尼系数	0.601	0.454	75.54
	阿特金森指数	0.476	0.306	64.29
	广义熵指数	0.612	0.342	55.88

续表

区域变量	差距系数	影响因子 总因子	影响因子 解释变量	解释量/总因子（%）
中西部省份	基尼系数	0.490	0.410	83.67
	阿特金森指数	0.352	0.309	87.78
	广义熵指数	0.526	0.258	49.05
全 国	基尼系数	0.531	0.455	85.69
	阿特金森指数	0.463	0.253	54.64
	广义熵指数	0.577	0.367	63.60

表 5-8 显示了社会救助家庭成员再就业收入差距与被解释因子的大小。可以看出，这三个衡量收入差距大小的指数被解释变量部分都超过了 50%。利用 Gini 系数衡量的回归模型超过了 70%。受助群体再就业人员收入方程中的解释变量能更好地解释再就业收入的不平等问题。测算过程较为复杂，特别是变量超过 8 时，很难得到准确的结果。为了克服这一问题，笔者在分解时根据回归模型对相关性变量做了一个合并处理。首先，将再就业人员特征的各指标合并；其次，将再就业人员的受教育年限及交互项合并。通过这种处理方式，可以在不影响最后结论的条件下得到另外一个变量对于受助群体再就业人员收入差距的贡献因子。表 5-9 显示了笔者利用 Shapley Value 方法分解的结果。（1）表示，某一个变量下的贡献因子（对总指数的贡献），（2）表示该指标对影响再就业收入差距指标变量的贡献因子排名。各个指标有自身的福利函数，而设定不同的分配权数，主要是针对不同的 Lorenz 线的不同部分。表 5-9 显示不同指标变量对收入差距的贡献因子是有差别的。

表 5-9 社会救助家庭与非社会救助家庭样本收入差距的分解结果

指标变量	（1）：影响因子贡献比（%） 基尼系数	（1）：影响因子贡献比（%） 阿特金森指数	（1）：影响因子贡献比（%） 广义熵指数	（2）：贡献排名 基尼系数	（2）：贡献排名 阿特金森指数	（2）：贡献排名 广义熵指数
再就业人员平均年龄	0.23	0.23	0.23	9	7	7

续表

指标变量	(1): 影响因子贡献比 (%)			(2): 贡献排名		
	基尼系数	阿特金森指数	广义熵指数	基尼系数	阿特金森指数	广义熵指数
第二、三产业再就业人员比重	17.81	20.54	20.64	2	2	2
受教育年限	13.4	15.31	15.29	3	4	3
社会关系网络	12.00	15.65	14.27	4	3	4
亲朋好友数	10.23	10.23	10.23	—	—	—
人情世故支出比重	3.83	1.24	1.86	—	—	—
男性再就业比重	6.86	6.23	6.28	5	5	5
女性再就业比重	1.16	-3.59	-3.96	6	9	9
人均物质资本	0.58	-1.07	-1.54	7	8	8
共产党员比重	0.42	0.86	0.44	8	6	6
区域虚拟变量	33.21	34.37	35.26	1	1	1

接下来，我们重点考察社会关系网络变量，在表5-9中，笔者将亲朋好友数和人情世故支出比重两变量的贡献合并作为社会关系网络的指标，并按照大小顺序排列。统计结果表明，社会关系网络对于受助群体再就业人员收入差距的贡献因子均排在前四位之内，且影响因子贡献比均大于等于12%，在阿特金森指数中的影响超过了15%。这充分表明亲朋好友数和人情世故支出比重所代表的社会关系网络对于受助群体再就业人员收入的影响较大。其中，亲朋好友数所代表的社会关系网络影响因子贡献比达到了10%以上。亲朋好友数这一指标变量具有较大影响。我们可以用下面的方式来诠释，由于这一变量在受助家庭再就业人员样本中分布并非均匀，从统计结果上可以看出，回归系数仅为0.063。从变量的统计结果可以看出，亲朋好友数这一自变量的标准差较大，为3.27，可更好地衡量这一指标变量的分布。另一指标变量是人情世故支出比重，由于其回归系数较大，其分布较为均匀，但从影响因子来看，其影响效果相对较小，标准差也相对集中。从变量的本身属性来看，其是一个非静态的变量。若影响因子贡献比过大，则根据理性经济人假设，他们会加大投入力度。社

关系网络却是一个不可改变的变量，其分布较为分散。所以，其对受助群体再就业人员收入差距的贡献较大。

区域虚拟变量对再就业收入差距影响很大，三个不平等指数均排在第一位。最合理的解释是区域虚拟受量中不包含太多与区域相捆绑的变量因子，如区域本身的差别——区域的交通状况、自然环境和人文观念等。这些捆绑因素对受助群体再就业人员收入差距的影响较大，对于农村居民间收入差距的影响显著。分解结果显示，受助群体再就业人员收入所占比重对收入不平等的影响远大于社会救助金收入对收入不平等的影响，影响比重超过25%。从受教育年限变量来看，笔者发现，三个不平等指数除了阿特金森指数排在第四外，其余排在第三位，其贡献因子比重达到13%以上，这与Knight和Li（1997）研究结果相一致。

我们的研究结果验证了受教育程度对受助群体再就业收入不平等的影响。男性再就业比重在不平等指数中，均排在了第五位，对受助群体再就业人员收入差距的影响因子贡献比也在6%以上，再结合女性再就业比重的相关不平等指标，我们认为，中国社会救助家庭女性再就业人员收入对家庭的影响远远弱于男性。

对于人均物质资本，我们研究发现，该指标的影响因子贡献比均小于10%。这说明，在社会救助家庭中，人均物质资本的占有状况已经出现了趋同现象，即人均物质资本对再就业收入差距的影响较小，并不显著。这与中国目前城市化进程的趋势相吻合。因为随着就业收入不断提高，物质资本（如土地、生产资料等）的比重会逐步下降，物质资本减少的家庭反而会有更多的人员外出务工，从事不同程度的再就业工作，获得更高的再就业收入。从政治身份来看，其对再就业收入不平等性的影响并不显著。从再就业人员平均年龄这一指标来看，三个不平等指数的影响因子较小，说明其对受助群体再就业人员收入差距的影响较低。笔者认为，这与该群体自身素质及就业方式有关。由于受助家庭再就业人员绝大多数是社会中的弱势群体，他们所从事的职业多数是体力活，与技术技能职位的关联度有限，而且随着年龄的增长，体力下降。

五 区域差异对社会关系网络再就业收入不平等性的影响

笔者将根据市场化指数对各区域样本进行分类研究，通过这种比

第五章 社会救助配套政策与再就业激活体系的联动性

较分析来量化在不同的区域经济水平和社会化程度下,社会关系网络对于受助群体再就业人员收入差距的影响。为了克服差异非一致性和不可比性的"瓶颈"问题。笔者按照经济水平和社会化程度指数将调查样本分为两类地区:区域1为中西部地区①,区域2为东部地区②。经济水平和社会化程度以6为界限,高于6的为东部,低于6的为中西部。

表 5-10 东部地区和中西部地区的回归结果

变量类别	变量名称	中西部地区 回归系数	S.E	东部地区 回归系数	S.E
RN:社会关系网络	亲朋好友数	0.059**	0.018	0.068***	0.031
	人情世故支出比重	0.045	0.231	0.093**	0.301
IV:个体特征	年龄	0.0005	0.0005	-0.0008	0.0004
	受教育年限	0.087**	0.028	0.213***	0.031
	受教育年限的交互项	-0.002***	0.0009	-0.004***	0.0002
PC:物质资本	人均物质资本	0.047***	0.023	0.041***	0.041
LC:受助家庭特征	家庭人口数	0.647**	0.045	0.206**	0.051
	受助家庭劳动力数目	0.653**	0.206	0.417**	0.211
	女性劳动力占比	-0.381***	0.083	-0.562***	0.236
PI:政治身份	共产党员	-0.269	0.318	0.454**	0.416
固定效应	区域虚拟变量	▲		▲	
截距项	常数项	7.632***	0.269	6.357***	0.396
拟合变量	$\overline{R^2}$	0.53		0.53	
观测变量	样本值	1254		2274	

注:①*、**、***分别表示在0.1、0.01、0.05的水平下是显著的;②▲作为模型在控制了区域虚拟变量后的样本。

表5-10表明,无论是中西部地区还是东部地区,社会关系网络变量系数都大于零,且东部地区大于中西部地区。在其他指标作为控制变量的条件下,亲朋好友数每增加一个,家庭再就业人员收入可提高5个以上百分点;③ 人情世故支出比重每增加1个百分点,中西部地区家庭可提高再

---

① 这些区域包括的省份为内蒙古、广西、陕西、甘肃、湖南和四川等。
② 这些区域包括的省份为山东、江苏、浙江、北京、天津、广东和福建等。
③ 东部地区为5.9个百分点,中西部地区为6.8个百分点。

就业收入 7.24 个百分点；东部地区家庭人员再就业收入可增加 9.3 个百分点，这种差异是显著的。这个研究结果与 Lin（2001）的结论相一致。所以，我们同样得出结论，一定质量（或数量）的社会关系网络资本会给不同区域的社会救助家庭成员带来差异化的收入回报。

从上述结果来看，东部地区社会关系网络的两个代表性变量对受助群体再就业人员收入的回报率要高于中西部地区，而且中西部地区人情世故比重的回报率远小于东部地区。虽然上述分析得到了想要的结果，但是，我们不得不考虑另外一个问题，即人情世故支出与受助群体再就业人员收入是否存在"相关性"或者"倒挂"现象。① 由此，笔者参照 Lin（2001）的做法，做了相关性分析，结果显示相关系数为 0.208。这充分表明"倒挂"现象并不存在。

为了更细致地考察受助群体再就业人员收入在不同区域的影响因子的大小。我们再次采用上述分解方法进行分解，结果见表 5-11。可以看到影响受助群体再就业人员收入不平等的指标变量在三种不平等指数下的排序趋于一致，说明测算结果具有较强的稳健性。在三个不平等指数中，中西部地区的社会关系网络对再就业收入差距的贡献排在第三位，在东部地区的影响效应会更靠前一些，特别是其基尼系数的影响因子排在了第一位，阿特金森指数的影响因子排在了第二位。

表 5-11 受助群体再就业人员收入差距分解数据

指标变量	（1）影响因子贡献比（%）						（2）贡献排名					
	基尼系数		阿特金森指数		广义熵指数		基尼系数		阿特金森指数		广义熵指数	
	中西部	东部	中西部	东部	中西部	东部	中西部	东部	中西部	东部	中西部	东部
年龄	0.9	-0.03	0.8	-0.36	0.8	-0.41	8	9	7	8	7	7
受教育年限	13.2	17.6	21.9	17.1	13.1	18.0	4	4	4	4	4	4
男性劳动力比例	7.4	5.3	8.4	5.5	7.5	5.7	5	5	5	5	5	5
家庭人口数	3.1	4.2	1.5	0.04	0.98	-0.9	6	6	6	7	6	8
人均物质资本	1.3	0.3	-0.02	-2.3	-0.2	-2.5	7	8	8	9	9	9
第二、三产业再就业人员	24.0	19.0	3.08	22.5	25.9	20.8	2	3	2	3	2	2

---

① 也就是越是困难的家庭其婚丧嫁娶等人情世故支出的比重会更高。

第五章 社会救助配套政策与再就业激活体系的联动性

续表

指标变量	(1) 影响因子贡献比 (%)						(2) 贡献排名					
	基尼系数		阿特金森指数		广义熵指数		基尼系数		阿特金森指数		广义熵指数	
	中西部	东部	中西部	东部	中西部	东部	中西部	东部	中西部	东部	中西部	东部
社会关系网络	14.1	26.0	20.8	30.1	11.3	31.2	3	1	3	2	3	3
亲朋好友数	10.7	16.7	10.7	9.0	10.8	9.1	—	—	—	—	—	—
人情世故支出比重	3.4	9.3	10.1	21.1	0.5	22.1	—	—	—	—	—	—
共产党员比重	-0.05	1.7	-0.08	1.5	-0.1	1.5	9	7	9	6	8	6
区域虚拟变量	36.9	25.9	42.3	27.6	41.0	27.9	1	2	1	1	1	2
合计	100	100	100	100	100	100	—	—	—	—	—	—

注：①表中第2列到第8列每列之和应该为100%，但由于四舍五入的计算结果使得第2列到第8列的合计分变为100.85、99.97、99.68、101.68、100.28、101.29，属于正常误差范围之内。
②MW代表中西部地区，EA代表东部地区。

从影响因子大小（以百分比的形式列出）来看，社会关系网络对受助群体再就业人员收入的影响效应在东部地区要大于在西部地区。这说明经济水平和社会化程度越高的地区其影响因子越大。主要的原因可能是亲朋好友数这一指标变量在中西部地区分布不平均的因素更多地取决于外部要素。但我们的研究也发现，若东部地区的社会救助家庭再就业人员的社会关系网络的回报率逐渐提高，则其会对再就业收入差距的贡献会进一步加大。代表影响受助群体再就业人员的社会关系网络的变量是人情世故支出比重，其对受助群体再就业人员收入差距的影响在中西部地区和东部地区存在较大差异。所以，我们认为该指标变量的偏效应在中西部地区远远小于在东部地区。表5－10也证明了这一点。在表5－10中，社会救助家庭的社会关系网络分布在中西部地区和东部地区在统计学意义上并无显著性的差别，从标准差的分布我们可以看出这一点。

所以，我们可以进一步得出这样的结论，区域间受助家庭再就业人员收入存在差距，主要在于东部地区人情世故支出比重的贡献因子要高于中西部地区，主要原因是中西部地区经济水平和社会化水平低，市场机会和经济资源相对较少，相对东部地区，人们更难借助社会关系网络来获得工作机会和提高再就业收入。接下来我们来分析一下区域虚拟变量。

社会救助家庭收入的差距可分为区域间差距和区域内部的差距，区域之间的差距几乎成为不同学者研究相关问题必然考察的因素之一。同样我们可以看到其对社会救助家庭再就业人员收入具有极其重要的影响效应。因为区域变量中包含了太多的"捆绑性"因素,如自然资源禀赋、基础设施条件和自然环境因素、人们的思想观念等。研究结果显示,区域二分类变量的影响在中西部地区明显大于东部地区,其对阿特金森指数影响因子贡献比为42.3%,而东部地区仅为27.6%。家庭中从事第二、三产业的再就业人员比重的影响在东部地区要显著小于中西部地区。在东部地区其对阿特金森系数的影响因子贡献比为22.5%,而在中西部地区却高达30.8%,主要原因是家庭中第二、三产业再就业人员比例对家庭再就业收入的偏效应在东部地区远小于在中西部地区,这种偏效应出现的原因在于东部地区受助群体再就业收入基数相对于中西部地区更大,第二、三产业发展水平相对较高。所以,第二、三产业再就业人员比重上升所导致的再就业收入提高会相对更加缓慢。

教育因素对收入的影响在几乎所有学者看来都是至关重要的。我们来看一下本书的研究结果(见表5-11)。受助群体再就业人员的受教育年限在中西部地区要显著低于东部地区,而且从影响因子贡献比来看,受教育年限对再就业收入的影响在中西部地区要小于在东部地区,而且中西部地区的上升速度远小于东部地区。这充分说明人力资本投资对再就业收入的"倍增效应"。所以说受教育程度对中西部地区再就业人员的偏效应要小于东部地区。结合人力资本投资理论,我们可以解释为更高的经济和社会发展水平所带来的再就业机会和再就业收入使得教育得到更可观的回报。从政治身份指标来看,"共产党员比重"对东部地区的社会救助家庭再就业人员收入差距的因子贡献为正,但在中西部地区为负。主要原因是政治身份不仅仅是其本身,更重要的是其带来的政治资本。东部地区由于经济和社会发展状况更好,所以从政治身份中获得的经济资源和社会资源更多。所以,政治身份会在东部地区的再就业人员中拉大收入的不平等程度,而在中西部地区却相反。

笔者分析了社会关系网络对受助群体再就业人员收入差距的影响,并且分析了这种影响因子在经济和社会发展水平不同的地区的差异性问题。实证研究得出了以下结论:社会关系网络能够在很大程度上较为明显地提高再就业人员的收入。在中国这样一个社会和经济发展程度不平衡的国家,各区域中社会关系网络对受助群体再就业人员收入差距的影响有多大，笔者通过对中国社会救助家庭再就业收入的决定因素及与非受助家庭就业人员间的收入差距进行分解，可以看到，社会关系网络对不同群体的收入差距的贡献比高达11.3%~31.2%，在所有影响因素中，属于关键性因素。在社会化和经济化程度较低的中西部地区，社会关系网络对受助群体再就业收入的影响远远低于东部地区。

由于社会关系网络不仅仅是一种社会关系，还是一种经济关系，虽然这种经济关系不是一种直接的市场力量。但研究结果显示，在经济和社会化水平较低的中西部地区，这种关系对受助群体再就业人员收入的回报远小于东部地区。这充分验证了社会关系网络具有较强的"亲富性"，因为相对富裕群体从社会关系网络中获得的回报更高。

此外，对受助家庭再就业人员收入具有重要贡献的是受教育年限指标，它在本书中主要体现为两个方面：一方面，体现在其对再就业收入的偏效应在中西部地区远小于在东部地区；另一方面，受教育程度的差异导致再就业收入不平等，这种不平等影响在中西部地区远低于东部地区。其余变量对其再就业收入的影响较为有限。公平和效率如同一对孪生兄弟，在社会强势群体的竞争中，我们更多强调效率问题，用市场规则来解决问题。但是对于社会弱势群体，由于"起点的不公平、过程中的部分公平"，结果很难做到公平。从起点公平来说，由于历史和家庭背景等因素，社会关系网络在不同的群体之间几乎是先天性的不均等。这种起点不公平使其产生与生俱来的"劣势"，这种"劣势"使得其在过程中会更大程度上加剧其过程的不公平。鉴于此，我们在关心弱势群体的过程中，不应仅仅从"物质"本身入手，还应更多地从与"物质"有着千丝万缕联系的社会网络、教育等方面入手，使其真正能从过程公平中摆脱贫困。

第三节 就业培训策略对受助家庭成员再就业行为影响效应

一 再就业策略的实施

中国社会救助制度自实施以来，其取得的济贫效果被国际所认可，而其理念也被众多发达国家和发展中国家所重视。虽说中国社会救助制度在一定程度上能够克服"救助依赖"现象，但这并非制度本身所具有的功能，其更多来源于制度配套资金的供给问题，即制度的DEA效率投入少而制度的产出较多这一优势（王增文，2009）。但从整个制度所呈现的理念来看，中国仍是"被动式"的救助，而非"积极主动式"的脱贫。这种"被动式"的救助会随着社会救助制度配套项目的完善而呈现"救助依赖"现象被强化的态势。

发达国家的实践和研究结果带来了这样的一种理念——受助家庭仅仅依靠被动的救助[①]很难摆脱"贫困恶性循环"的沼泽，反而会产生消极的再就业意愿；而积极的再就业扶持策略[②]能够使受助群体从被动的接受救助转变为积极主动的脱贫行为。这种转变从经济学上来看，是使有完全劳动能力或者部分劳动能力的受助群体的脱贫从再分配领域跨越到初次分配领域（Grubb 和 Martin，2001）。而在再就业供给方面，如果从劳动供给的净工资弹性视角来看，多数学者研究认为，男性劳动供给比女性劳动供给更富有弹性；Rosenbaum（2001）和 Meyer（2002），通过实证研究得出的结论是美国 EITC 方案对单身妇女的劳动参与率有显著性的影响，但对劳动时间的影响有限；张世伟、周闯（2008）通过对中国城市贫困群体的就业供给研究也得出了类似的结论。目前多数实证研究方法存在的最大问题是选择的数据多为截面数据。这就会导致研究缺乏动态性，从而产生较大偏误。1999~2017 年以来，中国政府针对不同的贫困群体特征制定了差异化的社会救助项目。[③] 通过这些项目可以在很大程度上达到减贫的目标。但是救助只是手段，最终目的是使被救助者脱离贫困走向富裕。消灭贫困的最有效的举措就是提高社会救助家庭的再就业行为和再就业收入，使其能够真正分享初次分配领域的成果，而不仅仅是获得再分配的"被动式"社会救助金。

鉴于此，笔者以社会救助家庭成员的再就业培训策略为切入点，结合 2008 年和 2014 年的实际调研数据，利用数量经济学模型和计量经济学模型来分析再就业培训策略对社会救助家庭成员再就业供给行为的影响效应。

---

① 如政府实施的社会救助制度，包括社会救助制度配套项目如生活救助、医疗救助和住房救助等。
② 主要包括负所得税计划、岗位分享策略和上游干预策略等举措。
③ 包括城市最低生活保障、新的开发性扶贫、农村最低生活保障、最低工资、住房救助等一系列针对绝对贫困和相对贫困的项目。

二 方法与描述性统计

为分析再就业培训策略对社会救助家庭成员再就业行为的影响效应，笔者在调研的样本中通过统计学软件把所要研究的对象分成了两类——社会救助家庭和非社会救助家庭，再就业培训策略作为被解释变量只能对社会救助家庭成员的再就业人员产生效应。通过分析两类家庭成员在实施（再）就业培训策略前后的变化来观测该项策略的影响效应及影响程度。Jennifer Widner（1998）认为，劳动供给变化涉及两个方面。[①] 本书将从供求的变化方向来看，分别对社会救助家庭再就业人员就业供给的变化和劳动时间的变化进行分析。

（一）再就业培训策略对社会救助家庭成员就业概率的影响

我们用社会救助家庭成员再就业培训策略推行前后的再就业率之差来表示这种影响效应的大小。在实体社会和经济中，制度或者政策所产生的经济和社会效应很难用严格意义上的模型予以刻画，这主要是由自然科学所要求的明确而苛刻的条件所致，也是将自然科学与社会科学相交叉来处理问题而不得不解决和规避的状况。研究这些问题时，在多因素指标条件下，我们不得不做出一系列的假设，假定社会救助家庭成员和非社会救助家庭成员就业率概率的影响，在统计学意义上是无差别的。

（二）再就业培训策略对社会救助家庭劳动时间的影响

我们采用再就业培训策略实施前后的劳动时间变化率来反映再就业培训效果，两类家庭的（再）就业时间变化的原因部分归于再就业培训策略，部分归于不可解释的社会政策因素。为了使研究具有可行性，笔者仍然假设两类家庭成员的再就业时间对社会政策的响应在统计学意义上无差别。那么，我们可以求得再就业培训策略实施前后社会救助家庭成员再就业时间的变化率。[②] 然后分两步进行研究：①在考虑再就业培训策略的实施时，假设其他社会政策因素的变动不会对研究结果产生显著性的影响；②将反映两类家庭成员个人禀赋的变量全部纳入模型，目的是控制微观变

---

① 一方面是横向广度的变化，另一方面是纵向深度的变化。
② 对两组进行划分并非随机的，非社会政策因素对两类家庭成员的影响具有差异性，所以，我们在做统计分析时，尽量避免两组别的内部及外部影响的差异性。

量，以反映个体属性变量给社会救助家庭成员再就业行为产生的微观内部差异。

笔者所采用的数据主要来源于武汉大学社会保障研究中心 2008 年社会救助调查数据与 2014 年南京财经大学的社会保障调研数据。我们对上述指标形成的数据做进一步的筛选处理：完成基本缺失值和异常值的处理以后，对数据进行整理以获取社会救助群体和非社会救助群体 2007 年和 2013 年的各指标数据。由于我们研究社会救助家庭成员在再就业培训及扶持政策作用下的再就业行为，因此笔者除去了失去劳动能力的家庭成员数据和年龄超过 60 周岁的成员数据，把剩下的家庭成员作为研究对象分别进行研究。这些指标包括两种类型——个体禀赋变量和家庭禀赋变量。[①]

表 5-12 显示了社会救助家庭与非社会救助家庭中不同性别成员的（再）就业对比状况。从女性家庭成员的变化状况来看，2013 年非社会救助家庭成员就业率比 2007 年减少了 5.81 个百分点，而社会救助家庭成员的再就业率提高了 72.23 个百分点。非社会救助家庭日平均劳动时间提高了 20.34 百分点；而社会救助家庭成员日平均劳动时间提高了 13.84 个百分点，由于劳动时间和（再）就业率的双向复合变动，两类型家庭成员呈现截然不同的变化趋势。社会救助家庭成员的（再）就业供给提高了 93.51 个百分点，而非社会救助家庭成员仅仅提高了 7.73 个百分点。笔者通过 DID 方法可以测算出社会救助家庭成员的再就业率相对提高了 83.67 个百分点，日平均劳动时间相对减少了 2.89 个百分点，就业供给增长了 99.22 个百分点。报告说明，如果假定调查样本不存在个体禀赋方面的差异，那么，再就业人员的就业供给率及再就业相对供给变化率提升完全是由（再）就业率变动来解释是合理的。

对于男性（再）就业行为的变化我们以 2007 年与 2013 年数据来比较，社会救助家庭成员再就业率提高了 60.47 个百分点，而非社会救助家庭成员的就业率却下降了 5.48 个百分点，社会救助家庭成员日平均劳动时间上升了 7.83 个百分点，而非社会救助家庭成员的日平均劳动时间上升了 13.76 个百分点。由于这两种因素的复合作用，社会救助家庭再就业

---

① 个体禀赋变量主要包括性别、年龄、教育年限、婚姻状况、健康状况；家庭禀赋变量主要包括家庭成员健康状况、成员再就业状况、工资收入和就业时间指标等。

人员供给提高了52.09个百分点，而非社会救助家庭成员的就业人员供给仅提高了6.94个百分点。如果我们假定两种不同类型的家庭的就业成员中不存在个体禀赋方面的差异，则可以得出与女性同样的结论，且男性再就业供给变化率及相对变化率要显著弱于女性再就业人员。

表5-12 不同性别不同类型家庭成员就业变化状况（女性样本=795，男性样本=831）

指标变量	类别	2007年	2013年	变化量	变化率（%）	相对变化率（%）
女性（再）就业率	非社会救助家庭	0.4735	0.4460	-0.0275	-5.81	—
	社会救助家庭	0.2305	0.3972	0.1665	72.32	83.67
女性日平均劳动时间	非社会救助家庭	40.72	49.001	8.281	20.34	—
	社会救助家庭	42.70	50.53	7.83	13.84	-2.89
女性（再）就业供给	非社会救助家庭	18.23	19.64	1.41	7.73	—
	社会救助家庭	7.4	14.32	6.92	93.51	99.22
男性（再）就业率	非社会救助家庭	0.73	0.69	-0.04	-5.48	—
	社会救助家庭	0.43	0.69	0.26	60.47	50.06
男性日平均劳动时间	非社会救助家庭	51.29	58.35	7.06	13.76	—
	社会救助家庭	55.83	60.20	4.37	7.83	-5.62
男性（再）就业供给	非社会救助家庭	37.01	39.58	2.57	6.94	—
	社会救助家庭	21.48	32.67	11.19	52.09	56.82

从表5-13可以看出个体禀赋对受助家庭成员和非受助家庭成员就业行为属性的影响。通过对比可以发现，非受助家庭成员的受教育年限均高于社会救助家庭成员。社会救助家庭成员的身体状况及家庭老弱病残成员状况无显著性差别。从所从事职业的行业分布来看，两种类型的家庭无显著性差异。但社会救助家庭成员的再就业率要显著低于非社会救助家庭成员，面板数据中，从年可支配工资收入来看，非社会救助家庭成员要高于社会救助家庭成员。从两种不同类型的家庭成员的就业收入来看，社会救助家庭成员与非社会救助家庭成员的收入差距在显著缩小，这说明再就业培训策略使得社会救助家庭成员的再就业收入得到显著改善。这也充分验证了我们先前的假设，即两种不同类型家庭的个人禀赋存在较大差异，这一系列反映了个人禀赋的变量会影响其（再）就业行为。

表 5-13 社会救助家庭与非社会救助家庭成员的个体禀赋变量描述

	指标变量	2007 年 MS	2007 年 MN	2013 年 M	2013 年 MN	2007 年 FS	2007 年 FN	2013 年 FS	2013 年 FN
个体禀赋变量	年龄	41.38	41.85	41.58	42.08	43.25	44.08	43.55	44.88
	身体状况	0.99	0.98	0.99	0.98	0.99	0.98	0.99	0.98
	年可支配工资收入	410	503	437	549	385	652	392	713
	技能状况	0.04	0.04	0.04	0.04	0.05	0.07	0.06	0.08
	受教育年限	9.43	8.27	9.76	10.66	10.13	10.62	11.85	11.22
所从事的行业	国有企业	0.041	0.047	0.041	0.047	0.086	0.092	0.088	0.012
	集体企业	0.007	0.054	0.019	0.153	0.143	0.054	0.167	0.060
	民营企业	0.120	0.141	0.201	0.355	0.187	0.329	0.192	0.381
	事业单位	0.001	0.029	0.006	0.006	0	0.033	0	0.073
家庭禀赋变量	除被调查人员的家庭收入	416	722	581	834	496	827	513	914
	家庭老弱病残成员	0.23	0.19	0.19	0.18	0.23	0.20	0.22	

注：①MS 表示男性受助家庭成员，MN 表示男性非受助家庭成员；FS 表示女性受助家庭成员，FN 表示女性非受助家庭成员。

三 再就业方程及劳动时间的估计

笔者利用 Logit 模型，分析了社会救助家庭贫困的影响因素（见表 5-14）。对男性社会救助家庭成员来说，随着年龄与受教育程度的提高，其对社会救助金的依赖性在逐渐减弱。这恰好可以用舒尔茨的人力资本投资理论来解释。因此，我们可得出结论，是否就业是促使社会救助家庭成员摆脱贫困恶性循环的关键。对女性受助家庭成员来说，再就业也是促使其家庭摆脱贫困恶性循环的关键。因此，社会救助家庭中，除了完全失去劳动能力的老弱病残群体外，其贫困主要是由劳动寻求不足和再就业机会缺失导致的。那么，实施再就业培训和就业扶持策略可极大地促进社会救助家庭成员的积极就业行为，从而增加其整个家庭收入，并最终走出贫困恶性循环的"沼泽"。

表 5-14 社会救助家庭贫困的影响因素

指标变量	男性	女性
年龄	-0.0368***	-0.0051
受教育年限	-0.0523***	-0.0246
技能状况	-0.3547	0.3529
（再）就业供给行为	-0.6384**	-0.6770**
身体状况	0.6529	-0.0080
截距项	2.3580***	0.1441
卡方值	63.5600	35.6300

注：*、**、***分别表示在0.1、0.05和0.01水平下是显著的。

接下来，我们从 Two-part 模型来分析一下影响社会救助家庭成员再就业行为和劳动时间的因素。可以建立再就业供给模型及劳动时间模型对两种不同类型家庭成员的个体禀赋和（再）就业供给进行分析，观测就业培训策略对社会救助家庭成员再就业行为的影响效应。受助群体再就业行为涉及两种变动状况：一种是就业时间，一种是（再）就业率。应对其分别进行估计，可建立如下的（再）就业方程：

$$\overline{\pi_{jt}} = \vec{X}_{jt}(x_{1t}, x_{2t}, \cdots, x_{nt})\vec{\beta} + v_{jt} \quad ① \tag{5.5}$$

其中，$\overline{\pi_{jt}}$ 表示影响所考察对象是否再就业的不可观测变量；$\pi_{jt} = 0$，表示处于再就业状态；$\pi_{jt} = 1$，表示处于领取社会救助金的非工作状态；$\vec{X}_{jt}$ 代表个体禀赋的可观测矢量；$\vec{\beta}$ 代表系数向量；v_{jt} 代表标准正态分布的扰动项。

设社会救助家庭成员在再就业前提条件下的劳动时间方程为：

$$T_{jt} = \vec{Z}_{jt}(z_{1t}, z_{2t}, \cdots, z_{nt})\vec{\gamma} + \eta_{jt} \tag{5.6}$$

其中，T_{jt} 表示个体的劳动时间；$\vec{Z}_{jt}$ 影响个体劳动时间的因素；η_{jt} 代表标准正态分布的随机扰动项，$\vec{\gamma}$ 是向量系数。若 v_{jt} 与 η_{jt} 同时满足正态分布，则个体在其再就业状态下的劳动时间为：

$$E(T_{jt}) = \vec{Z}_{jt}\vec{\gamma} + Cov(v_{jt}, \eta_{jt})\delta_\eta \frac{\Psi(\vec{X}_{jt} \cdot \vec{\beta}/\delta_\eta)}{\Phi(\vec{X}_{jt} \cdot \vec{\beta}/\delta_\eta)} \tag{5.7}$$

---

① $\pi_{jt} = 0$，若 $\pi_{jt}^* \leq 0$；$\pi_{jt} = 1$，若 $\pi_{jt}^* > 0$。

其中，δ_η 是正态分布的标准差。再就业行为值为：

$$E(T_{jt}) = \Phi(\vec{X_{jt}} \cdot \vec{\beta}) + [\vec{Z_{jt}} \cdot \vec{\gamma} + Cov(v_{jt}, \eta_{jt})\delta_\eta \frac{\Psi(\vec{X_{jt}} \cdot \vec{\beta}/\delta_\eta)}{\Phi(\vec{X_{jt}} \cdot \vec{\beta}/\delta_\eta)}] \quad (5.8)$$

若 $Cov(v_{jt}, \eta_{jt}) = 0$，那么式（5.5）与式（5.7）构成了 Two-part 模型，由于在（再）就业条件下，劳动时间为非负性，式（5.7）为 Truncated 正态分布模型，从而劳动时间可表示为：

$$E(T_{jt}) = \Phi(\vec{X_{jt}} \cdot \vec{\beta}) + [\vec{Z_{jt}} \cdot \vec{\gamma} + \delta_\eta \frac{\Psi(\vec{X_{jt}} \cdot \vec{\beta}/\delta_\eta)}{\Phi(\vec{X_{jt}} \cdot \vec{\beta}/\delta_\eta)}] \quad (5.9)$$

接下来，我们加入就业培训策略变量，可将 Two-part 模型设定为：

$$Q = \Psi[\beta_0 + \beta_1 X_{jt} + \beta_2 Type + \beta_3 (Typy \times Year)_{jt} + \beta_4 Year] \quad (5.10)$$

$$T_{jt} = \gamma_0 + \gamma_1 Z_{jt} + \gamma_2 Type + \gamma_3 (Type \times Year)_{jt} + \gamma_4 Year \quad (5.11)$$

其中，$Type$ 表示 0，1 二分哑变量[①]；β_i 表示回归系数。$Year$ 为二分哑变量[②]；$Type \times Year$ 为家庭类型和年份哑变量的交互项。为了防止变量的遗漏我们引入了两大类反应个体和家庭特征的向量 $\vec{X_{jt}}$ 和 $\vec{Z_{jt}}$。家庭其他成员相互之间的收入状况具有较强的收入效应，而家庭人口数越多，家庭收入越高，这种效应就越明显，反之这种效应就越弱。另外，家庭中有老弱病残成员会占去有完全劳动能力或者部分劳动能力个体的劳动时间，从而削减其再就业行为；但由于家庭中老弱病残成员会增加家庭的消费支出，从而产生有完全劳动能力或者部分劳动能力的家庭成员的劳动供给的替代效应，至于收入效应和替代效应的强弱，目前尚无定论。鉴于此，笔者将受教育年限、受培训状况、年龄、身体状况、被调查家庭其他成员情况（属于老弱病残成员）引入 Two-part 模型。

不同行业性质将对个体就业时间产生较大的影响。[③] 因此，笔者把个体所从事的行业作为虚拟变量一并引入模型以控制这种因素的影响。同时，将对由再就业和劳动时间方程形成的双选择模型进行测算，这是为了

[①] $Type = 0$ 表示非社会救助家庭类型，$Type = 1$ 表示社会救助家庭类型。
[②] 2007 年社会救助家庭成员为 $Year = 1$，非社会救助家庭成员 $Year = 0$；2009 年为类似的设置。
[③] 如服务行业的劳动时间要远远长于事业单位。

避免所选因素同时影响就业和劳动时间的问题。然后引入 ML 方法对 Two-part 模型进行估计。

四 统计结果分析

我们利用 ML 来估计再就业方程和劳动时间方程,结果如表 5-15 所示。表 5-15 显示了不同性别的家庭成员的再就业和劳动时间方程的影响因素无显著性的差异,并且影响效应基本相同。社会救助家庭成员的受教育程度和先前培训获得的技能对提高其就业概率无显著性的推动效应;年龄对其再就业概率的影响呈现先下降后上升的"抛物线"趋势。社会救助家庭成员和非社会救助家庭成员的受教育程度大多在初中层次。由于目前早已普及九年制义务教育,受教育程度在初中层次已经成为最基本的学历起点,当然也包括初中以下学历,这样带有普遍性的受教育年限不能产生显著性的差异影响。而与之相反的是个体具有的培训技能,先前的假设是技能会对不同类型家庭的就业行为和就业时间产生显著性的影响,但估计结果却相反,最有可能的解释是选取样本的局限性,以及受助群体的"边缘性"而导致培训的"不可及"性,最终使得具有特殊技能的成员占比偏小。身体状况指标在不同性别的家庭成员中的影响均通过了检验。这说明身体状况会直接影响社会救助群体的再就业行为和再就业的劳动时间。

表 5-15 社会救助家庭成员的再就业供给和劳动时间的计量模型结果

指标变量	男性再就业供给	男性劳动时间	女性再就业供给	女性劳动时间
年龄	0.2579**	-2.0458**	0.2455***	-0.5274
健康状况	0.3548**	11.5683*	2.6872**	12.9615
年龄×年龄	-0.0025**	0.0529***	-0.0047**	0.0087
教育	0.0589	3.2578***	-0.0057	0.8563
教育×教育	-0.0059**	-0.3588***	-0.0081	-0.0726
技能	0.8697	-2.0584	0.2594	-2.3482
家庭非本人收入	-0.0052**	0.0035	-0.0064***	-0.0004
家庭老弱病残人员	-0.2041**	-3.2540**	0.0587**	-2.0941
国有单位	—	2.2551	—	2.0587
集体单位	—	2.5670	—	-2.5871
民营单位	—	6.5840**	—	4.6813**
事业单位	—	—	—	—

续表

指标变量	男性再就业供给	男性劳动时间	女性再就业供给	女性劳动时间
截距项	-8.9550**	71.022	-2.5641	41.2054***
Type	-2.0584***	5.7041	-2.1556**	4.6844
Year	-0.0583	3.6527***	-0.0853	5.2011**
Type × Year	0.8954**	-0.3540	0.9410***	-3.1540**
正态分布标准差	—	13.0652	—	-3.0014
卡方检验值	186.690	—	295.311	14.2813
沃德卡方检验值	—	45.38	—	49.1543

注：*、**、***分别表示在0.1、0.05和0.01水平下是显著的。

家庭成员（除被调查对象本人）的收入越高对被调查对象的再就业行为的替代效应就越明显；有老弱病残的家庭成员对社会救助家庭其他成员的再就业行为产生积极的影响。很多学者在这个问题上有不同的研究结论，如张世伟、周闯（2008）的研究结果显示，该因素对再就业概率无显著性的影响。这与笔者的研究结果恰好相反。我们认为，这主要由两种效应所致：一种是有老弱病残群体的家庭，其消费支出显著偏高，从而使得其家庭成员中有完全劳动能力或者部分劳动能力的个体不得不努力寻找工作来获取更多的收入；另一种是这部分失去劳动能力的家庭成员需要照顾，而致使有完全劳动能力或者部分劳动能力的家庭成员不得不留在家中照料。所以这两种效应在一定情况下是相互抵消的。Type 虚拟变量的系数为负说明非社会救助家庭成员有更高的就业需求；Year 虚拟变量系数为负但不显著，说明两种类型的家庭在不同年份没有呈现出一定的变化趋势。

从表5-15的统计结果还可以看出，女性个体禀赋变量在5%水平下，均通过了检验。这说明女性就业以后，其劳动时间受到这些人力资本因素影响的效应大于劳动需求因素的影响效应。而男性的个体禀赋变量没有通过显著性检验。这说明男性的劳动时间受劳动需求因素的影响远大于其受人力资本因素的影响。从再就业的行业性质来看，其影响效应具有显著性。再就业的男性人员中，在国有和集体单位的人员比在民营企业的人员劳动时间要短很多。Type 虚拟变量的系数大小表明社会救助家庭成员比非社会救助家庭成员有更长的劳动时间，Year 虚拟变量的正向表明社会救助家庭成员从2007年到2013年，其劳动时间显现延长的趋势。Type × Year 项为正，且通过了检验，表明不同性别群体的劳动时间受就业培训策略的影响较大。接下来,我们来看一下不同指标变量对女性劳动时间的影响。从表5-15年龄指标系数来看,其变化趋势显现先下降后上升的"抛物线"趋势。如之相反的是受教育年限指标,随着受教育程度提高女性劳动时间呈现先上升后下降的"抛物线"趋势。其余因素(个体禀赋)对女性劳动时间影响不显著,而行业性质对已就业女性的劳动时间的影响与男性基本类似。

$Type \times Year$ 也通过了显著性检验,表明再就业培训策略对社会救助女性家庭成员的劳动时间有正的显著性影响。下面对其进行重新估计,把社会救助家庭与非社会救助家庭的反映其个体禀赋的面板数据引入两个模型。可以估算出再就业率和劳动时间,由此可计算出劳动供给时间(男性与之类似的做法)。这样可以测算出男性社会救助家庭成员劳动供给的净工资弹性为2.86(如表5-16所示)。

表5-16 不同性别不同类型家庭成员再就业供给的统计结果
(女性样本=795,男性样本=831)

指标变量	类别	2007年	2013年	变化量	变化率(%)	相对变化率(%)
女性再就业率	非受助家庭	0.4782	0.4765	-0.0017	-0.3555	—
	受助家庭	0.2590	0.4181	0.1591	61.4285	72.8800
女性日均劳动时间	非受助家庭	46.6411	50.2332	3.5921	7.7015	—
	受助家庭	45.6940	49.3872	3.6932	8.0824	0.7200
女性再就业供给	非受助家庭	19.5264	21.0586	1.5322	7.8468	—
	受助家庭	8.3671	15.8997	7.5326	90.0264	101.3700
女性净工资率	非受助家庭	3.1500	3.2000	0.0500	1.5873	—
	受助家庭	2.6500	2.9100	0.2600	9.8113	37.2500
男性(再)就业率	非受助家庭	0.8125	0.8193	0.0068	0.8369	—
	受助家庭	0.6412	0.9055	0.2643	41.2195	56.85
男性日均劳动时间	非受助家庭	47.3642	49.6540	2.2898	4.8344	—
	受助家庭	47.3567	51.0563	3.6996	7.8122	60.2580
男性(再)就业供给	非受助家庭	35.3656	39.6582	4.2926	12.1377	—
	受助家庭	28.3624	46.3520	17.9896	38.8108	54.7900
男性净工资率	非受助家庭	3.1000	3.4200	0.3200	10.3225	—
	受助家庭	1.9400	2.5600	0.6200	31.9587	31.3600

注:*、**、***分别表示在0.1、0.05和0.01水平下是显著的。

五 结论与讨论

笔者利用 2007 年和 2013 年的面板数据结合计量经济学方法，分析了社会救助家庭成员对再就业培训及再就业扶持策略的就业行为反应。经验分析结果说明，社会救助家庭中有完全劳动能力或部分劳动能力成员的再就业供给具有充分的弹性。从不同性别再就业供给的净工资弹性的数值比较来看，男性受助家庭成员的再就业供给弹性远小于女性受助家庭成员。而且，结果还表明，再就业培训政策对受助群体中有完全劳动能力或部分劳动能力的人员再就业行为的促进作用极为显著。社会救助家庭成员的再就业行为的提升主要取决于就业率的提高。其背后的推动因素是再就业培训策略为受助家庭成员的再就业提供了良好的环境，而政府充当了坚实的后盾；但针对微观个体而言，其再就业时间主要由劳动的需求因素决定。

在实证分析结果全部呈现后，笔者提出了更深层次的结论，劳动需求不足所导致的就业机会的缺失是社会救助家庭很难脱离"贫困恶性循环"的决定性因素。就业弹性系数显示，由于社会救助家庭成员的再就业供给具有充分的弹性。再就业培训策略能够在更大程度上促使社会救助家庭成员再就业，从而能够在一定程度上促使受助家庭脱离贫困，减少"救助依赖"现象的发生。

不同的国家及同一个国家的不同发展阶段总是存在不同形式的贫困，没有一个国家或社会能够彻底消灭贫困。所以救助制度在很大程度上能够消除绝对贫困，但不能消除相对贫困，因为社会上总会存在老弱病残群体，但是对于有完全劳动能力或部分劳动能力的受助家庭成员的救助只能是手段而不能是目的。单纯的、被动的经济救助只能缓解贫困，而不能从根源上摆脱"贫困的恶性循环"。只有通过实施积极的再就业培训策略才能改善就业局势，进而促进社会救助群体中有完全劳动能力或部分劳动能力的成员通过再就业获得初次分配的收入，从而真正摆脱贫困。

第四节 再就业供给率、最低工资制度效率及互动效应

一 社会救助制度的促进再就业功能效应

2007 年以来，随着中国社会救助制度的不断建立、扩容和完善，社

会救助制度的再就业效应得到一定程度的提高，而再就业收入并没有得到显著提高。① 从2014年以来政府制定的促进再就业的政策来看，其在一定程度上能够提高受助群体再就业人员的收入。但并没有从整个宏观经济背景入手来完善社会救助制度促进再就业的目标。而从学术界的研究成果来看，宏观经济学中的模型均以总量分析方式或典型的个体分析模式作为基本工具。其缺陷是无法分析社会救助制度对异质性的社会救助群体再就业人员的收入与社会救助金差额的影响状况。Orcutt（1957）所建立的微观模拟模型能够较好地解决这一问题，在Orcutt所建模型的基础之上1957年到2016年的数据日益充盈。国外学者均在本国现有统计数据的基础上，建立了差异化的微观模拟模型，这类模型的应用领域日益广泛。② 大量学者将理性经济人对制度的行为反应一并加入算数微观模拟模型中，目的是对社会制度的实施效应作更为准确的测度。③ 其基本思路是，将就业供给模型与微观模拟模型相结合，主要用于测量福利制度改革和个人所得税改革对就业供给反应分析的财政和收入分配效应（Aaberge，2000；Creedy和Duncan，2005；Creedy，2002）。另外一类型就是消费行为微观模拟模型，它是将消费需求模型与微观模拟模型相结合。主要是测量个体对间接税制度改革的消费行为，反映制度改革的财政效应和收入分配效应（Symons，1996；Creedy，2002；Liberati，2001；Kaplanoglcu和Newbery，2003）。

鉴于理论方法和实证数据有限，中国学者对微观模拟模型的研究和创新相对西方学者来说仅仅处于起步阶段，简单套用西方学者现有的微观模拟模型，主要是借助微观模拟模型来评估收入政策改革和养老保险政策的作用效应（张世伟等，2008，2009）。这些简单运用仅仅是研究个体对制度变动的行为效应和当前状况的影响效应。因此，从这个意义上来说，它仅仅属于算数微观模拟模型的简单运用。很多社会制度对个体选择行为影

---

① 与社会救助金相比较。
② 如社会保障制度改革、社会福利制度改革、社会救助制度改革以及税费体制改革等方面，以及这些方面的改革对财政收支和社会公平等方面的影响作用（Orcutt，1957；Spadaro和Bourguignon，2006）。
③ 所以出现了两种模型的微观模拟模型，其中之一就是就业供给行为微观模拟模型。一般来说，社会救助制度的变动对受助群体再就业人员会产生两种效应。一种是社会救助制度对受助群体再就业人员状况的"首轮效应"；另外一种是首轮效应之后的"次轮效应"，也就是社会救助制度对受助家庭再就业人员行为的影响。

响较大。如果不考虑个体的反应,则会出现较大的偏差。所以,笔者对上述模型做了一个改进。采用社会救助群体再就业的微观数据来研究受助群体再就业人员收入和社会救助金之差的变动,以测定再就业效应和收入分配效应。

二 受助群体再就业行为微观模拟模型

我们将微观模拟模型分为几个板块[①],依次为数据处理、静态时化、制度执行行为反应以及制度效应分析等。数据处理是通过微观模拟模型对基期社会救助群体再就业收入进行调整,通过调整可更好地模拟制度动态变化过程和经济规律的变化过程。静态时化主要是采用等级提升与重新赋权的方法把数据处理板块的基期收入数据转化为当期再就业收入数据。制度执行行为反应主要是指微观模拟模型根据具体的社会救助制度群体实施再就业扶持的过程。最后是制度效应分析,这种分析主要是根据特定的标准来衡量社会救助制度再就业扶持政策变动的作用效应过程。这种建模方式和建模过程提供了受助群体再就业人员在社会救助再就业扶持策略变动状况下的再就业行为决策变动过程。在行为微观模拟模型中,再就业行为反应模块实际上是一个再处理的过程,其再处理的对象是事前做过制度模拟和修正加工的微观数据。通过这一系列的流程可以获得有完全劳动能力或部分劳动能力的受助群体的再就业行为的微观数据。从而形成本研究的基础数据,并得到三个模型,分别为预算模型、工资模型和再就业供给模型(包括家庭再就业供给模型和个体再就业供给模型)。

1. 再就业人员预算约束

再就业人员预算约束代表受助群体再就业人员支出的可能性水平,具

---

① 受助群体再就业行为微观模拟模型建立步骤如下。第一步,笔者在中国现有数据及现有软件工具的条件下,将受助群体对社会救助金的依赖性用该群体中有完全劳动能力或者部分劳动能力人员的供给数量的变化来表示。第二步,在受助群体再就业供给的选择方式上,笔者采用了学术界较为认可的离散选择模式。并且根据受助家庭差异化的特征分别建立了两类模型,即受助家庭联合再就业供给与受助个体再就业供给微观模拟模型。第三步,在微观模拟模型中,社会救助制度的变化影响受助群体的预算约束,受助群体在调整其救助金收入的基础上,在理性经济人假设条件下,做出改变再就业供给决策,这个模型能够较好地刻画在不同预算约束条件下,再就业供给改变状况。在受助群体再就业行为微观模拟模型的构建过程中,主要有经济结构的设定、参数估计以及社会救助制度变动模拟三个过程。

体可表示为该群体所获得的初次分配和再分配收入的复合性作用。在这个复合作用中，影响再就业人员预算约束值的因素有社会救助制度、宏观经济指标、再就业人员自身禀赋以及其再就业行为等。在通常的微观模拟模型中，个体行为反应经常被忽视。① 相比较而言，行为微观模拟模型能更恰当地应用到社会救助制度对受助群体再就业行为的反应中，并成为微观模拟模型的核心。② 通过差异化决策条件可得到不同的预算约束线。笔者将宏观经济背景下受助群体再就业人员预算约束线做如下定义：

$$Z \leq Z_0 + iD + SA(i,D,Z_0;I;\delta), D \geq 0 \qquad (5.12)$$

这其中 Z_0 为社会救助制度的配套收入，i 为再就业工资率，I 为受助群体的属性，δ 为社会救助制度参数。加入以再就业供给时间 D 为受助群体再就业人员的就业行为决策，则以 D 为解释变量，可通过被解释变量 Z 描绘出受助群体再就业人员再就业收入的预算约束线。③ 我们采用离散选择微观模拟模型来规避部分可能出现的问题。离散选择微观模拟模型使得再就业收入预算约束值转化成一个在差异化决策下受助群体再就业人员可支配收入的模拟模型。

2. 再就业工资率函数

有了再就业工资率函数，才能更加准确地测算受助个体的预算约束值。由于目前中国社会救助制度的投入力度有限，其从配套制度中获得收入较为丰厚。社会救助群体中，有完全劳动能力或者部分劳动能力的个体不能全部成为再就业人员。因此，很难完全获得再就业人员的再就业工资率。工资函数作为一个中间式其主要作用是预估受助群体再就业人员工资率。对于预期再就业工资率，我们可以进行分解，$E(i) = \pi(j=1) \cdot E(ij=1)$，其中，$E(i)$ 为再就业预期工资率，$\pi(j=1)$ 为再就业概率，$E(ij=1)$ 为在再就业条件下的工资率。对

---

① 模型自身的缺陷使得受助群体再就业人员的预算约束具有单一性。所以，笔者将处理流程和对社会救助制度的模拟应用到社会救助金发放流程中去。
② 预算约束决定了受助群体再就业人员的最大可支配收入，预算约束决定再就业人员效用最大化行为的选择。
③ 但这仅仅是理论意义上的，实践中描绘出这一预算约束曲线几乎是不可能的。原因可以归结为三点：①受助群体再就业行为由其再就业收入预算约束的取值所决定，而作为解释变量的连续性再就业供给很难测算相应预算约束值；②由于受助群体状态的异质性以及社会救助制度的多重性，苛求用一种函数计算式来测算预算约束值是很难的；③社会救助体系的非线性导致了预算约束的非线性，从而使得预算约束计算成本很大。

$E(i)$ 进行估计的方法主要是 Probit 模型和 Tobit 模型。但为了预测的方便，笔者采用了 Probit 二元回归模型进行预测；对于另一部分，笔者采用了截尾回归模型进行分别估计，再就业概率的 Probit 二元回归模型模式如下：

$$\pi(i=1) = \Psi(X^T\beta) \tag{5.13}$$

其中，$\Psi(\cdot)$ 为标准状态分布函数，X 为影响受助群体再就业人员个体属性矢量，在受助群体再就业条件下工资率的截尾模型为：

$$\ln i = Z^T\alpha + \varepsilon \tag{5.14}$$

Z 为影响受助群体再就业人员工资的个体属性矢量，由于再就业工资收入必须大于社会救助金收入，所以，模型选取的再就业工资率 i 大于社会救助金收入的样本。[①] 模型可写成明瑟收入方程的形式，再就业条件下工资率预期函数为：

$$E(\ln i \mid j=1) = Z^T\bar{\alpha} + \gamma\xi(Z\bar{\alpha}/\gamma) \tag{5.15}$$

$\xi(\cdot) = \varphi(\cdot)/\Phi(\cdot)$ 为 Millton 比率，其作用是对估计结果做修正，将式（5.13）~式（5.15）合并后，可得到受助群体再就业预期工资率[②]：

$$E(\ln i) = \Phi(X^T\bar{\beta}) \times [Z\bar{\alpha}^T - \gamma\xi(Z\bar{\alpha}/\gamma)] \tag{5.16}$$

3. 受助群体再就业供给模型

我们以个体效用最大化为研究前提，[③] 用 I 和 L 分别代表受助群体再就业人员工资和闲暇，则再就业人员在 $\bar{L}$ 的效用可以写为：$V_{\bar{L}} = V(I_{\bar{D}}, \bar{L}, Z)$ 满足：

$$I_{\bar{D}} \leq I_0 + i\bar{D} + SA(i, \bar{D}, I_0, X, \delta) \tag{5.17}$$

[①] 只有这样，受助群体才会有再就业的可能；否则，其会完全依赖社会救助金生活。

[②] 其中，$\bar{\beta}$ 和 $\bar{\alpha}$ 分别来自 Probit 模型和截尾回归模型。

[③] 对受助群体再就业供给函数进行估计。离散选择微观模拟模型，将受助群体再就业行为选择集做离散化处理，用关键性的时间值来代替相邻区间的值。通过对这些关键点进行优化来求解最大效用的再就业供给行为。

第五章 社会救助配套政策与再就业激活体系的联动性

D 代表再就业时间,其计算值可以表示为 $D = T - L$,① 假定对 $\bar{D}(\bar{L})$ 的离散选择设置为: $\bar{D} = \begin{cases} D_1, D \in (0, d_1] \\ D_2, D \in (d_1, d_2] \\ \cdots \\ D_{I-1}, D \in (d_{i-1}, d_i] \\ D_I, D \in (d_i, 24) \end{cases}$,再就业供给时间将在离散集中取值 $\bar{D}$,其取值为 D_1、D_2、D_3、…、D_I。从而可得到闲暇的离散选择集 $\bar{L}$,取值为 L_1、L_2、L_3、…、L_I。两者均有 J 个备选方案,为得到明晰结果,我们加入随机扰动项,将受助群体 i 的效用表示为:

$$V_i = V(X_i, L_i, Z) + \mu_i, i = 1, 2, \cdots, I \tag{5.18}$$

当 V_i 是效用最大化时,受助群体选择 i,则 i 的概率为:

$$\pi[V_i > V_j, i \neq j] \tag{5.19}$$

式(5.19)可以用多元逻辑模式进行估计,现假定:

$$\ln \frac{\pi(i \mid Z)}{\pi(j \mid Z)} = G(Z) \tag{5.20}$$

再根据麦菲登条件 Logistic 模型,假定 $\mu_i \sim (0,1)$ 的正态分布,则分布函数为密度函数分别为 $G(\mu)$ 和 $g(\mu)$,那么,

$$\pi[V_i > V_j, i \neq j] = \pi[V(i) + \mu_i > V(j) + \mu_j] = \pi[\mu_j < \mu_i + V(i) - V(j)] =$$
$$\oint \prod_{i \neq j} G[\mu_i + V(i) - V(j)] \times g(\mu_i) d\mu_i = e^{[V(Z_i, L_i, Z)]} / \sum_{j=1}^{I} e^{[V(I_j, L_j, Z)]} \tag{5.21}$$

分析时可将式(5.21)中 V 设定为二次效用函数②:

$$V(I, L) = \beta_{II} I^2 + \beta_{LL} L^2 + \beta_{IL} IL + \alpha_I I + \alpha_L L + eH \tag{5.22}$$

除这两种效应外,我们对有再就业意愿和无再就业意愿之间的差异做

---

① T 表示可支配的个人时间。
② 其中,e 表示受助群体是否愿意从事再就业行为,是二分类变量(是 =1,否 =0);H 是受助群体中有完全劳动能力或者部分劳动能力而不愿意再就业对效用的影响;若其取正号则表示这部分群体有再就业意愿;若取负号则表示这部分群体无再就业意愿。

深层次的量化处理。①

4. 社会救助家庭再就业供给模型

我们对家庭主要成员的再就业供给函数进行参数估计,② 设 I 表示社会救助家庭收入。L_m 和 L_f 各表示夫妻的闲暇,则社会救助家庭的效用函数为:$V_{ij} = V(I_{ij}, L_i, L_j; Z) + \delta_{ij}$,$(i, j = 1, 2, \cdots, J)$

满足:

$$I_{ij} \leq I_f(D - L_i) - I_f(D - L_j) + I_0 + SA(I_0, I_k, L_i, \overline{I_f}, L_j; X; \delta) \quad (5.23)$$

假设 δ_{ij} 服从极值分布,夫妻选择 i 与 j 的概率为:

$$\pi(L_m = L_i, L_f = L_j) = \pi(V_{ij} > V_{kl}, k \neq i, l \neq j) = \frac{e^{[V(I_{ij}, L_i, L_j; Z)]}}{\sum_i \sum_j e^{[V(I_{kl}, I_k, I_L; Z)]}}$$

利用二次直接效用函数,可得到结构模型为:

$$V(I, L_m, L_f) = \beta_{II} I^2 + \beta_{L_m L_m} L_m^2 + \beta_{L_f L_f} L_f^2 + \beta_{IL_f} IL_f + \beta_{L_m L_f} L_m L_f + \gamma_I I + \gamma_{L_f} L_f + e_m \lambda_m + e_f \lambda_f \quad (5.24)$$

$$\ln(L) = \sum_i \sum_j e_{ij} \ln \frac{e^{V(I_{ij}, L_i, L_j; Z)}}{\sum_i \sum_j e^{V(I_{kl}, I_k, L_i; Z)}} ③ \quad (5.25)$$

根据结构模型的对数似然函数,并对其求偏导,可得到社会救助家庭的效用函数,就可以为社会救助家庭联合再就业供给提供模拟方案。

---

① 由于社会救助群体再就业人员具有异质性,Z 可通过引入参数 α_I 和 α_L 来表示,$\alpha_{I(L)} = \alpha_{I(L)}^0 + \alpha_{I(L)}^1 Z$ 做 ML 估计,可得 ML 估计式:$\ln(L) = \sum_i \sum_j \mu_j \ln[\pi(\overline{L} = L_j)] = \frac{\sum_i \sum_j \mu_j \{\ln \mu_j \ln[e^{V(I_j, L_j, Z)}]\}}{\sum_k e^{[V(I_k, L_k, Z)]}}$,其中,$\mu_j$ 表示社会救助群体再就业选择的虚拟变量(选择再就业 =1,否则 =0)。可以通过式(5.24)对该函数求偏导,可得到相关参数,从而获得受助群体再就业人员的效用函数。

② 社会救助制度的设计通常是以家庭为基本单位展开的,也就是说受助人员会根据其整个家庭的总效用做出联合再就业决策。

③ e_m 代表丈夫是否选择再就业(是 =1,否 =0),e_f 代表妻子是否选择再就业(是 =1,否 =0),常数项 λ_m 和 λ_f 分别代表丈夫和妻子参与再就业对于效用的影响,对于模型的差异性 Z,可以通过 α_I,α_{L_m} 以及 α_{L_f} 来体现。

三 回归结果与分析

我们首先要确定最根本的再就业供给方案，① 假定再就业人员一周最长工作时间为4天，在此假设条件下，休闲方案可以选择为 L_3。并且通过工资理论，建立截尾模型和Probit二元回归模型，其中包含的解释变量如下，年龄（及交叉项）、受教育年限（及交叉项）、区域虚拟变量、性别、再就业状况、健康状况、婚姻状况、户籍状况变量（具体见表5-17）。

表5-17 社会救助家庭中再就业方程参数估计（a）

指标变量	因子	指标变量	因子
年龄	0.2510**	健康状况	-1.2032***
年龄的交叉项	-0.0154***	婚姻状况	0.7481**
性别	-0.5277***	常数项	3.0628***
户籍变量	-1.7216**	因变量	0.8875
受教育年限	-0.7490***	L.L.R	-2700.18
受教育年限的交叉项	-0.5814**		

注：①*、**、***分别表示在0.1、0.05、0.01水平下是显著的；②使用的方法是ML估计。

表5-17 社会救助家庭中再就业方程参数估计（b）

区域	因子	区域	因子
常州	0.7240***	宿迁	-0.4562**
南京	0.6122**	盐城	0.1024*
无锡	0.4156**	淮安	0.2677**
泰州	0.1220	调整的 R^2	0.5216
镇江	-0.3266***	P值	0
苏州	0.4571**		

注：①*、**、***分别表示在0.1、0.05、0.01水平下是显著的；②使用的方法是ML估计。

---

① 参照学术界关于工作时间选取的通常做法，以工作天数为基本标准，将社会救助家庭再就业人员的再就业时间供给 $\bar{D}$ 划分为以下区间：
$$\bar{D} = \begin{cases} 0, \text{选择完全依赖低保金生活，} D \in (0, 0.06] \\ 0.15, \text{零零碎碎地工作，} D \in (0.06, 0.18] \\ 0.24, \text{稳定经常性工作，} D \in (0.18, 0.27] \\ 0.30, \text{稳定工作并兼职，} D \in (0.27, 0.33] \\ 0.42, \text{稳定工作兼职加班，} D \in (0.33, 4] \end{cases}$$

表 5-17 显示了社会救助家庭再就业方程的参数估计结果。社会救助家庭中男性成员从事再就业的比例更高,有过大病的家庭成员从事再就业的比例更低,未婚家庭成员的再就业率显著低于已婚成员。随着受教育程度的不断提高,社会救助家庭成员的再就业概率与受教育程度呈现出抛物线形(开口向上)趋势。这就解释了为什么受教育程度越高的社会救助家庭成员摆脱贫困的概率越大。表 5-17 还显示,再就业率高的社会救助家庭成员所在地区的经济和社会化程度也远远高于再就业率低的成员。

表 5-18 显示了受助家庭再就业人员工资收入水平的估计结果,女性再就业人员收入低于男性,城镇再就业人员收入要高于农村再就业人员,身体健康的再就业人员的收入要显著高于身体患过大病的再就业人员,区域经济和社会化程度对受助群体再就业人员的收入具有显著性的正效应,受教育年限对再就业人员的影响效应与表 5-17 结果是一致的。

表 5-18 社会救助家庭再就业人员收入估计结果 (a)

指标变量	因子	指标变量	因子
年龄	0.0420***	健康状况	-0.4577**
年龄的交叉项	-0.0005**	再就业工资	-0.1053***
性别	-0.2043***	常数项	-4.1560***
户籍	0.0714***	R^2	0.5274
受教育年限	-0.1783**	调整的 R^2	0.5219
受教育年限的交叉项	0.0575***	L.L.R	-4986.88

注:①*、**、*** 分别表示在 0.1、0.05、0.01 水平下是显著的;②使用的方法是 ML 估计。

表 5-18 社会救助家庭再就业人员收入估计结果 (b)

区 域	因子	区 域	因子
常 州	-0.0754**	宿 迁	-0.0928**
南 京	0.0637**	盐 城	-0.0816***
无 锡	0.0224***	—	—
泰 州	-0.0689**	Mean$_{因变量}$	3.0841
镇 江	-0.718**	F 值	519.070
苏 州	0.0491**	P 值	0

注:①*、**、*** 分别表示在 0.1、0.05、0.01 水平下是显著的;②使用的方法是 ML 估计。

第五章 社会救助配套政策与再就业激活体系的联动性

根据劳动经济学的相关原理，笔者将再就业收入、闲暇、年龄及受教育年限作为社会救助家庭再就业供给决策的影响因素。表5-19显示了社会救助家庭再就业供给离散选择模型的回归结果，根据估计结果，结合再就业人员的属性，在假设再就业人员是理性经济人的条件下，再就业人员会根据自身效用来选择其再就业决策以使其闲暇和就业时间达到均衡状态。从同质效应的视角来看，随着闲暇时间的延长，社会救助家庭成员的效用呈现抛物线形走向。从变动趋势来看，随着闲暇时间的延长，再就业人员的效用不断提高；当达到最大值时，社会救助家庭成员再就业供给时间不断减少，转而更多依赖社会救助金收入。由于目前中国社会救助金微薄，社会救助家庭整体效用下降。由于性别差异，社会救助家庭成员再就业供给意愿和个体属性存在差异，所以男性和女性再就业人员效用所呈现的变动趋势呈现相反的格局。男性再就业人员的效用呈现开口向上的抛物线形趋势，而女性再就业人员效用呈现开口向下的抛物线形趋势。

表5-19 社会救助家庭再就业供给离散选择模型的回归结果

指标变量	男性再就业人员 同质效应	男性再就业人员 异质效应	女性再就业人员 同质效应	女性再就业人员 异质效应
常数项	6.1844E+01***	4.6217E+01***	5.9410+01***	5.1642E+01***
R-Wage × R-Wage	2.0641E-08**	-3.9510E-07**	-1.3683E-07***	-5.1924E-07***
Leisure × Leisure	-1.6601E-03***	-1.5254E-03**	-2.5673E-03**	-2.8462E-03***
R-Wage × Leisure	5.1987E-05**	4.6879E-05**	4.6849E-05**	5.6985E-05**
R-Wage	1.6497E-03**	-8.1297E-03**	6.1576E-04**	-5.6974E-03**
R-Wage × H-Register	—	3.6472E-03***	—	4.1485E-03**
R-Wage × Age	—	-2.6575E-04***	—	-4.0987E-04**
R-Wage × Culture	—	2.5846E-03**	—	2.0646E-03**
R-Wage × Age^2	—	-2.6781E-03**	—	2.1674E-03**
R-Wage × Culture^2	—	2.6174E-03**	—	2.0647E-03**
Leisure	1.3664E-01***	3.1964E-01**	2.6417E-01***	3.1641E-01**
Leisure × H-Register	—	5.6127E-02***	—	5.7157E-02***
Leisure × Age	—	-7.9543E-03**	—	-7.8542E-03**
Leisure × Culture	—	-7.6145E-02**	—	-6.2455E-02***

续表

指标变量	男性再就业人员 同质效应	男性再就业人员 异质效应	女性再就业人员 同质效应	女性再就业人员 异质效应
Leisure × Age^2	—	8.9654 E – 05 ***	—	1.6514 E – 04 **
Leisure × Culture^2	—	1.3451 E – 02 ***	—	9.6510 E – 03 ***
L. L. R	– 1946.51	– 1684.37	– 1753.45	– 1468.26

注：① *、**、*** 分别表示在 0.1、0.05、0.01 水平下是显著的；②使用的方法是 ML 估计。

根据回归系数和社会救助家庭的差异性，可以看到，再就业收入与闲暇交叉系数为非负的。[①] 这表明再就业收入越高、获得的闲暇越多，给受助家庭带来的效用越大。根据 2010 年的相关数据，笔者利用差异化的再就业供给微观模拟模型对社会救助家庭再就业人员的供给状况做了一个较为精确的测算，然后将这三种情况与实际再就业行为进行对比，来验证微观模拟模型测算的准确性。

从数据的百分比分布来看，兼职时间（$D=3$）和打零工（$D=1$）的密度很低，所以模型总体拟合度达到 67.13%。这说明拟合优度较高，模型具有实用性。笔者从收入分配（再就业）和再分配（领取社会救助金及配套收入）的视角对此模型的拟合优度进行了评估。结果显示，预测总体偏差在 0.05 水平范围内，说明该模型具有良好的拟合效果。

四 再就业保留工资制度改革作用的评估

再就业制度中的保留工资是劳动经济学理论的重要内容，它取决于个体的主观感受，保留工资一般高于社会救助金收入（包括配套收入），社会救助群体通过保留工资来选择自己的再就业决策，试图达到自身效用最大化目标。针对这种状况，目前中国实施的最低工资制度在很大程度上能够解决这个问题。制度的实施使得市场工资水平大于很大一部分受助群体再就业人员的保留工资水平，其再就业意愿因此提升。通过主动就业摆脱贫困的救助形式，实现整个社会经济收入分配格局和状况的优化。[②]

---

① 再就业收入与男性闲暇的交叉系数以及再就业收入与女性闲暇的交叉系数为非负的。
② 不考虑受助人员对于保留工资存在及最低工资制度改革的再就业供给的行为反应，会致使对社会救助制度的效能评估存在偏差。

第五章 社会救助配套政策与再就业激活体系的联动性

鉴于此，我们以2010年最低工资标准改革为研究前提，应用行为微观模拟模型来评估最低工资制度改革的分配效应，研究最低工资制度改革对社会救助群体再就业收入的影响状况。实证结果如图5-2和表5-20所示，几乎所有拥有再就业人员的社会救助家庭都能从最低工资制度改革中受益。但随着社会救助家庭再就业收入的提高，社会救助家庭从最低工资制度改革中所得收益逐渐下降。合理的解释是，最低工资制度所面向的对象是社会低收入阶层的弱势群体，他们才是真正的受益者。最低工资制度改革的收入分配效应如表5-21所示，最低工资制度改革（标准提高）使得社会救助家庭再就业收入提升了6.1611个百分点，而Gini系数下降了1.2221个百分点。社会救助家庭户数下降了9.7387个百分点，Foster指数降低了0.8850个百分点。这表明中国最低工资标准上升起到了提高社会救助家庭再就业率、提高再就业收入和降低贫困的正向效应。

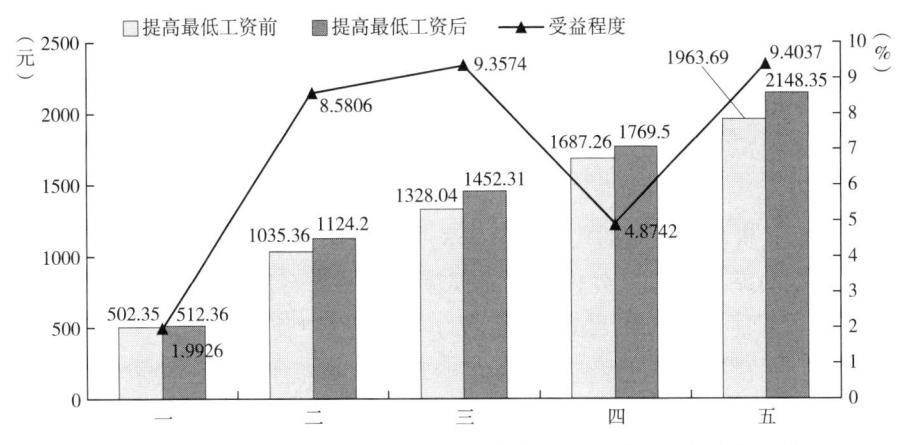

图5-2 最低工资制度改革对社会救助家庭（五等分）的收入分配效应

表5-20 最低工资制度改革对社会救助家庭（五等分）的收入分配效应

项目	一	二	三	四	五
提高最低工资前再就业收入	502.35	1035.36	1328.04	1687.26	1963.69
提高最低工资后再就业收入	512.36	1124.20	1452.31	1769.50	2148.35
受益程度（%）	1.9926	8.5806	9.3574	4.8742	9.4037

表 5-21 最低工资制度改革（标准提高）对社会救助家庭成员再就业收入的分配效应

项目	再就业收入	社会救助家庭户数	Foster 系数	Gini 系数
提高最低工资前	1896.26	0.1263	0.0791	0.4173
提高最低工资后	2013.09	0.1140	0.0784	0.4122
变化百分比（%）	6.1611	-9.7387	-0.8850	-1.2221

接下来，我们利用再就业行为微观模拟模型评估最低工资制度改革的效应。实证结果显示，最低工资制度改革使再就业行为和劳动参与率分别提高了 0.7084 和 0.8244 个百分点。这表明最低工资标准的提高能极大程度上提高受助群体再就业供给率，而男性再就业增长幅度小于女性再就业供给率。主要原因是，男性再就业人员供给的工资弹性小于女性再就业人员。再就业供给的幅度大于再就业增长的幅度。这充分表明，很大一部分受助群体不能够实现充分就业。所以，我们必须对有完全劳动能力或者部分劳动能力的社会救助家庭成员进行再就业培训。

最低工资制度改革使得受助群体再就业供给增加，不同的社会救助家庭都或多或少地受益于该制度。从变化趋势上看[①]，随着社会救助家庭收入的不断提高，其从最低工资制度改革中所获得的收益越来越少。所以，我们认为越贫困的群体从制度中获得的收益就越多，这会带来正面的效应。

最低工资制度改革的宏观经济分配效应见表 5-22，可以看到，最低工资标准的提高使得社会救助家庭再就业人员的再就业收入得到普遍提高，再就业收入的歧视性减弱，而通过再就业可以使贫困得到缓解。这充分说明，重视社会救助家庭再就业供给行为反应将会起到很重要的作用。

表 5-22 最低工资制度改革的宏观长期收入分配效应

项目	再就业户均收入	Gini 系数	贫困率	Foster 系数
提高最低工资前	1957.39	0.4034	0.0918	0.0764
提高最低工资后	2066.50	0.3988	0.0874	0.0707
变化百分比（%）	5.5743	-1.1403	-4.7930	-7.4607

[①] 由于篇幅所限，笔者没有以表格的形式给出本部分的结果，感兴趣的读者可以直接联系笔者。

五 最低工资制度改革的敏感性分析

最低工资制度改革方式应适应经济和社会发展水平,根据中国社会救助制度的相关数据,笔者应用微观模拟模型对最低工资制度改革做敏感性分析。研究假定最低工资制度改革分为几种层进改革形势,最低工资标准按逐步提升的方式展开。类似洛伦兹曲线的方式,我们按照 [0.1, 0.2], [0.2, 0.3], [0.3, 0.4], …, [0.8, 1] 的划分方式来看最低工资标准对于受助群体再就业供给的影响(见图5-3)。图5-3显示,随着最低工资标准上升,社会救助家庭再就业人员的再就业供给不断上升,这与劳动经济学理论相吻合。

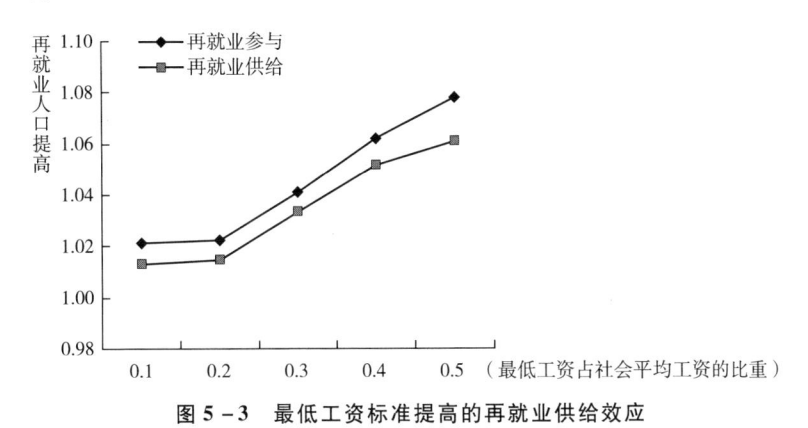

图 5-3 最低工资标准提高的再就业供给效应

最低工资制度在很大程度上对社会救助家庭成员再就业行为的影响效应强于其对再就业供给的影响效应。主要的原因是,最低工资标准提高能够促使社会救助家庭成员中无再就业意愿的人口转化为有再就业意愿的人口。数据显示,当最低工资提高20%时出现了转折,说明最低工资标准提高20%以上时,再就业供给迅速增加。连续调整最低工资标准对社会救助家庭收入分配的影响如图5-4所示。社会救助群体是最低工资制度改革的目前和远期的再就业供给效应的利益既得群体;并且这种利益获得随着最低工资标准提高而呈现加速上升的趋势,对中高收入群体的影响则不明显。这也表明制度"瞄偏"的可能性极小,最低工资制度的目标对象是贫困再就业群体。

从图5-4可以看出,在三条变化曲线中,最低收入组变化幅度远大于中间收入组和高收入组。而且从数据的变化趋势来看,当最低工

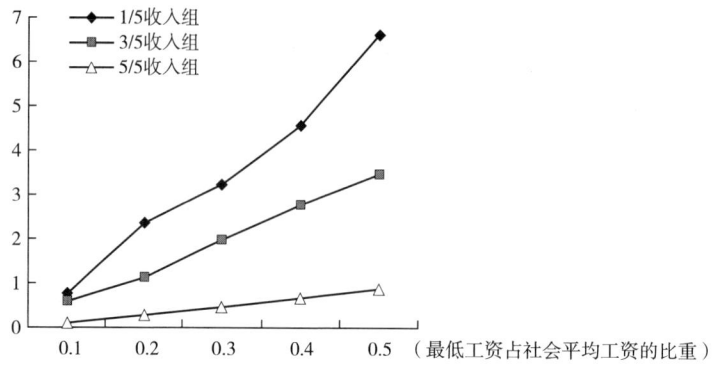

图 5-4 五等分组收入在提高最低工资标准中的收入效应

资标准提高 20% 以下时三个群体从该制度中获得的收益变化程度不大；当最低工资标准提高 20% 以上时，这种分离趋势更加明显。主要原因是当最低工资标准提高超过 20% 时，其再就业收入超过了其保留工资。所以，再就业选择行为增强。这种增强同时也提升了其收入。

最低工资制度改革对收入分配格局的影响效应和对减贫的效应如图 5-5 和图 5-6 所示，随着最低工资标准不断提高，社会救助家庭与非社会救助家庭的 Gini 系数和 Foster 指数呈现迅速下降的趋势。最低工资标准提升 20% 时，Gini 系数和 Foster 指数呈现出明显的变缓趋势。这为政策的制定提供了较好的依据，也就是最低工资标准提升 20% 是投入—产出的高效率点。这个高效率点能够达到提高受助群体再就业供给、增加收入以及减贫的效应。

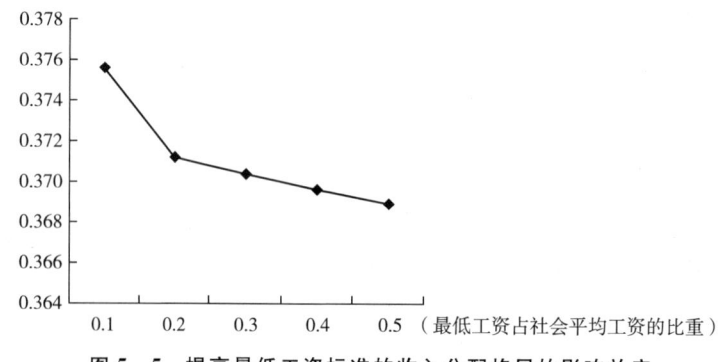

图 5-5 提高最低工资标准的收入分配格局的影响效应

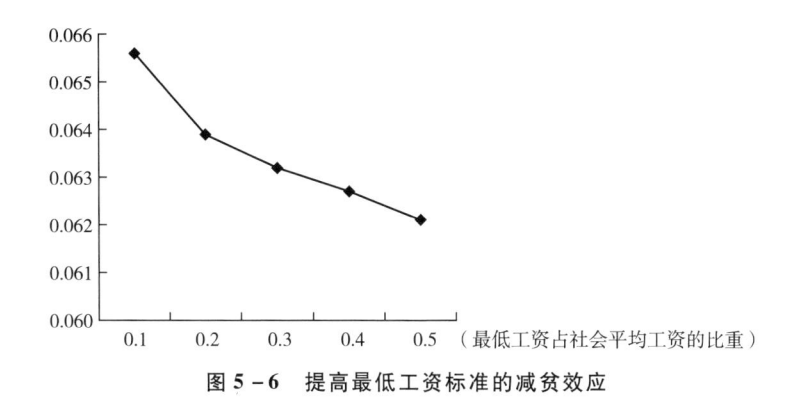

图 5-6 提高最低工资标准的减贫效应

六 结论与进一步讨论

社会救助制度及最低工资制度的改革在很大程度上不仅仅影响受助群体的当期状态还会对远期的再就业行为产生重要影响。鉴于此，我们构建了社会救助群体再就业行为的微观模拟模型分析社会救助制度变动的再就业供给和再就业收入分配效应，利用再就业行为微观模拟模型对最低工资制度的改革问题做了敏感性分析。

实证研究结果表明，最低工资标准提高能够在很大程度上影响社会救助家庭再就业人员的再就业决策，使其再就业收入得到明显增加，使社会救助群体逐步摆脱"贫困的恶性循环"。同时能缩小社会救助群体和非社会救助群体之间的收入差距，最终达到减贫效果。虽然中国政府多次提高最低工资标准，但工资的绝对数仍然较低，访谈中近65.8%的受助群体再就业人员认为最低工资标准仍然低于其保留工资。由于目前中国实施了以最低生活保障制度为核心的社会救助体系，这个体系中包含了社会救助制度的配套项目，这使得再就业人员的保留工资高于最低工资标准，而且社会救助制度在绝大多数项目上具有"被动"性，缺乏对受助群体再就业的激励机制。

所以，政府应该实施积极的再就业激励措施，改善再就业人员的再就业环境，促进有完全劳动能力或有部分劳动能力的受助群体提升再就业意愿，以真正地达到缩小收入差距与降低贫困发生率的目标。

第六章 经验分析与比较反思：社会救助政策与就业激活体系互动机制

第一节 发达国家社会救助与再就业政策的改革趋势

一 发达国家在反贫困方面的政策和改革措施

（一）要求权利和义务的对等——对受助者提出工作要求

西方发达国家的社会救助改革的主要思想在凯恩斯主义与新自由主义之间寻求平衡，社会救助理念从普惠型转为有限型，从权利性的社会救济转变为与义务相关联的工作福利。其改革趋势主要呈现以下四个特点：控制费用增长、降低替代率、对受益人重新分类、限制受助时间（杨立雄、陈玲玲，2006）。这种转变的主要宗旨是在社会救助中增加对受助者工作的要求。

西方各国在对社会救助进行改革的同时，也对与社会救助有关的名词和解释做了一定程度的修改。如英国把以前所用的"失业收入支持"和"失业救济金"变成了"搜寻工作津贴"；新西兰则用"公共薪金"代替"失业和疾病救济金"。名词修改的背后，反映出政府强调积极地争取工作福利的价值倾向，而不是被动地接受社会救济金。美国用"贫困家庭的临时救助"取代"未成年儿童家庭援助"，缩短社会救助金的给付时间。这一变化表明了美国政府试图通过政策引导让贫困群体逐步摆脱"福利依赖"，也说明了政府对社会救助态度的转变。除了美国，新西兰和加拿大的一些地区也逐步改变了对单身父母和有部分工作能力的残疾人的福利给付方式。这些福利政策的改变，表现出政府鼓励有完全工作能力或者部分工作能力而享受贫困救助的群体积极寻找工作，进入劳动力市场。

在美国，接受救助的单亲父母起初两年内需要每周工作至少20小时，后来逐渐增加到每周30小时，而核心家庭则每周至少需要工作35小时。

社会救助受益家庭的就业目标受到美国联邦政府相关法律和政策的约束。1997年，社会受助者单亲家庭中至少有25%以上的成员就业，核心家庭则达到75%以上；2002年，这两类家庭就业成员比例分别增加到50%和90%。如果不达标，则第一年减少5%的拨款，以后逐年递减2%的拨款（黄晨熹，2004）。1996年，美国通过了PRWORA法案，加强对受助者的职业培训。为了帮助受助者顺利实现就业，州和当地社区为那些享受贫困家庭临时救助并且很难找到工作的家庭，创造额外的工作机会。另外，美国政府为残疾人或者长期患病者提供额外基金，以帮助他们能够尽快实现就业。

还有一个明显的改革理念是救助给付与履行工作义务挂钩。美国社会救助改革过程中，联邦政府的社会救助基金不再无条件地拨付，各个自治州也通过互相竞争削减转移支付，以降低社会救助的费用支出。此项社会救助新方案和新措施产生了深远的影响，在很短时间内，社会救助人数明显下降。

积极援助和互惠义务是新西兰政府社会救助的主要改革理念。政府主张评估和鉴定单亲家庭、病人和残疾人的工作能力，鼓励没有孩子而领取失业救济金者的配偶进入劳动力市场。1998年，新西兰用"公共薪金计划"取代"失业和疾病救济金"，这一计划将救助补贴和工作义务有效结合起来。目前，新西兰正在实施"指南针"和"为顾客服务"这两个计划，帮助受益者实现自立。[①] 另外，加拿大、荷兰等部分国家也要求单亲父母参加福利性工作，凡得到社会救助的人都被要求重新寻找就业岗位。

（二）贫困群体享受"普惠型"政策——对社会救助对象实施税收减免

新西兰通过提高受益者个人所得税的征税起点，对工作的低收入家庭实施家庭税收抵免等方式，增加受益家庭收入。同样，美国实施劳动所得税收抵免政策，为低收入工作家庭提供额外救助，使得受益者在工作中获得的边际费用的增加超过从社会救助中获得的保障金。

另外，工作培训政策受到发达国家的高度重视，就业培训不仅能帮助被救助者早日脱离贫困，消除福利依赖，还能够提高投入产出比。关于美

---

① "指南针"计划目的是帮助受益的单亲父母在寻找就业机会时获得援助和培训。

国劳动所得税收抵免政策的研究表明：参加"人力资源开发和培训行动"的女性年收入增加1926美元，参加"广泛就业和培训行动"的女性年收入增加1797美元，参加"工作伙伴行动"的女性年收入增加960美元，参加"工作激励项目"的女性年收入增加438~728美元，参加"商业部门工作机会"的女性年收入增加444美元。而对男性来说，参加"人力资源开发和培训项目"后，年收入增加151美元；参加"工作伙伴项目"后，年收入增加970美元，并且从长远看工作培训的回报率更大（高文敏，2004）。

这种"普惠型"政策起着非常重要的激励作用。绝大多数发达国家的政府为了促进就业采取了多种措施，包括与私营部门、志愿者组织、社区建立稳定的合作关系，鼓励这些部门的就业机构雇用失业人员。

二 发达国家在反贫困政策中的共同理念

（一）利用生命周期与社会风险管理的反贫困政策理论——变"下游"政策为"上游"政策的反贫困视角

根据世界银行建立的风险管理分析框架，参与社会管理的社区、家庭和个人都会面对不同风险，包括自然和人为的风险。然而贫困群体应对风险的能力和工具有限，更容易遭遇社会风险，社会风险的负面效应因此更大。社会风险的存在不仅使贫困群体难以脱贫，还会进一步加剧其贫困程度。因此，除了关心贫困的发展现状外，世界银行建立的风险分析框架更加注重分析贫困成因、补偿与预防机制。

基于此分析框架，20世纪90年代以来，发达国家的反贫困政策发生了明显转变：从对贫困的整体干预转向了对个体贫困的干预（徐月宾等，2007）。从发展理念转变方面来看，"社会保护"的理念逐渐取代了"社会保障"的理念。在世界银行、国际劳工组织（ILO）、经济合作与发展组织（OECD）和亚洲开发银行（ADB）等国际机构的倡导下，社会保护的政策框架最主要的是基于生命周期理论的"上游干预"政策。这种政策逐渐被越来越多的国家（地区）以及学术机构所认同。"上游政策"（杨立雄、陈玲玲，2006）就是在"上游"消除贫困产生的条件和机制，切断贫困产生的传导过程，注重少年儿童的发展。其主要思想包含了以下几个方面的内容：反贫困政策是根据贫困群体的生命周期理论进行干预，利用社会风险管理理论对贫困进行预防,注重对人力资本的投资。

(二) 实施社会救助和亲贫困经济增长的反贫困理念

发达国家的反贫困理念改革中,主要存在着两种类型的扶贫方式。一种是"涓滴式"扶贫。这种方式通过刺激经济增长促使贫困群体得到更多收益。实施亲贫困增长主要是指使贫困群体参与经济活动并从中得到更多经济收益的增长方式。衡量经济增长否能够起到减缓贫困的作用主要是看亲贫困增长能否减少贫困的增长(Ravallio and Chen, 2003),在增长过程中的分配转移,其所认为的"亲贫困"是否使贫困群体收入的增长率比非贫困群体收入的增长率高。目前很多发达国家对贫困群体开始实施亲贫困增长的社会救助协调战略。

另一种是"瞄准式"扶贫。这种方式主要是以社会救助政策为主。西方发达国家过去很长一段时间内的福利制度以及中国的最低生活保障制度基本上属于"瞄准式"扶贫。但从发达国家最近几年实施的反贫困计划来看,其开始逐渐把"涓滴式"扶贫和"瞄准式"扶贫两种方式结合起来。

(三) 为贫困群体提供"工作分享"措施促使其就业

汉弗莱斯(Humphreys)将工作分享(work sharing)定义为:"为了维持或提高就业水平,重新调整付薪工作时间安排"(David Gray, 1996);德雷兹(Druze)将其定义为:"为了减少大范围的非自愿性失业而在员工之间进行的工作重新分配"(Arkin and Dobrofsky, 1978);欧洲工会组织(1988)解释为:"为这些所有希望工作的人提供就业机会,根据对目前工作需求短缺的观测与分析,采取在特定的经济系统中重新分配工作总量的方法提高就业水平"(李贵卿等,2006)。归纳起来,工作分享主要有以下几类:工作岗位分享、德国的"缩短法定工作时间"、美国的过渡性退休和英国的"弹性工作制"等。其主要措施包括:重新分配工作、调整付薪工作时间、重构工作岗位等。

美国自实施"工作岗位分享制"和"过渡性退休"措施以来,其就业形式发生了很大变化。工作岗位分享制是雇主与员工双方自愿实施的弹性工作方式。工作分享既加强了工作岗位的流动性,又缓解了美国的就业压力,进一步保护了核心员工的利益。而"过渡性退休"措施是让接近退休年龄的员工逐步缩短工作时间和减少工作任务,通过一段时间的缓冲,让该部分老员工从工作岗位上逐渐退休。也就是企业让那些专业技术水平较高的老员工培养新雇用的青年员工。老员工逐步减少工作时间，青年员工逐步增加工作时间，两者的工作时间形成替代关系，直到青年员工完全取代老员工。据了解，美国大约600家大公司已经实施工作分享计划。目前，日本和德国也正在实施这种政策。

第二节 积极的社会救助政策与再就业激活体系联动机制的构建

国外大量的理论和实践表明，社会资本对人的发展至关重要。世界银行发展问题专家Woodcock认为，社会资本高的社会群体容易获取更多的物质资源以应对社会危机（吕青，2007）。社会资本表现为嵌入个人社会关系网络中的资源，如权力、财富、声望等，这些资源不为个人直接占有，而在人和人的交往中发挥效应。由于低收入群体不仅物质资本匮乏，社会资本也比较匮乏。加之物质资本和社会资本的互动关系，低收入群体容易因为社会关系网的欠缺而不能更好地利用社会资源。

因此，对于农村贫困群体的救助就不仅包括基本生存援助，还包括为其提供利用社会资本获得重新发展的机会。中国社会救助及配套政策的完善和发展必须坚持社会救助与扶贫开发相结合的原则，在提供最低生活保障金的同时，进一步采取强有力的措施，提高社会救助群体和低收入群体抵御风险与自我脱贫的能力。

当前中国社会救助制度以家庭为单位将贫困家庭中的所有成员纳入了保障之列。笔者的调查显示，接受社会救助的对象除了老、弱、病、残这部分失去劳动能力的人群以外，还包含了相当数量的未成年人和部分有劳动能力的群体。对于老、弱、病、残这部分群体来说，保障基本生计是切合实际的。但对于未成年人来说，不仅要解决其基本生计问题，还应该要为其提供接受良好教育的机会，为其长远发展创造条件；而对于有完全劳动能力或者部分劳动能力的群体来说，社会救助政策的目标应该是限制其享受社会救助金的条件和时间，提高其获取社会资本的能力、帮助他们通过自身劳动来增加收入。所以针对以上情况，笔者将结合国外社会救助改革的办法和措施对中国社会救助及配套政策的完善提出几点建议。

一 实施基于生命周期理论的"上游干预"策略

在调研中笔者了解到，社会救助政策的实施结果经常陷入"政策衍生新问题"的怪圈。政府对社会救助政策的选择其实就是对中国贫困问题的选择，而当试图通过社会救助制度解决贫困问题时，往往会衍生出新的问题。所以，在制定社会救助制度及其配套改革政策时应从实际和政策的可持续性上入手，将短期目标和长期发展目标有效结合起来。

当前，社会救助及配套政策的设计应当考虑未成年人的成长发展问题，把社会救助家庭的未成年人教育摆在首要位置，这是使贫困家庭走出"贫困陷阱"的根本出路。

但目前中国社会救助政策属于一种"下游干预"政策，其设计基本上出于应急性需要。根据人的生命周期理论，人生的各个阶段是相互关联的，个体前一阶段的经历会对其下一阶段产生重大的影响甚至是起决定性作用。对享受社会救助的贫困群体而言，具体表现为前一阶段的贫困状况影响其后续阶段的发展。所以，社会救助政策应该瞄准的是贫困群体的各个生命阶段，要针对社会救助群体和处在贫困线附近的低收入群体不同的生命阶段，给予不同的救助方式。

根据OECD国家基于生命周期理论进行干预的积极社会政策，结合中国社会救助的实际情况，笔者认为，应通过两个阶段完善社会救助的配套政策。

第一阶段，对于处在就业年龄以下的社会救助群体的子女，政府应对其采取"上游干预"措施。社会救助及配套改革措施的首要目标就是对这些社会救助群体的子女进行教育投资，帮助其完成九年制义务教育，对于能够继续深造的提供教育贷款；对于不能继续深造的提供技术培训支持，使其获取较好的生活起点和公平的竞争机会。

第二阶段，对于达到就业年龄并且具有完全劳动能力或者部分劳动能力的社会救助群体，社会救助及配套改革政策的目标就是克服就业障碍，提供就业培训和力所能及的就业岗位，以保证他们不被排斥在社会主流之外；对于完全失去劳动力的群体，社会救助及配套改革措施的目标就是提高他们的经济和社会参与率，使他们的生活水平不因物价指数的上涨而下降。

二 促进社会救助家庭劳动力就业策略

图6-1给出了最低生活保障者收入与可能得到的闲暇的关系,贫困群体在享受社会救助制度之前为B小时的闲暇,即B点;AH显示了其通过劳动而获得收入的机会。假如现在引入社会救助制度,在这项制度下,贫困者的收入不低于OC,通过线段CDE来表示,CDE表示社会救助线。如果贫困者选择了24个小时的闲暇,那么他就得到CO等于BE的社会救助补助。如果他劳动,则其可支配收入上升到社会救助线以上,如GE所示。但是,由于现行社会救助制度是差额补助,所以每增加1元收入,他就会失去1元的社会救助金,这样,他的可支配收入也就被固定了,如虚线GF所示。这就是隐性税率问题,也就是社会救助者被征收了100%的隐含边际税率,这样导致社会救助群体不可能提高其净可支配收入;那么参加工作的经济激励也消失了。预算约束线可被分解成AF和GE两部分。社会救助群体作为理性经济人不会去选择GE线上的点(因为在G点和F点有同样的收入,但在G点却有更多的闲暇)。

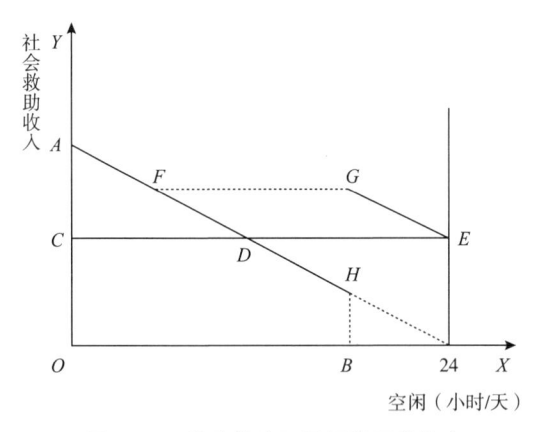

图6-1 社会救助下图解的预算约束

对于那些在一定程度上能自食其力的群体来说,社会救助制度的这种特殊结构导致其无论工作与否,得到的收入无差别。所以,处在这种收入水平上的群体数量很少,因为这种补助体制几乎使得他们完全依赖政府,社会救助制度在一定程度上带来了不良的状况——自谋生活与依赖政府之间严格分离,社会救助制度由此制造了新贫困群体。

在这方面,发达国家的解决方案为我们提供了很好的借鉴。那就是合理平衡就业和救助，鼓励最低生活保障对象就业增收，提高最低生活保障人员的经济收入使其收入在 AF 处。美国学者提出了负所得税方案，所谓负所得税方案是以社会平均收入 Y_2 作为所得税起征线；名义收入在起征线 Y_2 以上的社会成员缴纳个人所得税，且是累进的税率；名义收入在贫困线 Y_1 和起征线 Y_2 之间的社会成员免除个人所得税；名义收入在收入保障线 Y_1 以下的，可从政府征收的个人所得税中得到补偿，即负所得税。负所得税 = 贫困线 − （个人名义收入 × 负所得税税率）（蓝云曦、周昌祥，2004）。

获得负所得税后的个人可支配收入 = 个人名义收入 + 负所得税收入，即：

(1) $Y \leqslant Y_1$ 时, $Y_D = Y_P + Y(1 - R)$，即曲线 Ⅰ 和 Ⅱ，隐含税率为 R；
(2) $Y_1 \leqslant Y \leqslant Y_2$ 时, $Y_D = Y_P + Y(1 - R)$，即曲线 Ⅲ，隐含税率为 0；
(3) $Y \geqslant Y_2$ 时, $Y_D = Y(1 - R)$，即曲线 Ⅳ 和 Ⅴ，所得税率为 r（见图 6 - 2）。

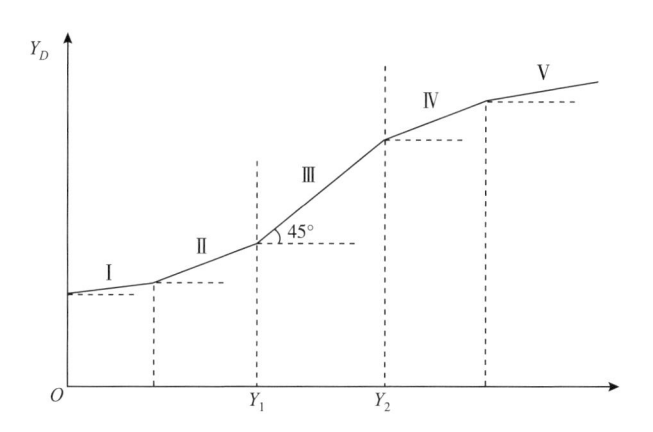

图 6 - 2 负所得税方案下社会救助群体可支配收入变化曲线

在中国推行负所得税制，主要是把最低生活保障制度、贫困救助制度、个人所得税制度联结起来。首先，赋予全民纳税法律约束，然后，对于低于纳税标准的，统一实行"负纳税"，对高于该标准的，征收个人所得税。这样就可以把最低生活保障制度的"救济最低生活保障"变成"负纳税最低生活保障"，从而使得中国税收更具公平性。

负所得税税制的基本设计——"负纳税最低生活保障"的基本思想可以由如下公式表达：

$$A = B - tW$$

其中，A 是贫困群体的最低生活保障费用（缴纳的负所得税）；B 是维持贫困群体生存所必需的基本费用；t 是所得税的税率；W 是个人收入。纳税方案分为两类：第一类为负所得税，第二类为个人所得税。基本生活费用 B 参照国家制定的最低生活保障线（分地区），税率 t 的确定参照人均收入状况。个人所得税（由于个人所得税种类繁多，故本研究以工薪阶层所得税为研究对象）：

$$T = W \times t - C$$

T 是工资、薪金所得部分的个人所得税额，W 是应纳税所得额，t 是所得税的适用税率，C 是速算扣除数。

参照经济学的基本理论，将负所得税纳入整个个人所得税中，与中国现行个人所得税一致并衔接起来，如表 6-1 所示。

表 6-1 负所得税税率构想

级 数	全月应纳税所得额	税 率
1	不超过 -1.5% 的部分	80%
2	超过 -1.5% 至 0 的部分	0
3	超过 0 不超过 0.5% 的部分	5%
4	超过 0.5% 至 2% 的部分	10%
5	超过 2% 至 5% 的部分	15%
6	超过 5% 至 20% 的部分	20%
7	超过 20% 至 40% 的部分	25%
8	超过 40% 至 60% 的部分	30%
9	超过 60% 至 80% 的部分	35%
10	超过 80% 至 100% 的部分	40%
11	超过 100% 的部分	45%

图 6-2 描绘的就是负所得税方案下农村最低生活保障救助者可支配收入增长的状况。在线段Ⅰ和Ⅱ区段，贫困者得到负所得税收入，并且线段Ⅰ可支配收入的增加幅度小于线段Ⅱ，其隐含税率高于线段Ⅱ，即随着领取救助区间的上升和扩大，隐含税率呈递减趋势。

负所得税方案有利于鼓励社会救助群体通过就业来增加收入，同时也起到了一定的激励作用。而且，递减的隐含税率有利于快速提高名义收入，缩短隐含税率的持续区间，节约财政对社会救助金的支出量。因此，该解决方案能够较好地解决中国社会救助制度中隐含税率带来的负面影响。从中长期看来，建议政府逐步引入该项方案。

三 "工作分享"理念促进社会救助者的再就业

社会救助群体由于缺乏必要的劳动技能和专业知识，农村弱势群体的就业前景不容乐观。国家应提倡各企业或单位科学安排员工，在不减员而能增效的前提条件下，扩大就业门路，尽量安排部分社会救助群体就业。其中，非常有必要引入工作分享机制，通过对有工作能力的社会救助群体实施工作分享计划，可以实现对贫困群体的利益分享，让更多的贫困群体通过劳动来分享经济发展的成果。

Sheley Elizabeth（1999）提出顺利实施工作分享制的条件是：实行柔性化的工资、多元化的劳动合同、弹性化的劳动时间，调整企业的目标函数，保证（企业）的技术和商业秘密，变革企业的管理思想和方法等。从中国的实际情况来看，工作分享制要想得到顺利实施，还需要广泛和有力的宣传，打破现阶段固有的思维模式。建议政府出台关于工作分享制的法律、法规和相关政策，兼顾国家、集体和个人的利益，让宏观政策的制定者和微观管理的实施者逐步接受工作分享机制的理念。

四 亲贫困经济增长方案与社会救助政策的协调实施

阮敬（2007）对亲贫困增长的分解结果表明，收入的分配效应始终是反作用于贫困群体的收入总体增长，即分配越不公或分配差距越大，对贫困群体的总体收入增长的反作用越大。1978～1988年，中国分配效应非常大，说明在经济转轨时期的收入分配不公非常突出，经济增长在这一段时期内表现为亲富的。亲贫困增长率因此降低，加之20世纪90年代初期的通货膨胀，财富相当大一部分流入高收入阶层，对贫困群体的收入增长造成了很大的冲击。2000年以来，国家采取了一系列反贫困措施，使得分配效应降低比较明显。但是2005年以来分配效应又有所上升，分配不公的状况有所恶化。由于人力资本积累的惯性影响，社会资源在一定时期内也会向富裕阶层聚集。但随着中国经济增长方式由粗放型向集约型转变，通货膨胀基本上得到有效控制，贫困深度有所降低，贫困群体参与经济活动的积极性提高，对经济增长的分享也越来越多，因而，1995～2000年，经济增长表现为亲贫的。2001年以来，虽然贫困群体的收入明显增加，但由于2007年新一轮通货膨胀又有所抬头，抵消了部分亲贫经济增长的效果，并且分配效应有加重的趋势。当前，应当采取相应的有效措施进一步改善收入不平等的状况，逐步建立起以"涓滴式"扶贫为基础，以"瞄准式"扶贫为重要手段的扶贫政策，使得贫困群体分享更多经济成果。

实施亲贫困增长，减轻对社会救助制度的压力，使得社会的初次分配更具公平性。权力"寻租"行为、利益集团的存在，导致市场竞争的不公平，也侵害了贫困群体通过市场竞争获取利益的权利。这加大了社会救助制度所承受的压力。为此，政府在完善农村最低生活保障制度的同时，要高度重视完善初次分配的市场机制，维护市场竞争的公平性，以便更好地发挥市场机制的初次分配功能，使在市场竞争中"跌入"社会救助行列的人数最少化。同时要加强对有部分劳动能力或完全劳动能力的社会救助群体的就业培训，使其尽快参与到市场竞争中去。

另外，社会救助水平应该与经济发展水平相适应，如图6-3所示，社会救助金可能性曲线上的每一点都是最优点。在社会救助可能性曲线下面的区域代表社会救助制度救助水平很低，而在其上的区域代表社会救助制度超出了经济和社会的发展能力。图6-3也说明了社会救助水平会随着经济的增长而不断提高，国外的社会救助制度的变迁也为我们提供了很好的借鉴。

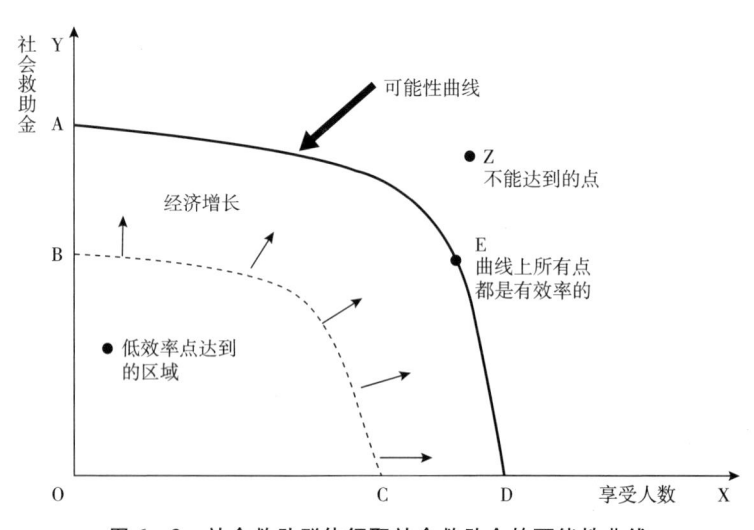

图6-3 社会救助群体领取社会救助金的可能性曲线

五 实施"混合型"的社会救助模式

实施"混合型"的社会救助模式，可以借鉴西方国家在最低生活保障制度方面所实施的分类救助政策。西方发达资本主义国家自 20 世纪 70 年代以来，逐步实施了被称为"混合型"的社会救助模式，试图避免先前福利模式的弊端。"混合型"救助的核心目标是提高救助的针对性，防止"瞄偏"现象的发生。这种模式不仅对于存在特殊困难的人群给予更明确的救助，而且对有完全劳动能力或者部分劳动能力的贫困群体，也尽可能在其就业的基础之上提供一定程度非生活方面的救助。

在城市最低生活保障制度改革方面，中国 2005 年以来形成的"分类救助"的最低生活保障模式，其所倡导的核心理念与发达国家的"混合型"救助模式的理念基本一致。中国城市最低生活保障"分类救助"型模式是基于城市贫困群体内部的需求差异性，通过制定合理、科学的救助项目，针对城市不同需求人群实施分类救助。主要可以分为两个方面：第一个方面实际上包括了当前中国对城镇贫困群体所提供的生活救助方面的救助；第二方面的救助指的是现行城镇最低生活保障制度在纵向和横向发展过程中所提出的"分类"实施目标。主要是基于城镇贫困群体所属的类别进行有针对性和目标性的救助，包括针对有大病医疗需求的贫困群体实施的医疗救助、针对住房困难的贫困群体实施的住房救助，以及针对困难家庭中有子女教育需求而实施的教育救助等项目。因此，从个体意义上来说，城市最低生活保障的分类救助在外延上是对社会救助内容的划分与归类。

相对于过去的社会救助制度而言，分类施保的优点在于其对救助对象需求的科学划分和归类，避免了最低生活保障制度救助的随意性，这样就大大提高了最低生活保障制度救助效率。本书虽然主要涉及最低生活保障制度的第一个方面，但这不表明分类救助不重要，主要是目前农村最低生活保障制度刚刚实施，很多方面包括社会经济条件及制度方面不成熟，它会随着制度的逐渐成熟而逐步完善。

六 中国社会救助群体的再就业制度改革

有学者对欧洲国家研究显示，当最低生活保障金对贫困群体的替代率超过 80%，救济金累加高于或者等于工作收入时，贫困群体的就业动力将大大减弱（陈广胜、马斌，2005）。对中国农村最低生活保障群体来说这个替代率几乎为100%，但考虑到社会救助群体多为未成年人、长期患病者、残疾等丧失劳动能力的人。所以政府在促进劳动力就业制度和政策方面，不能照搬发达国家的做法。社会救助家庭以就业为导向的运行机制尚未被有效激活。从中国经济的发展阶段和就业结构来看，2008年以来，全球性的金融危机导致大量企业倒闭，就业市场一度沦为"雇主市场"。三大就业主体——高校毕业生、城镇就业人员和农村外来务工人员的就业受到极大挑战，而社会弱势群体的受助家庭人员的再就业更是首当其冲。在这种背景下，为了促进有完全劳动能力或部分劳动能力的社会救助家庭人员的再就业，笔者认为，应当加强社会救助制度与再就业激活的联动机制的构建，对无劳动能力和有劳动能力的社会救助群体进行严格区分，实施不同的政策，积极促进后者再就业。

本书认为，社会救助与再就业激活体系构建，对于不同实施主体应以精准识别为理念，以整体性再就业激活机制为切入点，综合运用经济增长工具、收入分配工具与再分配工具，并注意不同阶段各种工具之间的衔接性和协调性，提升社会救助工作的科学性、精准性和公平性。具体来说，结合中国贫困群体的特定结构和现实制约，笔者建议促进就业的政策设计应做到以下几点。

（一）对于失去全部劳动能力或部分劳动能力的农村贫困群体以救助为主

中国社会救助对象成员大多是孤寡老人、未成年人、长期患病或者残疾等弱势群体，由于缺乏必要的劳动技能和文化素质，其就业难度远比普通人要大得多。因此，建议政府对于这一社会弱势群体的帮扶机制主要以发放最低生活保障金为主，通过不断完善以最低生活保障制度为中心，以教育、医疗等配套制度为辅的救助体系，构筑长效补助机制，确保其享有基本的生存、医疗、教育等权利，使困难群众的基本生计得到有效保障。但对于其中具备部分劳动能力的人员，则应采取更加有效的促进就业措施。这是最低生活保障制度职能的重要体现。

（二）对有劳动能力的受助群体，尽量将其安排在本地乡镇或社区就业

社会救助对象中有完全劳动能力或部分劳动能力的人员是促进就业的

主要目标人群，但这一群体的结构特征决定了其只能留在本地就业。①社会救助群体家庭状况决定了该群体离不开家。由于该群体的绝大多数家庭中有残疾人、重病人或者需要照顾的婴幼儿等，故他们即使有劳动能力也很难在外地就业。②尽管部分社会救助群体有劳动完全能力或者部分劳动能力，但其就业难度很大。尽管经济发达地区普遍存在劳动力短缺等现象，但随着产业结构调整和升级，企业用人要求也越来越高。而社会救助群体由于缺乏必要的劳动技能和专业知识，企业录用他们的可能性较小。③社会救助群体自己也不想离开"故土"。在调查中发现，相当一部分社会救助群体思想观念上保守，缺乏外出打工的意愿。综合加以分析，社会救助劳动力的就业空间主要在当地。

（三）对贫困家庭未成年人员的人力资本培养给予资金支持，对于有完全劳动能力或有部分劳动能力的成年群体，视其身体和健康状况分别提供公益性工作岗位

社会救助对象的现状决定了这一群体的就业能力很弱，应当为他们提供就业岗位，并以促进新成长劳动力就业为主，以帮扶成年劳动力就业为辅。从西方国家的经验看，作为社会的弱势群体，长期贫困和社会排斥等问题导致贫困具有代际传递性。因此，在制度设计上，除了保障基本需求外，更重要的是加强人力资本投资特别是保障子女的教育机会和促进就业，并根据社会救助对象的不同情况因户制宜实施救助，努力为社会救助对象创造就业岗位；对于新成长起来的劳动力，可以采取岗位推荐、培训补助、小额贷款担保等多种措施，帮助其在毕业后尽快就业；对于身体较弱或轻度残疾、具有部分劳动能力的社会救助对象，政府和社会应鼓励和帮助其参加适应在家庭承接的工作。

社会救助制度的实施促进了最低生活保障对象的求职行为。积极的社会救助制度以鼓励社会救助群体可持续就业行为为目标。由于目前社会救助标准普遍很低，对农村最低生活保障家庭来说，退出社会救助参加就业除了会丧失社会救助金外，还会丧失附带福利。由于就业机会远远少于一般群体，所以，刚刚脱离社会救助的贫困群体，可能会面临再次陷入贫困的风险。因此，政府应从鼓励社会救助对象就业增收的角度出发，探索建立社会救助待遇渐退机制。对实现就业的社会救助人员，应视其就业稳定情况，在一定期限内对其家庭保留全部或部分社会救助待遇。

（四）建立以最低生活保障制度为中心，涵盖投资、教育救助、医疗救助的立体积极救助体系

从20世纪70年代起，韩国为了解决教育贫困问题做出规定：大学在招生时必须保证录取一定比例的农村贫困考生，不但免除他们的全部学费，还提供奖学金。同时，还免费对农民进行培训（郭松民，2006）。韩国政府的这种投入加快了农村贫困人口的脱贫步伐，形成了新的农村扶贫模式，保护了农村贫困群体的利益。这些经验非常值得借鉴和学习。用简单的经济救助手段去解决最低生活保障问题，只能使贫困人口被动地维持生活，而加入教育、就业、投资等因素，不仅可以使农村贫困人口更快地摆脱贫穷，不再依赖政府的救助，甚至当他们发展起来时，还能惠及社会，帮助政府减轻社会救助的负担。比如，过去一些贫困农村在经济发展后，建立起社会救助体系，中央政府因此可以把资金集中投入到其他更需要的地区。

笔者建议，构筑如图6-4所示的以社会救助制度为中心，涵盖投资救助、教育救助、医疗救助的立体社会救助体系。使贫困人口既能维持生计需要，又能变被动为主动，争取更好的发展。一旦社会救助群体和低收入群体具有了自我发展和消费能力，内需将会被进一步拉动。那么，整个中国经济都能从中获益。

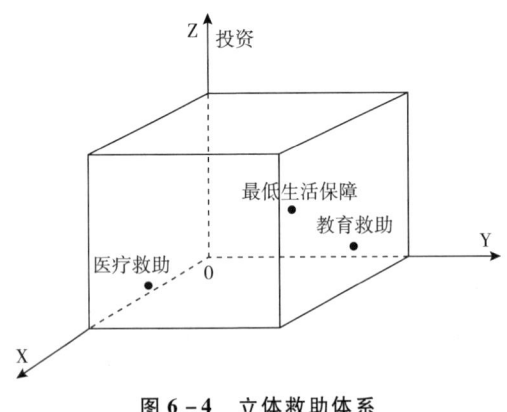

图6-4 立体救助体系

总的来说，建立社会救助制度不能孤立地进行，它并非简单的生活救助问题。最低生活保障应该是一个综合性的社会救助体系，这个体系不仅包含最基本的吃饭问题，还应包括医疗、养老、教育、就业、投资等内

容。所以，建立社会救助制度不应以机械的救助为目标，而应以摆脱贫困为宗旨。中国现阶段贫困已经由个体转向家庭，如果不通过像大病医疗救助、教育救助、住房救助等配套的改革建立一个救助体系，而仅仅通过单一的经济手段去解决最低生活保障问题，只能使社会救助人口被动地维持基本生活。通过配套的改革建立一个救助体系，不但可以使社会救助人口更快地摆脱贫穷，更重要的是可以使他们不再依赖政府的救助，变被动为主动。

当前社会救助是中国社会保障制度的核心部分，然而反贫困不是一个使用公共资源对不幸者施以救助的简单过程，而是要不断完善整个救助周期的理论和技术的过程。同时，还应合理配置用于不同社会救助及配套改革上的财政资金规模，逐步走出片面注重生活性救助、弱化发展性救助的误区，变单一救助为复合式救助。

（五）社会救助制度的可持续性展望——制度绩效递减规律

政治经济学认为，"制度变迁的内在动力是社会生产力的性质、水平、发展要求与社会生产关系或经济制度所产生的矛盾运动"（周小亮，2001）。因此，中国社会救助制度亦是如此，其绩效主要体现在促进中国生产力发展上。由于人是社会救助制度的制定者，那么社会救助制度收益便局限于人的有限理性视野之内，所以，社会救助制度无论从目前还是从发展的角度来看，均存在改进的余地和不断完善的要求，所以其绩效是相对的、动态的。社会救助制度是一种"公共产品"，由政府制定由贫困群体享受，由此必然会在资金的提供上出现私人成本大于社会成本的外部性。当这种外部性超过一定的限度时，制度的效率必然会递减。享受社会救助制度的贫困群体，其消费过程也存在边际效用递减的特征，如果随着中国经济的发展，无限度地提供这种公共产品，则制度的适应性效率就会递减。

社会救助制度的意义在于其救助的无偿性、社会收益的显著性。一个制度的建立，制定者必定期望其具备可持续性，社会救助制度亦是如此。不然，其就失去应有的意义与作用。衡量制度存在的价值尺度就是其存在效率。然而，一个固定的制度的生命力并不是永久的，其会有一个生命周期——产生、发展、衰落和消亡。

如图6-5所示，社会救助制度起初变化曲线的斜率是正的，这意味着制度边际效益递增。此时,制度处于发展上升过程之中,但是,当制度发展到一定阶段,即制度效率曲线达到 E 时,制度效率曲线的斜率为 0,这说明制度随着时间的延长会出现边际收益不变的状态,此时制度的生命会逐渐消亡,越过 E 点以后,制度将随着时间的增长而出现边际收益递减状态。所以,必须要不断地改进影响制度发挥的技术水平,使得社会救助制度在从边际效益不变到边际收益递减的过程中得到改善。

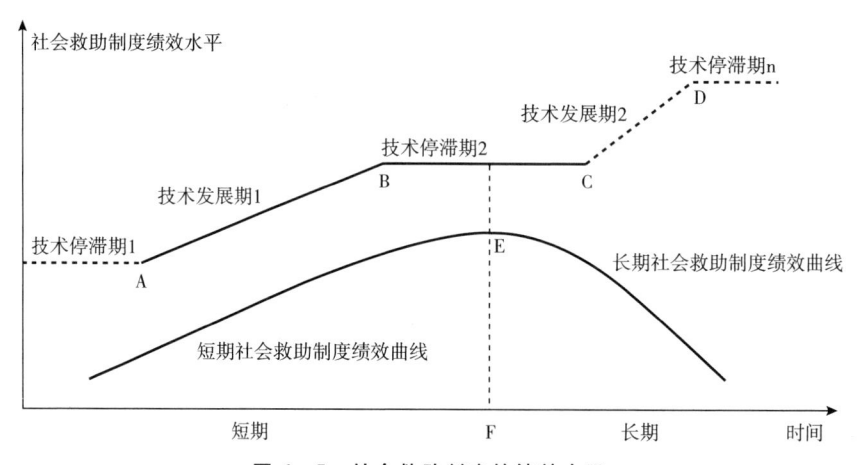

图 6-5 社会救助制度的绩效水平

因此建议政府加大财政对社会保障的投入,特别是对社会救助的财政投入。提高社会救助的制度绩效,推动经济发展,确保中国整体经济能够持续平稳、持续、快速的增长。

(六) 社会救助与再就业激活体系构建的外生性因素

1. 坚持以提升社会救助对象初次分配和再分配收入的联动性为核心,以培育新兴产业与企业、改善基础设施、强化金融支持、保障公共服务、提升社会救助家庭人口能力素质为支撑,公共财政投向以社会救助家庭的教育、医疗和就业等公共服务为重点,在精准扶贫方面发力,从"授人以鱼"向"授人以渔"转变,从"雨露均沾"向"精确滴灌"转变,进一步增强社会救助与扶贫的"输血+造血"综合性脱贫功能。

2. 以充分发挥经济增长的涓滴效应为重要的调节机制,使得积极的社会救助机制的倾向性体现为其带来的经济增长成果惠及社会救助人群,从而使得经济增长的涓滴效应可以合理流向贫困的社会救助群体。如通过与开发式扶贫等方式有效衔接,有针对性地为社会救助群体创造再就业机会与收入,使得扶贫龙头企业成为社会救助群体脱贫的平台;通过加强农产品深加工及非农产业建设,发展地区特色优势产业等,广泛带动全部农户增收;进一步疏通影响劳动力合理流动的约束机制,促进农村劳动力向外转移,从而为社会救助家庭提供获取收入来源的多项渠道。

(七) 社会救助与再就业激活体系构建的内生性因素

1. 动态调整社会救助标准与最低工资标准的差距

目前中国社会救助标准与最低工资标准的差距过小,有的地方甚至出现倒挂的现象。社会救助是以家庭为单位实施的,因此,社会救助金的发放具有规模效应。而社会救助家庭劳动力只占家庭总人数的一半不到,这主要因为社会救助家庭成员主要是老弱病残,因此社会救助金总额对其再就业工资(最低工资)的替代率较高,有的甚至超过了100%。以上海市为例,单亲家庭社会救助金总额对其再就业工资(最低工资)的替代率是40%左右,两口之家的替代率是80%左右,三口之家的替代率竟高达120%以上。这对于社会救助家庭再就业会产生"负向激励"效应。本书的调查数据显示,有完全劳动能力或部分劳动能力的社会救助家庭的平均规模为2.73人。再加上再就业使其失去社会救助金及配套项目收入的机会成本、交通费、餐费等,再就业会呈现负向激励效应。首先,政府应实施合理的分类施保机制,相应地降低最低生活保障金替代率,并动态调整社会救助标准与最低工资标准的差距。其次,加强对劳动力市场的监管,重点监督社会保险和最低工资制度的实施和执行落实状况。

2. 社会救助制度内再就业群体的类别需要进一步细化,部分群体的救助渐退时间应适当延长

从福利国家积极的再就业政策的实施来看,尽管它们加强了对社会救助者接受就业培训、寻找再就业岗位及参加社区就业的要求;然而,对于年龄偏大的人员,家庭中有学前儿童、失能老人、残疾或重症病人的仍会给予社会救助。对于有完全劳动能力或部分劳动能力的社会救助家庭成员,OECD国家在解决其再就业问题时,从财政中拨出大量经费用于再就业培训,提供再就业培训的机构涵盖了很多大专院校,包括英国伦敦经济学院这样的名校。而中国在这方面的经验明显欠缺。目前,中央决定大力发展和投入职业教育。因此,在促进社会救助群体再就业方面,应当考虑

将职业教育与再就业培训结合起来,在此基础上,领取救助金的渐退时间应适当"梯度"延长。在这方面,可以借鉴法国和爱尔兰的做法,如果社会救助家庭成员再就业时领取的是最低工资,那么,其家庭半年内领取全部替代率的社会救助金;然后再领取半年替代率为50%的社会救助,从而建立再就业奖赏的理念,而非监督性的惩罚措施。

3. 从贫困的脆弱性视角来看,社会救助的配套政策应进一步覆盖"边缘群体"

由于贫困的脆弱性,脆弱性的家庭与社会救助家庭之间经常相互转换,"贫而领保、停保返贫"的现象时有发生。因此,政府应进一步弱化社会救助配套政策与社会救助家庭之间的完全"捆绑"关系,将其与贫困的脆弱性联系起来。为了消除贫困的脆弱性,在计算社会救助金时,应免除一定的收入额,并给予一定比例的奖励。对那些社会救助家庭成员中,再就业收入在最低工资标准与社会救助标准之间的,继续给予其家庭一定比例的社会救助金替代率,而非100%扣除。国际上对这种补充性或"奖励性"的收入比例,并没有统一的标准。只有社会救助制度与再就业激活机制在设计上真正做到让社会救助家庭再就业者"有利可图",使大多数有完全劳动能力或部分劳动能力的社会救助对象在面临再就业机会时能够明确地感受到益处,才真正有可能促进社会救助对象去积极、主动寻求再就业机会与再就业岗位。

参考文献

阿马蒂亚·森:《贫困与饥荒》,商务印书馆,2001。

艾春荣、汪伟:《中国居民储蓄率的变化及其原因分析》,《湖北经济学院学报》2008年第6期。

M. 爱纳汉德等:《欧洲七国失业救济与社会援助制度》,陈绵水、况新华等译,中国财政经济出版社,1999。

安春英:《非洲贫困与反贫困战略思想述评》,《西亚非洲》2007年第8期。

庇古:《福利经济学》,商务印书馆,2006。

财政部财政科学研究所"农村最低生活保障制度研究"课题组:《农村最低生活保障制度研究》,《经济参考研究》2007年第15期。

陈广胜、马斌:《农村最低生活保障家庭劳动力就业的政策选择》,《浙江社会科学》2005年第5期。

陈洪:《财政学(第四版)》,人民出版社,2003。

陈少晖:《建构农村最低生活保障制度中的政府责任》,《福州党校学报》2008年第4期。

陈世启:《农村土地规模经营必要性探析》,www.agri.gov.cn,2004年2月10日。

陈维政、余凯成、程文文主编《人力资源管理与开发高级教程》,高等教育出版社,2004。

陈祎、刘阳阳:《劳动合同对于进城务工人员收入影响的有效性分析》,《经济学季刊》2010年第2期。

成思危主编《中国社会保障体制的改革与完善》,民主与建设出版社,2000。

慈勤英:《失业者的再就业选择》,《社会学研究》2006年第3期。

慈勤英:《失业者社会援助与再就业的选择》,《中国人口科学》2003

年第 4 期。

崔树义、杜宇民：《中国农村社会保障制度研究的一部力作——评〈为了亿万农民的生存安全：中国农村社会保障体系研究〉》，《社会科学研究》2007 年第 4 期。

达摩达尔·N. 古扎拉蒂：《计量经济学基础》，中国人民大学出版社，2005。

代志明：《新型农村合作医疗补偿机制歧视问题研究》，《中国软科学》2007 年第 2 期。

丹尼尔·W. 布罗姆利：《经济利益与经济制度》，上海三联书店，1996。

邓大松：《保险经营管理学（第三版）》，西南财经大学出版社，2001。

邓大松：《保险经营与管理》，中国金融出版社，1999。

邓大松等：《中国社会保障若干重大问题研究》，海天出版社，2000。

邓大松、李珍：《社会保障问题研究 2002》，武汉出版社，2003。

邓大松、刘昌平等编著《2005～2006 年中国社会保障改革与发展报告》，人民出版社，2007。

邓大松、刘昌平等编著《2007～2008 年中国社会保障改革与发展报告》，人民出版社，2008。

邓大松：《美国社会保障制度研究》，武汉大学出版社，1999。

邓大松：《社会保障问题研究》，武汉大学出版社，2001。

邓大松、王增文：《我国农村最低生活保障制度存在的问题及其探讨》，《山东经济》2008 年第 1 期。

邓大松、王增文：《"硬制度"与"软环境"下农村最低生活保障最低生活保障对象的识别》，《中国人口科学》2008 年第 5 期。

邓大松主编《社会保险》，中国劳动社会保障出版社，2002。

邓小平：《邓小平文选》（第三卷），人民出版社，1997。

迪帕：《谁倾听我们的声音》，中国人民大学出版社，2001。

丁建定：《社会保障概论》，华东师范大学出版社，2006。

丁煜：《下岗失业人员的再就业培训：效用与局限性》，《市场与人口分析》2005 年第 6 期。

董延旭：《重点实验室建设与创新人才培养模糊综合评价模型及应

用》,《绵阳师范学院学报》2007年第11期。

都阳、John Giles:《城市劳动力市场上的就业冲击对家庭教育决策的影响》,《经济研究》2006年第4期。

杜旻:《NGO扶贫项目中的管理问题对实施效果的影响——对宁夏泾源项目的调查》,《开发研究》2006年第6期。

段婕:《我国社会保障支出水平测度的实证分析》,《未来与发展》2006年第5期。

段敏芳:《弱势群体如何走出贫困的恶性循环》,《财贸研究》2005年第5期。

多吉才让:《中国最低生活保障制度研究与实践》,人民出版社,2001。

樊平:《中国城镇的低收入群体——对城镇在业贫困者的社会学考察》,《中国社会科学》1996年第4期。

方卫东、糜仲春、程永宏:《社会保障制度中贫困线和贫困率的测算》,《上海经济研究》2001年第2期。

费梅苹:《社会保障概论》,华东理工大学出版社,2005。

封进:《人口转变、社会保障与经济发展》,上海出版社,2005。

弗朗西斯·X.迪博尔德:《经济预测》,中信出版社,2003。

符华平、顾海:《我国农村最低生活保障制度的现状、问题及对策》,《南京社会科学》2009年第1期。

高灵芝、胡旭昌:《城市边缘地带"村改居"后的"村民自治"研究——基于济南市的调查》,《重庆社会科学》2005年第9期。

高梦滔、姚洋:《农户收入差距的微观基础:物质资本还是人力资本》,《经济研究》2006年第12期。

高清辉:《中国城市最低生活保障标准的比较与评价》,《城市问题》2006年第6期。

高铁梅:《计量经济分析方法与建模》,清华大学出版社,2006。

高文敏:《借鉴国外社会救助的经验完善我国城镇居民的最低生活保障》,《理论探讨》2004年第6期。

高颖、张欢、周瑜:《城市家庭贫困程度判定模型的构建——基于北京西城区社会救助工作实践的研究》,《北京社会科学》2008年第4期。

顾俊礼:《福利国家论析》,经济管理出版社,2002。

关信平:《中国城市贫困问题研究》,湖南人民出版社,1999。

郭海清:《建立农村居民最低生活保障制度的最大难点与解决办法》,《经济师》2004年第1期。

郭洪泉:《我国农村最低生活保障的政策选择》,《中国社会科学院院报》2007年第6期。

郭松民:《听韩国前总理谈新村运动的感悟》,《三湘都市报》2006年11月07日。

国家统计局:《中国统计年鉴》,中国统计出版社,2017。

哈尔·R.范里安:《微观经济学:现代观点》,上海人民出版社,2004。

杭斌、郭香俊:《基于习惯形成的预防性储蓄:中国城镇居民消费行为的实证分析》,《统计研究》2008年第3期。

杭斌、申春兰:《习惯形成下的缓冲储备行为》,《数量经济技术经济研究》2008年第10期。

杭斌:《习惯形成下的农户缓冲储备行为》,《经济研究》2009年第1期。

何菊芳:《构建农村最低生活保障制度的设想》,《当代经济研究》2005年第9期。

何亦农:《民生之本在就业——如何理解扩大就业的发展战略》,人民出版社,2008。

洪大用:《社会救助的目标与我国现阶段社会救助的评估》,《甘肃社会科学》2007年第4期。

胡炳志:《保险数学》,中国金融出版社,1991。

黄晨熹:《标准构建、就业动机和欺瞒预防——发达国家社会救助的经验及其对上海的意义》,《华东理工大学学报》(社会科学版)2004年第2期。

黄晨熹:《城市低保对象求职行为的影响因素及相关制度安排研究——以上海为例》,《社会学研究》2007年第1期。

黄承伟、蔡葵:《贫困村基层组织参与式扶贫开发——国际非政府组织的经验及其启示》,《贵州农业科学》2004年第4期。

黄承伟:《贫困程度动态监测模型与方法》,《广西社会科学》2001年第1期。

黄承伟：《中国农村扶贫开发社会性别问题分析与对策研究》，《学术论坛》2005年第7期。

黄世贤：《我国农村公共服务政策回顾与评价》，《江西财经大学学报》2009年第2期。

纪宏、阮敬：《基于收入分布的亲贫困增长测度及其分解》，《经济与管理研究》2007年第8期。

贾男、张亮：《城镇居民消费的"习惯形成"效应》，《统计研究》2011年第8期。

蒋积伟：《当前城市最低生活保障家庭的医疗困境》，《哈尔滨工业大学学报》2007年第2期。

金双华：《财政支出与社会公平关系分析》，《统计研究》2006年第3期。

康晓光：《中国贫困与反贫困理论》，广西人民出版社，1995。

考斯塔·艾斯平-安德森：《福利资本主义的三个世界》，法律出版社，2003。

寇恩惠、刘柏惠：《公司部门工资差距》，《数量经济技术经济研究》2011年第3期。

蒯小明：《我国农村社会救助不足与国家责任》，《经济与管理研究》2007年第4期。

蓝云曦、周昌祥：《社会结构变迁中的福利依赖与反福利依赖分析》，《西南民族大学学报》2004年第8期。

雷钦礼：《财富积累、习惯、偏好改变、不确定性与家庭消费决策》，《经济学（季刊）》2009年第3期。

李道荣：《农村最低生活保障与城市最低生活保障的现状差异以及改进措施》，《中国民政》2007年第5期。

李贵卿、陈维政：《发达国家实施工作分享的比较及其对中国的启示》，《经济社会体制比较》2007年第2期。

李贵卿、陈维政、毛晓燕：《缓解失业压力的新思路——工作分享》，《统计与决策》2006年第24期。

李小云、李周、唐爱霞、刘永功、王思斌、张春泰：《参与式贫困指数的开发与验证》，《中国农村经济》2005年第5期。

李小云：《2005年中国农村情况报告》，社会科学文献出版社，2006。

李小云、唐爱霞、李周、刘永功、王思斌、张春泰:《参与式村级扶贫规划系统的开发与运用》,《林业经济》2007年第1期。

李小云、左停、叶敬忠:《2005年中国农村情况报告》,社会科学文献出版社,2006。

李雪、刘洋、叶伟铭:《基于多层次模糊系统的贫困等级认定模型》,《中国新技术新产品》2008年第9期。

李迎生、韩央迪、肖一帆、张宁:《超越统合救助模型:城市最低生活保障制度改革中的分类救助问题研究》,《学海》2007年第2期。

李珍:《社会保障理论》,中国劳动和社会保障出版社,2002。

李珍:《社会保障制度与经济发展》,武汉大学出版社,1998。

李珍:《中国跨世纪的改革与发展》,武汉大学出版社,1996。

李珍:《中国社会养老保险基金管理体制选择》,人民出版社,2005。

李子奈、潘文卿:《计量经济学(第二版)》,高等教育出版社,2005。

林莉红、孔繁华:《从宪定权利到法定权利——我国农村居民最低生活保障制度建立情况调查》,《河南省政法管理干部学院学报》2007年第4期。

林南、俞弘强:《社会网络与地位获得》,《马克思主义与现实》2003年第2期。

林晓洁:《建立外来农民工最低生活保障制度的可行性分析》,《人口与经济》2006年第1期。

林义:《社会保险基金管理》,中国劳动社会保障出版社,2002。

林毅夫、刘明兴、章奇:《政策性负担与企业的预算软约束》,《管理世界》2004年第8期。

林毅夫、刘培林:《中国的经济发展战略与地区收入差距》,《经济研究》2003年第3期。

林毅夫:《制度、技术与中国农业发展》,上海人民出版社,1994。

林志达、张国:《农村最低生活保障政策矫正与机制创新》,《财经科学》2009年第3期。

刘德雄:《试论财政在社会保障体系中的地位和作用》,《财贸经济》1995年第8期。

刘福成:《我国农村贫困线的测定》,《农业经济问题》1998年第

5 期。

刘辉、周慧文:《农民工劳动合同低签订率问题的实证研究》,《中国劳动关系学院学报》2007 年第 3 期。

刘建国:《我国农户消费倾向偏低的原因分析》,《经济研究》1999 年第 3 期。

刘钧:《社会保险缴费水平的确定:理论与实证分析》,《财经研究》2004 年第 2 期。

刘林平、张春林:《进城务工人员工资:人力资本、社会资本、企业制度还是社会环境——珠江三角洲进城务工人员工资的决定模型》,《社会学研究》2007 年第 6 期。

刘明慧:《公共救助分配中的公平与效率》,《财贸经济》2005 年第 3 期。

刘明慧:《社会救助的城乡整合研究》,《财政研究》2005 年第 4 期。

刘前:《城市居民最低生活保障制度与促进就业》,《昆明大学学报》2006 年第 1 期,第 6 页。

刘全喜、陈庚谱:《甘肃省西部扶贫世行贷款项目后续管理的思考》,《陕西农业科学》2006 年第 1 期。

刘通:《逐步完善我国农村最低生活保障制度》,《宏观经济管理》2005 年第 12 期。

刘晓静、倪宏敏:《试论和谐社会中我国农村最低生活保障制度》,《理论观察》2008 年第 4 期。

刘旭东:《贫困救助制定的三重演进》,《中国社会保障》2007 年第 8 期。

刘玉森、于彤等:《贫困县农村最低生活保障资金筹措渠道研究》,《河北农业大学学报》2006 年第 12 期。

刘泽双:《公务员绩效考核模糊层次综合评价模型及实例》,《西安理工大学学报》2006 年第 4 期。

龙志和、王晓辉、孙艳:《中国城镇居民消费习惯形成实证分析》,《经济科学》2002 年第 6 期。

陆学艺:《农村发展新阶段的新形势和新任务——关于开展以发展小城镇为中心的建设社会主义新农村运动的建议》,《中国农村经济》2000 年第 6 期。

吕青：《最低生活保障：操作失当减损社会成本》，《中国社会保障》2007年第5期。

吕书奇：《对进一步完善扶贫开发机制的思考》，《农村财政与财务》2004年第3期。

吕炜：《公共增长与公共支出的政策安排》，《经济社会体制比较》2004年第5期。

吕学静、王增民：《对当前我国农民工社会保障模式的评估》，《第二届中国社会保障论坛文集（2007）》，2007。

罗娟娟：《农民收入分布函数的探讨》，《保险职业学院学报》2007年第1期。

马斌、蔡鹭：《建立农村最低生活保障制度的路径选择——以广东省为例》，《华南师范大学学报》（社会科学版）2006年第3期。

马树才、孙长清：《长期经济增长与中国财政支出规模优化研究》，《统计研究》2004年第12期。

茆诗松：《统计手册》，科学出版社，2003。

民政部：《中国民政统计年鉴》，中国统计出版社，2005、2007、2011。

穆怀中：《社会保障国际比较》，中国劳动社会保障出版社，2002。

尼古拉斯·巴尔：《福利国家经济学》，郑秉文、穆怀中等译，中国劳动社会保障出版社，2003。

潘莉、常洪钧：《我国农村社会保障问题研究述评》，《江汉论坛》2006年第4期。

彭代彦：《增加农民收入与乡镇政府改革》，《经济学家》2003年第6期。

齐良书：《发展经济学》，中国发展出版社，2002。

钱振伟：《经济增长对就业的影响及失业保障制度研究》，经济科学出版社，2008。

曲昌荣：《农村最低生活保障，还要迈好几道"坎"》，《人民日报》2007年8月7日。

权衡：《居民收入流动性与收入不平等的有效缓解》，《上海经济研究》2005年第3期。

阮敬：《中国农村亲贫困增长测度及其分解》，《统计研究》2007年第

11 期。

沙琳：《需要和权利资格：转型期中国社会政策研究的新视角》，中国劳动社会保障出版社，2007。

邵芬：《关于社会救济立法的思考》，《现代法学》1999 年第 5 期。

邵敏、包群：《地方政府补贴企业行为分析》，《世界经济文汇》2011 年第 1 期。

沈全水：《瑞典就业政策及其对中国的启示》，中国发展出版社，2001。

时正新、程伟等：《浙江省新型社会救助体系建设调研报告》，《调研世界》2004 年第 5 期。

时正新：《中国社会福利与社会进步报告（2000）》，社会科学文献出版社，2000。

帅传敏、李周：《中国农村扶贫项目管理效率的定量分析》，《中国农村经济》2008 年第 3 期。

宋士云：《新中国农村五保供养制度的变迁》，《当代中国史研究》2007 年第 1 期。

宋晓梧：《中国社会保障体制改革与发展报告》，中国人民大学出版社，2001。

宋扬：《让城乡人民共同享有改革成果》，《中华工商时报》2007 年 3 月 8 日。

宋振远、苏杰、苏万明：《农村最低生活保障比例差距过大》，《济南日报》2007 年 7 月 25 日。

孙丽君、李季山、蓝海林：《劳动关系和谐性与绩效关系实证分析》，《商业时代》，

孙文凯、路江涌、白重恩：《中国农村收入流动分析》，《经济研究》2007 年第 8 期。

谭崇台：《发展经济学》，山西经济出版社，2001。

唐钧：《中国城市居民贫困线研究》，上海社会科学院出版社，1998。

唐钧：《资产建设与社会保障》，《江苏社会科学》2005 年第 2 期。

田奇恒、孟传慧：《城市低保社会福利受助者"就业意愿"与社会救助研究》，《人口与经济》2008 年第 1 期。

仝刘革：《参与式理论和方法在扶贫开发中的实践与探索》，《山西农经》2003 年第 3 期。

童星:《社会保障与管理》,南京大学出版社,2002。

童星:《社会转型与社会保障》,中国劳动社会保障出版社,2007。

汪三贵、王姮、王萍萍:《中国农村贫困家庭的识别》,《农业技术经济》2007年第1期。

王德文、王美艳、陈兰:《中国工业的结构调整、效率与劳动配置》,《经济研究》2004年第4期。

王海港:《中国居民收入分配的代际流动》,《经济科学》2005年第2期。

王红茹:《学者建议:用"工作分享制"代替"下岗制"》,《中国经济周刊》2006年第48期。

王洪亮、徐翔、孙国峰:《我国省际间农民收入不平等与收入变动分析》,《农业经济问题》2006年第3期。

王兢:《拟合的收入分布函数在贫困线、贫困率测算中的应用》,《经济经纬》2005年第2期。

王兢:《我国农村贫困线及贫困规模的测定》,《统计与咨询》2007年第2期。

王利军、穆怀中:《中国养老保险财政支出最优规模测算》,《石家庄经济学院学报》2005年第3期。

王荣党:《农村贫困线的测度与优化》,《华东经济管理》2006年第3期。

王顺民:《社会福利现象的考察与解读》,洪叶文化事业有限公司,2001。

王先菊、司建平:《农村最低生活保障制度现状分析》,《农村经济与科技》2007年第6期。

王晓军主编《社会保障精算原理》,中国人民大学出版社,2000。

王有捐:《对城市居民最低生活保障政策执行情况的评价》,《统计研究》2006年第10期。

王增文:《农村最低生活保障制度的可持续性研究》,湖北省优秀博士论文库,2009。

王增文:《中国实施"最低生活保障"政策存在的问题与对策》,《经济纵横》2007年第7期。

王志宝:《低保不仅是农村发展问题也是扶贫问题》,http://news.

eastday.com/c/20070306/u1a2664243.html，2007年3月6日。

王志标、张明：《边界人口与微观贫困机理的一般分析》，《陕西财经大学学报》2005年第3期。

王卓：《中国现阶段的贫困特征》，《经济学家》2000年第2期。

王佐：《扶贫传递系统缺乏有效识别机制，反贫战略急需完善和加强》，《科学决策》2003年第4期。

吴玲、施国庆：《我国最低生活保障制度的伦理缺陷》，《南京师大学报》（社会科学版）2005年第2期。

西奥多·舒尔茨：《经济增长与农业》，北京经济学院出版社，1991。

香伶：《中国社会保障体制改革研讨会综述》，《经济学动态》2001年第1期。

邢春冰：《不同所有制企业工资决定机制考察》，《经济研究》2005年第6期。

邢春冰：《经济转型与不同所有制部门的工资决定从下海到下岗》，《管理世界》2007年第6期。

徐庆芳：《国外对我国贫困人口状况的估算》，《学术动态》2003年第3期。

徐月宾、刘凤芹、张秀兰：《中国农村反贫困政策分析》，《中国社会科学》2007年第3期。

许庆、田士超、徐志刚、邵挺：《农地制度、土地细碎化与农民收入不平等》，《经济研究》2008年第2期。

杨灿明：《中国城乡居民收入的决定因素分析》，《当代财经》2010年第12期。

杨立雄、陈玲玲：《发达国家社会救助制度改革趋势》，《决策参考》2006年第8期。

杨立雄：《中国城镇居民最低生活保障制度的回顾、问题及政策选择》，《中国人口科学》2004年第3期。

杨瑞龙、卢恩来：《正式契约的第三方实施与权力最优化——对进城务工人员工资的契约论解释》，《经济研究》2004年第5期。

杨言：《农村最低生活保障：修补和谐社会的"短板"》，《中国税务报》2007年1月5日。

姚建平：《福利国家的国家福利责任简析》，《理论与现代化》2007年第 5 期。

易根花、吴国权:《建立农村居民最低生活保障制度的经济学分析》,《经济与管理》2007 年第 9 期。

尹恒、李实、邓曲恒:《中国城镇个人收入流动性研究》,《经济研究》2006 年第 10 期。

尹志超、甘犁:《公共部门和非公共部门工资差异的实证研究》,《经济研究》2009 年第 4 期。

应星:《草根动员与农民群体利益的表达机制》,《社会学研究》2007 年第 2 期。

于俊年:《计量经济学》,对外经济贸易大学出版社,2000。

宇传华:《SPSS 与统计分析》,电子工业出版社,2007。

张弛、张青:《综合评价模型在人力资源绩效考核中的应用》,《现代经济》2007 年第 8 期。

张富良:《完善人民代表大会制度保障农民民主政治权利》,《人大研究》2004 年第 10 期。

张晖、雷华:《对我国中西部地区城市"最低生活保障"制度资金来源的博弈分析》,《西北大学学报》(哲学社会科学版) 2005 年第 1 期。

张丽宾:《我国农村社会保障问题研究》,《财政研究》2005 年第 4 期。

张奇林:《美国医疗保障制度研究》,人民出版社,2005。

张润森、陈绍军:《最低生活保障资金供求的系统模型》,《统计与决策》2005 年第 10 期。

张世伟、万相昱、曲洋:《公共政策的行为微观模拟模型及其应用》,《数量经济技术经济研究》2009 年第 8 期。

张世伟、周闯:《城市贫困群体就业扶持政策》,《经济评论》2008 年第 6 期。

张爽、陆铭、章元:《社会资本的作用随市场化进程减弱还是加强——来自中国农村贫困的实证研究》,《经济学(季刊)》2007 年第 2 期。

张晓峒:《EViews 使用指南与案例》,机械工业出版社,2008。

张翼:《受教育水平对退休老年人再就业的影响》,《中国人口科学》1999 年第 4 期。

赵复元:《建立农村最低生活保障制度的综述》,《经济研究参考》

2005 年第 5 期。

赵剑治、陆铭：《关系对农村收入差距的贡献及其地区差异——一项基于回归的分解分析》，《经济学》2009 年第 4 期。

赵康、春春：《关注农村贫困老年妇女》，《晚霞》2007 年第 5 期。

赵曼：《企业年金理论与实务》，中国财政经济出版社，2004。

赵曼：《人力资源开发与管理》，中国劳动社会保障出版社，2002。

赵曼：《社会保障学》，中国财政经济出版社，2003。

赵曼：《转轨时期反失业的公共政策研究》，中国财政经济出版社，2004。

赵晓冬、郑涛：《基于 FUZZY—AHP 评价方法的个人信用等级评价模型指标体系》，《数量经济技术经济研究》2003 年第 6 期。

赵延东：《再就业中的社会资本：效用与局限》，《社会学研究》2002 年第 4 期。

郑秉文：《当今世界的社会福利》，法律出版社，2003。

郑秉文：《社会保障分析导论》，法律出版社，2001。

郑功成：《社会保障学》，商务印书馆，2000。

郑志冰、王金秀：《我国财政对社会救助支出的实证研究》，《经济师》2007 年第 2 期。

中华人民共和国国家统计局：《中国统计年鉴》，中国统计出版社，1997~2007。

中华人民共和国民政部：《2006 年民政事业发展统计报告》，http://www.china.com.cn/policy/txt/2007-05/23/content_9252693.htm，2007 年 5 月 23 日。

中华人民共和国民政部：《中国民政统计年鉴 2004》，中国统计出版社，2005。

中华人民共和国民政部：《中国民政统计年鉴 2015》，中国统计出版社，2016。

周长城：《客观生活质量研究：以澳门特区为例》，社会科学文献出版社，2007。

周长城：《生活质量研究导论》，社会科学文献出版社，2008。

周长城：《现代经济社会学》，武汉大学出版社，2003。

周长城：《幸福：来自一种新科学的经验教训》，社会科学文献出版社，2008。

周长城：《主观生活质量：评价与指标构建》，社会科学文献出版社，2008。

周弘：《国外社会福利制度》，中国社会出版社，2002。

周小亮：《制度绩效递减规律与我国21世纪初新一轮体制创新研究》，《财经问题研究》2001年第2期。

周中：《最低生活保障资金管理中存在的问题和建议》，《中国审计报告（第二版）》2005年12月26日。

国务院研究室课题组：《中国农民工调研报告》，中国言实出版社，2006。

左春玲、袁伦渠：《解读中外最低生活保障制度中的隐含税率》，《石家庄经济学院学报》2007年第6期。

Aaberge, R. 2000. *Joint Labor Supply of Married Couples: Efficiency and Distribution Effects of Tax and Labor Market Reforms*, Mitton, L., Micro simulation Modeling for Policy Analysis: Challenges and Innovations, Cambridge: Cambridge University Press.

Ahituv, A. & A. Kimhi. 2006. Simultaneous Estimation of Work Choices and the Level of Farm Activity Using Panel Data, European Review of Agricultural Economics, (33): 49 – 71.

Aitken, B., G. H. Hanson, and A. E. Harrison. 1997. "Spillovers, Foreign Direct Investment, and Export Behavior." *Journal of International Economics*, 43 (1 – 2): 103 – 132.

Alain de Janvry, Marcel Fafchamps & Elisabeth Sadoulet. 1991. "Peasant Household Behavior with Missing Markets: Some Paradoxes Explained." *The Economic Journal*, (101): 1400 – 1417.

Alessie R., Teppa F. 2010. "Saving and Habit Formation: Evidence from Dutch Panel Data." *Empirical Economics*, 38 (2): 385 – 407.

Allan, P. 1990. "Looking for Work After Forty: Job Search Experience so Folder Unemployed Managersand Professionals." *Journal of Employment Counseling*, (27): 31 – 44.

Arkin William, Dobrofsky Lynne R. 1978. Job Sharing, in Rhona Rapoport and Robert N. Rapoport (eds), *Working Couples*, London, Routledge and Kegan Paul: 122 – 137.

Atkinson, A. B., L. Rainwater & T. M. Smeeding. 1995. Income Distribution in OECD Countries: Evidence from the Luxembourg Income Study. Paris: Organization for Economic Cooperation and Development.

Ayala, L. R. Martinez, and J. Ruiz Huerta. 2002. "Institutional Determinants of the Unemployment Earnings Inequality Trade – off." *Applied Economics*, 34 (2), 179 – 195.

Baicker, K. 2005. "The Spillover Effects of State Spending." *Journal of Public Economics*. 89: 529 – 544.

Barker, R. L. 1991. The Social Work Dictionary. Silver Spring, MD, National Association of Social Workers.

Barron, J. M. & W. Mellow. 1981. "Change sin Labor Force Status Among the Unemployed." *Journal of Human Resources*.

Bastelaer, V. 2000. "Does Social Capital Facilitate the Poor's Access to Credit? A Review of the Microeconomic Literature." *Social Capital Initiative* No. 8, Washington D. C.: World Bank.

Battista, M. & D. E. Thompson. 1996. Motivation for Reemployment: The Role of Self Efficacy and Identity. Annual Meeting of the Society for Industrial and Organizational Psychology, SanDiego, CA.

Belsley D. A., Kuh E., Welsch R. E. 1980. Regression Diagnostics. New York: John Wiley and Sons Inc.

Bernard A. B. and J. B. Jensen. 1995. "Exporters, Jobs, and Wages in U. S. Manufacturing: 1976 – 1987." *Microeconomics*: 67 – 112.

Besley, T., A. Case. 1995. "Incumbent Behavior: Vote – Seeking, Tax – Setting, and Yardstick Competition." *American Economic Review*, 85: 25 – 45.

Bian, Y. 2001. "Guanxi Capital and Social Eating in Chinese Cities: Theoretical Models and Empirical Analyses." in Lin, N., K. Cook, R. Burt, and A. Gruyter (eds), Social Capital: Theory and Research, New York, Aldine Transaction.

Bird, R. 1986. "On Measuring Fiscal Centralization and Fiscal Balance in Federal States." *Government and Policy*, (4): 384 – 404.

Blanchard, O., and A. Shleifer. 2001. Federalism with and without Political Centralization: China versus Russia. IMF Staff Papers, 48: 171 – 179.

Bourguignon, Fand Spadaro, A. 2006. "Micro Simulation as a Tool for Evaluating Redistribution Policies." *Journal of Economic Inequality*, 4 (1), 77 – 106.

Brooks, M. G., J. C. Buckner. 1996. "Work and Welfare: Job Histories, Barriers to Employment, and Predictors of Work among Low Income Single Mothers." *American Journal of Orthopsychiatry*.

BrowningM., Collado M. 2007. "Habits and Heterogeneity in Demands: a Panel Data Analysis." *Journal of Applied Econometrics*, 22 (3): 625 – 640.

Bucovetsky, S. 2005. "Public Input Competition." *Journal of Public Economics.*, 89: 1763 – 1787.

Cai Hongbin, Daniel Treisman. 2005. "Does Competition for Capital Discipline Governments? Decentralization, Globalization, and Public Policy." *American Economic Review*, 95: .817 – 830.

Carroll C. D. 1992. "The Buffer – stock Theory of Saving: Some Macroeconomic Evidence." Brookings Papers on Economic Activity, 23 (2): 61 – 156.

Chiappori, P. A. 1992. "Collective Labor Supply and Welfare." *Journal of Political Economy*, (100): 437 – 467.

Creedy, J. and Duncan, A. 2005. "Aggregating Labor Supply and Feedback Effects in Micro Simulation." *Australian Journal of Labor Economics*, 8: 277 – 290.

Creedy, J. 2002. Micro Simulation Modeling of Taxation and the Labor Market, Northampton: Edward Elgar Publishing.

Cremer, Helmuth, M. Marchand, and P., Pastieau. 1997. "Investment in Local Public Services: Nash Equilibrium and Social Optimum." *Journal of Public Economics*, 65: 23 – 35.

David Gray. 1996. "Work – sharing Benefits in Canada: an Effective Employment Stabilization Policy Measure?" *Industrial Relations* (Canadian), September 22.

David Sherwyn and Michael C. Sturman. 2002. "Job Sharing: A Potential Tool for Hotel Managers Cohnell Hotel." *Restaurant Administration Quarterly*, Oct, 43: 84 – 91.

Deaton A. 1992. Understanding Consumption, Oxford University Press.

Decoster, A. and Van Camp, G. 2001. "Redistributive Effects of the Shift from Personal Income Taxes to Indirect Taxes: Belgium 1988 – 1993." *Fiscal Studies*, 22 (1), 79 – 106.

De Neuhourg Chris. 1991. Where Have All the Hours Gone? Working – Time Reduction Policies in the Netherlands, in Hinrichs, Roche and Sirianni (eds): opci, 149 – 169.

Dinardo, J., N. Fortin, and T. 1996. "Lemieux, Labor Market Institutions and the Distribution of Wages, 1973 – 1992: A Semiparametric Approach." *Econometrica*, 64 (5), 1001 – 1044.

Dominique, G., E. Maurin, and M. Pauchet. 2001. "Fixed Term Contracts and the Dynamics of Labour Dem." *European Economic Review*, 45 (3), 533 – 552.

Fields, G., and G. Yoo. 2000. "Falling Labor Income Inequality in Koreaps Economic Growth: Patterns and Underlying Causes." *Review of Income and Wealth*, 46 (2), 139 – 159.

Granovetter, Mark. 1973. "The Strength of Weak Ties." *American Journal of Sociology*, 78.

Griner. 1981. "Selection and Interpretation of Diagnostic Tests and Procedures." *Annals of Internal Medicine*, 94 (Part 2): 5572 – 6001.

Grootaert, C. 2001. "Does Social Capital Help the Poor: A Synthesis Findings from the Local Level Institutions Studies in Bolivia, Burkina Faso and Indonesia." Local Level Institutions Working Paper No. 10, Washington D. C.: World Bank.

Grootaert C. 1999. "Social Capital, Household Welfare and Poverty in Indonesia." Policy Research Working Paper, 2148.

Grubb, D. and Martin, J. 2001. "What Works and for Whom: A Review of OECD Countries' Experiences with Active Labor Market Policies." *Swedish Economic Policy Review*, (8): 9 – 56.

Guariglia A., Rossi M. 2002. "Consumption, Habit formation and Precautionary Saving: Evidence from the British Household Panel Survey." *Oxford Economic Papers*, 54 (1): 1 – 19.

Heaton J. 1993. "The Interaction between Time – Nonseparable Preferences and Time Aggregation." *Econometrica*, 61 (2): 353 - 385.

Heckman, James J. 2005. "China's Human Capital Investment." *China Economic Review*, (16): 50 - 70.

Heckman, J. J. 1979. "Sample Selection Bias as a Specification Error." *Econometrical*, 47 (1), 153 - 162.

Heien D., Durham C. 1991. "A Test of the Habit Formation Hypothesis Using Household Data." *Review of Economics and Statistics*, 73 (2): 189 - 199.

Heitmueller, A. 2006. "Public Private Pay Differentials in Devolved Scotland." *Journal of Applied Economics*, 9 (02): 295 - 323.

Heitmueller, A. 2006. "Public Private Pay Differentials in Devolved Scotland." *Journal of Applied Economics*, IX (2), 295 - 323.

Huffman, W. E. 1991. Agricultural Household Models: Survey and Critique, in Milton Hallberg et al., Multiple Job - Holding among Farm Families in North America Iowa State University Press.

Huffman, W. E. 2001. The Value to Consumers of GM Food Labels in a Market with Asymmetric Information: Evidence from Experimental Auctions. The International Conference of the International Consortium, 15: 109 - 127.

Isidoro P. David and Sangui Wang. 2001. Establishing a National FIV IMS in China, Report Prepared for the Food and Agricultural Organization, Beijing.

Jacobs Jane. 1961. "The Death and Life of Great American Cities." Random House.

Jalan J., and Ravallion M. 2001. "Household Income Dynamics in Rural China." World Bank Policy Research Working Paper, 2709.

Jennifer Widner. 1998. "Comparative Politics and Comparative Law." *American Journal of Comparative Law*, (46): 744.

Jin, H. Y., Qian B. Weignast. 2005. "Regional Decentralization and Fiscal Incentives: Federalism, Chinese Style." *Journal of Public Economics*, 89: 1719 - 1742.

John Baffoe Bonnie. 2009. "Black White Wage Differentials in a Multiple Sample Selection Bias Model." *Atlantic Economic Journal*, XXXVII (1), 1 - 16.

Jonathan Morduch and Terry Sicular. 2002. "Rethinking Inequality Decomposition, with Evidence from Rural China." *The Economic Journal*, 112 (476).

Kaplanoglou, G. and Newbery. D. 2003. "Indirect Tax ation in Greece: Evaluation and Possible Reform." *International Tax and Public Finance*, 10, 511 – 533.

Kazuhiro Arai, 1997. "Cooperation, Job Security and Wages in a Dual Labor Market Equilibrium." *The Journal of Socio – Economics*, 26 (01): 39 – 57.

Keen, Michael, and Maurice Marchand. 1997. "Fiscal Competition and the Pattern of Public Spending." *Journal of Public Economics*, Vol. 66: 33 – 53.

Kim S. H., et al. 1999. "An Application of Data Envelopment Analysis in Telephone Offices Evaluation with Partial Data." *Computers & Operations Research*, 26: 59 – 72.

Knight, J. and L. Yueh. 2002. "The Role of Social Capital in the Labor Market in China." *Department of Economics Discussion Paper*, Oxford University.

Knight, J., and S. Li. 1997. "Cumulative Causation and Inequality among Villages in China." *Oxford Development Studies*, 25 (2), 149 – 172.

Kornai J. 1986. The Soft Budget Constraint, Kyklos, 39 (1), 3 – 30.

Leana C. R. & Feldman, D. C. 1992. Coping with Jobless: How Individuals, Organizations and Communities Respond to Layoffs. New York: Maxwell Macmillan International.

Liberati, P. 2001. The Distributional Effects of Indirect Tax Changes in Italy." *International Tax and Public Finance*, 8 (1): 27 – 51.

Li, G., and X. Zhang. 2003. "Does Guanxi Matter to Nonfarm Employment?" *Journal of Comparative Economics*, 31 (2), 315 – 331.

Li, Hongbin, and Li – An Zhou. 2005. "Political Turn over and Economic Performance: The Incentive Role of Personnel Control in China." *Journal of Public Economics*. 89: 1743 – 1762.

Li, H., P. Liu, N. Ma, J. Zhang. 2005. Economics Returns to Communist Party Membership: Evidence from Chinese Twins, Working Paper, Chinese University of Hong Kong.

Lilienfeld A. M., Kordan B. 1966. "A Study of Variability in the Interpretation of Chest X Rays in the Detection of Lung Cancer." *Cancer Res*, 26: 245.

Lin Nan. 2001. "Social Capital: A Theory of Social Structure and

Action." Cambridge, UK; New York.

Lu, M., H. Sato, and S. Zhang. 2008. "Does Social Capital Help Households Cope with Natural Disaster during Marketization? Evidence from Rural China." *Working Paper*, Fudan University.

Malathy & Duraisamy. 2002. "Nash – Bargaining Approach to Household Behavior." *The Indian Economic Journal*, (48): 4.

Mauro P. 1998, "Corruption and the Composition of Government Expenditure." *Journal of Public Economics*", 69: 263 – 279.

McKinnon, R. 1997. Market – Preserving Fiscal Federalism in the American Monetary Union. Mairo, B., and T. Ter – Minassian (eds.), Macroeconomic Dimensions of Public Finance. Routledge.

Mehir C., Weber G. 1996. "Intertemporal Non – separability or Borrowing Restrictions? a Disaggregate Analysis Using a U. S. Consumption Panel." *Econometrica*, 64 (5): 1151 – 1181.

Meyer, B. 2002. "Natural and Quasi – experiments in Economics." *Journal of Business and Economic Statistics*, (13): 151 – 161.

Montgomery J. 1991. " Social Networks and Labor Market Outcomes ." *The American Economic Review*, 81.

Morduch, J. and T. Sicular. 2000. "Politics, Growth, and Inequality in Rural China: Does It Pay to Join the Party." *Journal of Public Economics*, 77 (8): 331 – 356.

Morduch J. and T. Sicular. 2002. " Rethinking Inequality Decomposition: With Evidence from Rural China." *The Economic Journal*, 112 (1): 93 – 106.

Muellbauer J. 1998. " Habits, Rationality and Myopia in the Life Cycle Consumption Function." *Annales Deconomie Et De Statistique*, 44 (9): 47 – 70.

Munshi, K., and M. Rosenzweig. 2006. "Traditional Institutions Meet the Modern World: Caste, Gender, and Schooling Choice in a Globalizing Economy." *American Economic Review*, 96 (4), 1222 – 1252.

Murray, Charles. 1984. Losing Ground: American Social Policy 1950 – 1980. New York: Basic Books.

Naik N., Moore M. 1996. "Habit Formation and Intertemporal Substitution in Individual Food Consumption." *Review of Economics and Statistics*, 78

(2): 321 - 328.

Narayan, D., and L. Pritchett. 1997. Cents and Sociability: Household Income and Social Capital in Rural Tanzania, Policy Research Working Paper No. 1796, Washington D. C. : World Bank.

Nguyen, Linh. 2005. Identifying Poverty Predictors Using Vietnam's (Household) Living Standard Survey, Social and Environment Department General Statistical Office of Vietnam, Hanoi, Mimeo.

North. 1986. "The New Institutional Eeonomies." *Journal of Institutional and the Oretieal Economies* 142: 230.

Oaxaca, R. 1973. " Male - female Wage Differentials in Urban Labor Markets ." *International Economic Review*, 14 (3): 693 - 709.

Orcutt, G. 1957. A New Type of Social 2 Economic System." *Review of Economics and Statistics*, 58: 773 - 797.

Park, Albert, Sangui Wang and Guobao Wu. 2002. "Regional Poverty Targeting in China." *Journal of Public Economics*, 86.

Peng, Y. 2004. "Kinship Networks and Entrepreneurs in China Transitional Economy." *American Journal of Sociology*, 109 (5), 1045 - 1074.

Penny K. 1996. "Appropriate Critical Values When Testing for a Single Multivariate Outlier by Using the Mahalanobis Distanceo." *Apply Statistics*, 45: 732 - 781.

Petrin, A., J. Levinsohn, and P. P. Brian. 2004. "Production Function Estimation in Stata Using Inputs to Control for Unobservables." *Stata Journal*.

Putnam Robert D., Robert Leonardi, and Raffaella Y. Nanetti. 1993. "Making Democracy Work: Civic Traditions in Modern Italy." Princeton.

Qian Yingyi and Gerard Roland. 1998. "Federalism and the Soft Budget Constraint." *American Economist* (88: 5): 1143 - 1162.

Ravallion M. and S. H. Chen. 2003. "Measuring Pro - Poor Growth." Economics Letters.

Reid, L. W. and Rubin, B. A. 2003. " Integrating Economic Dualism and Labor Market Segments of Race, Gender and Employment Status, 1972 - 2000." *Sociological Quarterly*, (44) : 405 - 432.

Richard Lester. 1951. Labor and Industrial Relation, New York, Macmillan.

Roche William K. Fynes, Brian, Morrissey, Terri. 1996. "Working Time and Employment: A Review of International Evidence." *International Labour Review*, Geneva: 135 (2): 29 – 129.

Rosenbaum, D. 2001. "The Earned Income Tax Credit, and the Labor Supply of Single." *Quarterly Journal of Economics*, (116): 1063 – 1114.

Schmidheiny K. 2007. "Limited Dependent Variable Models." *Lecture Notes in Microeconometrics*, Unversity Pompeu Fabra.

Sheley Elizabeth. 1999. Job Sharing Offers Unique Challenges, Geneva, (6): 46 – 48.

Shorrocks, A. 1999. "Decomposition Procedures for Distributional Analysis: A Unified Framework Based on the Shapley Value." Mimeo, *Department of Economics*, University of Essex.

Silver, W. S. and Bufanio, K. M. 1996. "The Impact of Group Efficacy and Group Goals on Group Task Performance." Small Group Research.

Stiglitz, Joseph. 2000. "Social Capital: A Multifaceted Perspective." World Bank.

Strauss, J. and D. Thomas. 1998. "Health, Nutrition and Economic Development." *Journal of Economic Literature*, 36 (2): 766 – 817.

Symons, E. and Warren, N. 1996. Modeling Consumer Behavior Response to Commodity Tax Reforms in Micro Simulation Models, Harding, A Micro simulation and Public Policy, Amsterdam: Elsevier, 149 – 176.

The National Economic Council of Malawi. 2001. The National Statistical Office of Malawi, and the International Food Policy Research Institute, the Determinants of Poverty in Malawi, Mimeo.

Thierry. Post, Jaap Spronk. 1999. "Performance Benchmarking Using Interactive Data Envelopment Analysis." *European Journal of Operation Research*, 115: 472 – 487.

Tiebout, Charles. 1956. "A Pure Theory of Local Expenditure." *Journal of Political Economy*, 64: 416 – 424.

Tim Maloney. 2000. "The Impact of Welfare Reform on Labour Supply Behaviour in New Zealand." *Labour Economic*, (7): 427 – 448.

Torib, J. 2005. "An Analysis of the Length of Labor and Financial Contracts: a Study for Spain." *Applied Economics*, 37 (8), 905–916.

Tsui, K., and Y. Wang. 2004. "Between Separate Stoves and a Single Menu: Fiscal Decentralization in China." *China Quarterly*, 177: 71–90.

Tunali, I. 1986. A General Structure for Models of Double Selection and an Application to a Joint Migration/Earnings Process with Remigration, Research in Labor Economics.

Walder, Andrew G. 2002. "Markets and Income Inequality in Rural China: Political Advantage in an Expanding Economy." *American Sociological Review*, 67 (2): 231–253.

Wan, G. 2004. "Accounting for Income Inequality in Rural China: A Regression based Approach." *Journal of Comparative Economics*, 32 (2), 348–363.

Wan, G., and Y. Zhang. 2006. "The Impact of Growth and Inequality on Rural Poverty in China." *Journal of Comparative Economics*, 34 (4), 694–712.

Wan, G., and Z. Zhou. 2006. "Income Inequality in Rural China: Regression Based Decomposition Using Household Data." *Review of Development Economics*, 9 (1), 107–120.

Wang, Jichuan and Guo Zhigang. 2001. *Logistic Regression Models: Methods and Application*, Higher Education Press, Beijing.

Wan, G., M. Lu, and Z. Chen. 2007. "Globalization and Regional Income Inequality: Empirical Evidence from within China." *Review of Income and Wealth*, 53 (1), 35–59.

Wan, Guanghua. 2002. "Regression–based Inequality Decomposition: Pitfalls and a Solution Procedure." Discussion Paper, UNU–WIDER.

Wang, X. 2006. "Income Inequality and its Influencing Factors." UNU–WIDER Working Paper, 126.

Weingast, B. 1995. "The Economic Role of Political Institutions: Market–Preserving Federalism and Economic Development." *Journal of Law and Economic Organization*, (11): 1–31.

Wooldridge, J. 2003. "Introductory Econometrics: A Modern Approach." South‑Western College Publishing.

Yaohui Zhao. 2002. "Earnings Differentials Between State and Non State Enterprises in Urban China", *Pacific Economic Review*, VII2 (1), 181–197.

Zhang, X. 2006. "Fiscal Decentralization and Political Centralization in China: Implications for Regional Inequality." *Journal of Comparative Economics.*

Zhuravskaya, E. V. 2000. "Incentives to Provide Local Public Goods: Fiscal Federalism, Russian Style." *Journal of Public Economics.* 76: 337 – 368.

Zodrow, G. R. and P. Mieszkowski. 1986. "Pigou, Tiebout, Property Taxationand the Underprovision of Local Public Goods." *Journal of Urban Economics*, 19: 356 – 370.

图书在版编目(CIP)数据

社会救助政策与再就业激活体系：基于中国15省份38县市的抽样数据/王增文著. -- 北京：社会科学文献出版社，2021.5
国家社科基金后期资助项目
ISBN 978 - 7 - 5201 - 6254 - 8

Ⅰ.①社… Ⅱ.①王… Ⅲ.①社会救济 - 财政政策 - 关系 - 就业问题 - 研究 - 中国 Ⅳ.①D632.1②F812.0③D669.2

中国版本图书馆CIP数据核字（2020）第029071号

·国家社科基金后期资助项目·

社会救助政策与再就业激活体系
——基于中国15省份38县市的抽样数据

著　　者 / 王增文

出 版 人 / 王利民
组稿编辑 / 恽　薇
责任编辑 / 孔庆梅

出　　版 / 社会科学文献出版社·经济与管理分社（010）59367226
　　　　　 地址：北京市北三环中路甲29号院华龙大厦　邮编：100029
　　　　　 网址：www.ssap.com.cn
发　　行 / 市场营销中心（010）59367081　59367083
印　　装 / 三河市龙林印务有限公司

规　　格 / 开　本：787mm × 1092mm　1/16
　　　　　 印　张：18　字　数：300千字
版　　次 / 2021年5月第1版　2021年5月第1次印刷
书　　号 / ISBN 978 - 7 - 5201 - 6254 - 8
定　　价 / 118.00元

本书如有印装质量问题，请与读者服务中心（010 - 59367028）联系

▲ 版权所有 翻印必究